Karl Müllenhoff, Hermann Lübke

Beovulf - Untersuchungen über das angelsächsische Epos

und die älteste Geschichte der germanischen Seevölker

Karl Müllenhoff, Hermann Lübke

Beovulf - Untersuchungen über das angelsächsische Epos
und die älteste Geschichte der germanischen Seevölker

ISBN/EAN: 9783743380059

Hergestellt in Europa, USA, Kanada, Australien, Japan

Cover: Foto ©ninafisch / pixelio.de

Manufactured and distributed by brebook publishing software (www.brebook.com)

Karl Müllenhoff, Hermann Lübke

Beovulf - Untersuchungen über das angelsächsische Epos

BEOVULF

UNTERSUCHUNGEN

ÜBER DAS

ANGELSÄCHSISCHE EPOS UND DIE ÄLTESTE GESCHICHTE
DER GERMANISCHEN SEEVÖLKER

VON

KARL MÜLLENHOFF

BERLIN
WEIDMANNSCHE BUCHHANDLUNG
1889.

VORWORT.

Die meerumschlungene heimat mit ihren historischen erinnerungen ist für die ausgangspuncte von Müllenhoffs wissenschaftlicher arbeit bestimmend gewesen denn auf die beiden gedichte in deren hintergrund er die heimische landschaft auftauchen sah und das heimische meer rauschen hörte. auf die mittelhochdeutsche Kudrun und den angelsächsischen Beovulf, hat er am frühsten die in Lachmanns strenger schule erworbene methode scheidender kritik und sagenforschung angewandt. es sind die ergebnisse einer mehr als ein menschenalter umspannenden, an wichtigen puncten immer aufs neue nachgeprüften und weitergeführten philologisch-historischen forschung, die man auf den wenigen bogen dieses bandes vereinigt findet.

. Im wintersemester 1840/41 hörte Müllenhoff in Berlin Lachmanns colleg über die Nibelungen, im sommer darauf traten ihm in der einleitung welche Wilhelm Grimm seiner interpretation der Kudrun vorausschickte*) die beiden epischen denkmäler der germanischen seeheldensage in enger verbindung entgegen. mit dem festen entschluss für die Kudrun ähnliches zu leisten wie der bewunderte meister für die Nibelungen kehrt er in die heimat zurück. aber noch ehe diese arbeit zum abschluss gelangte, ist er durch die vorbereitung der 'Sagen märchen und lieder' auch zu näherer bekanntschaft mit dem ags. epos geführt worden. das erste heft der sammlung, das im herbst 1844 ausgegeben wurde, brachte an der spitze die sagen von 'Skeaf und Skild', das dritte buch ward eröffnet durch 'Beovulf'. und schon die wissenschaftlichen erstlingsfrüchte in den Nordalbingischen studien (1843/44), die abhandlung über einen altsächsischen gott Welo (1, 11—40) und die ungleich reifere 'Die deutschen völker an Nord- und Ost-

---

*) vgl. WGrimm Kl. schriften 4, 557 ff.

see in ältester zeit' (1, 111—174), zeigen ihn völlig vertraut mit den epischen wie den historischen quellen und zielbewust auf dem wege, aus diesen das mythische element auszuscheiden, aus jenen die geschichtliche kunde der vorzeit zu bereichern. die ersten Kieler jahre brachten Müllenhoff eine grössere ausbreitung seiner gelehrsamkeit und einen rascheren fortschritt in der kritischen methode als irgend ein früherer oder späterer lebensabschnitt: welch ein abstand liegt zwischen jenem ersten mythologischen versuch, dessen M. selbst in späteren jahren gern mit herzlichem spott gedachte, und der abhandlung 'Über Tuisco und seine nachkommen' (Schmidts allgem. zeitschr. f. gesch. 8 [1847], 209—269), die zwar nicht unmittelbar epochemachend gewirkt hat — denn noch stand unserer wissenschaft die periode der Zeitschrift für deutsche mythologie bevor — aber heute längst als der litterarische grundstein einer kritisch aufbauenden altertumsforschung anerkannt wird. wie M. überall die gesammtheit der germanischen überlieferung im auge hat, so erfährt schon in seinen frühsten arbeiten auch das angelsächsische gebiet kritik und erleuchtung: dem Beovulf, dem Vidsid und besonders den angelsächsischen königsgenealogien gewinnt er wichtige aussagen ab.

Nach dem glücklichen abschluss der sagensammlung wurde ihm der Beovulf für sich gegenstand eingehendsten interesses, im sommer 1846 'nahm er das gedicht zum ersten male schärfer vor' (brief an Scherer vom 27. 6. 1868). zunächst war es der mythische gehalt des werkes der ihn am meisten anzog. schon 1848 brachte der siebente band von Haupts zeitschrift die beiden abhandlungen 'Sceáf und seine nachkommen' (s. 410—419) und 'Der mythus von Beóvulf (s. 419—441). der mythologische teil der aufgabe schien ihm mit dem gesicherten vordringen zu Ing-Freyr im wesentlichen gelöst, und wenn er auch gelegentlich auf diese dinge zurückkam (so in den 'Zeugnissen und excursen zur deutschen heldensage' nr. VIII, Haupts zeitschr. 12, 282—285), so durfte er doch dem entsprechenden abschnitt in seinen später für den druck bestimmten vorlesungen eine knappe fassung geben. in einem puncte, der deutung des namens Beáv, ist er nach zeitweiligem schwanken zuversichtlich zu der ursprünglichen auffassung, die sich mit derjenigen Kembles deckte, zurückgekehrt.

Weit schwieriger war es, die historischen bestandteile des gedichtes reinlich herauszuschälen; von jener ersten ethnographischen abhandlung aus dem jahre 1843 an hat er diese fragen immer von neuem bedacht und überdacht, mehr als einmal glaubte er festen grund gewonnen zu haben, sichere resultate bieten zu können — und immer wieder stellten sich ernste bedenken ein, sodass er noch im herbst 1883, als er das manuscript der vorlesungen bereits für druckreif erklärt hatte, dem herausgeber selbständige kritik der dänischen königslisten und erneute prüfung der Halfdanfrage ans herz legte. so oft M. den Beovulf zum gegenstande von vorlesungen machte*), nahm er die untersuchung an wichtigen puncten von neuem auf. das erscheinen von Greins aufsatz über die historischen verhältnisse des Beovulfliedes (Eberts jahrbuch 4 [1862], 260—285) gab einen anstoss, das selbstgefundene vergleichend zu befestigen. 1864 nahm M. den Beovulf mit in die ferien nach Kiel und Ditmarschen, ihn lockte der gedanke, die 'Alten lieder aus Schleswig und Holstein' zur jubelfeier der landesuniversität im nächsten herbst fertig zu machen. 'mit dem Beovulf bin ich wirklich jetzt im reinen', schrieb er am 4. 10. 1864 an Scherer, 'und in einem jahre liesse sich alles sauber und gedruckt vorlegen'. aber das jubiläumsjahr verstrich, die mahnende sorge um die Altertumskunde hatte den druck bei seite geschoben. wieder dachte er im herbst 1866 daran 'den ersten teil des Beovulf, der leicht von der hand gehen würde' — er meinte damit den historischen abschnitt — in der Zeitschrift unterzubringen; im nächsten jahre figuriert der 'Beovulf' neben 'Eddischen studien' auf einem neuen plane der Altertumskunde. inzwischen ward 1868 die 'Innere geschichte' gedruckt, und das eigentlich historische problem trat für ihn ganz in den vordergrund, er schien ihm reizvoller, aber auch schwieriger als je zuvor. je ernster er selbst diese aufgabe erfasste, vom Beovulf aus die älteste geschichte der germanischen seevölker zu erschliessen, um so begreiflicher wird man die nachdrückliche derbheit finden mit der er einen rasch fertigen dilettanten aus seinem forschungsfelde hinauswies (vgl. die recension von Dederich, Anz. f. d. alt. 3, 172—182).

Nach dem endlichen vordringen seiner erkenntnis zu dem 'seit 33 jahren' gesteckten ziel (an Scherer 30. 6. 1876) dachte er im sommer 1876 daran, eine besondere schrift mit dem titel

---

*) Zweimal scheint ein derartiges colleg in Kiel zu stande gekommen zu sein, in Berlin hat er es in den sommersemestern der jahre 1860. 1862. 1864. 1866. 1868. 1870. 1872. 1874. 1876. 1878. 1880. 1883 gelesen; es war die letzte vorlesung die er gehalten hat.

'Die gründung Englands, Dänemarks und Altsachsens' erscheinen
zu lassen. aus dem resignierten schluss seiner vorlesungen sieht
man dass er den letzten punkt dieses programms wieder auf-
gegeben hat. die bildung des festländischen Sachsenstammes war
ein problem zu dessen lösung die angelsächsischen und nordischen
quellen keineswegs ausreichten.

Die wichtigste heimische quelle der germanischen völkerkunde,
den Vidsid, glaubte M. schon in Kiel hinreichend gesäubert und
annähernd ausgeschöpft zu haben (Haupts zeitschr. 11. 275—294),
aber auch hier kamen neue zweifel und gern hat er in der höhern
kritik noch im letzten jahre seines lebens von Hermann Möller
gelernt, dessen buch ihm freilich in der hauptsache, bei aller anerkennung für den scharfsinn und die wissenschaftliche selbständigkeit des verfassers, unbehagen und verdruss erregte.

Bringt der auf s. 13—109 abgedruckte hauptabschnitt aus
dem Beovulfcolleg vielfach neues und durchweg das resultat einer
nachprüfung die bis in Müllenhoffs letzte lebenszeit hinabreichte,
so ist dagegen der zweite teil des bandes, die 'Innere geschichte
des Beovulf' nur ein neudruck des aufsatzes aus Haupts zeitschr.
bd. 14 (1868) auf grund des handexemplars. Müllenhoff wuste
auch in spätern jahren an dem ergebnis vielfach wiederholter
betrachtung und nachprüfung nichts wesentliches zu ändern. als
er im frühjahr 1877 dem freunde nach Strasburg meldete, er sei
jetzt mit der kritik der wichtigsten Eddalieder fertig, meinte er
zur bekräftigung dieser frohen kunde nichts besseres hinzufügen
zu können als 'so vollkommen wie weiland mit dem Beovulf'.
und bis zuletzt hat er die 1868 vorgetragene auffassung in allem
wesentlichen festgehalten, die wenigen änderungen welche er für
eine englische übersetzung ins auge fasste sollten sich fast ganz
auf die verteidigung seiner position beschränken.

Müllenhoff hat an wenigen seiner arbeiten eine so reine freude
gehabt, ist selten davon dass ihm das erreichbare gelungen sei
so überzeugt gewesen, als bei seiner höheren kritik des Beovulf.
wann er zuerst diesen fragen näher getreten ist, wage ich nicht
zu bestimmen. die einsicht dass das ganze kein einheitliches werk
sei ist natürlich bei M. so alt wie die erste bekanntschaft mit
dem gedicht, aber wie früh er selbst das kritische messer angelegt hat, darüber habe ich nur eine vermutung. im jahre 1846
entwarf er sich im wesentlichen auf grund der ausgabe von Kemble
(vgl. unten s. 110) einen durchaus conservativen handschriftlichen

text, der gegenwärtig vor mir liegt. mit seinen beigaben scheint das heft bereits jenes 'angelsächsische heldenbuch' anzustreben, das M. noch 1868 als eine wünchenswerte leistung bezeichnete, ja zu dem er noch 1873 selbst lust hatte. dieser text ist bis zum jahre 1857, wo der erste band von Greins Bibliothek erschien, als sein handexemplar zu betrachten. die ersten ansätze einer scheidenden kritik aber welche das manuscript aufweist rühren deutlich erst aus der gleichen zeit her wo M. die verszählung Greins als künftig massgebend am rande vermerkt hat. in der tat gab das erscheinen der Bibliothek erst den anstoss zu der streng philologischen richtung in M.'s angelsächsischen studien. aus dem jahre 1858 stammt der aufsatz 'Zur kritik des angelsächsischen volksepos' (Haupts zeitschr. 11, 272—294), und auch das erste energische einsetzen der höheren kritik beim Beovulf dürfen wir wohl in die letzte Kieler zeit verlegen.

Das sommersemester 1860, wo M. in Berlin zum ersten mal sein grosses vierstündiges Beovulfcolleg las (unter den zuhörern befand sich der eben aus Wien eingetroffene junge Scherer), und das jahr 1864 bezeichnen die wichtigsten arbeitsperioden, im sommer 1868 fand die kritische tätigkeit ihren abschluss. aber wie ihm das mehrfach so gegangen ist, noch kurz vor dem beginn des druckes gelangte er zu einer wesentlichen modification seiner bisherigen aufstellungen und erst im juni 1868 erkennt er an, dass in dem letzten teil doch ein altes lied stecke. von dieser späten bekehrung war besonders Scherer erfreut, den gleich bei der ersten lectüre eben die schlusspartie des Beovulf als eines der herlichsten erzeugnisse des germanischen geistes ergriffen hatte. M. selbst teilte freilich auch dann noch diese begeisterung nicht ganz: 'mich wundert dass das zweite lied Sie so gepackt hat. dem stil nach scheint es mir schwächer, weniger kräftig und energisch als das erste, aber der gegenstand ist ergreifend und anlage und durchführung und gliederung des stoffes ist vortrefflich'.

Als M. die correctur seines aufsatzes las, konnte er das datum 8. 9. 68 darunter setzen: es war sein fünfzigster geburtstag. in einem briefe an den jüngeren freund hatte er kurz vorher berechnet, dass er nun bald 50 jahre und ebenso viel docentensemester und 10 jahre Berliner lehrtätigkeit hinter sich habe.

Es war von vorn herein M's wunsch gewesen, seine untersuchungen im geleite einer ausgabe erscheinen zu lassen, welche die resultate der höheren kritik veranschaulichen sollte. so dachte er sich schon jene jubiläumsgabe für die Kieler universität als einen 'Beovulf cum pertinentiis' und sprach gern von seinem angelsächsischen heldenbüchlein. als genossen bei der editionsarbeit hatte er sich schon im jahre 1868 Zupitza gewünscht und in einer jener glücklichen stunden wo ihm die sorge um seine augen und der zweifel an seiner arbeitskraft und am 'fertigwerden' fern blieb schloss er an diese gemeinsame Beovulfausgabe gleich den plan einer Edda an. mit Zupitzas fernbleiben von Berlin trat vorübergehend Jänicke an dessen stelle, ja es kam mit ihm zu ganz festen verabredungen. Jänickes krankheit und sein früher tod liess mit andern schönen hoffnungen auch diese zu nichte werden, und in späteren jahren verschob sich dann der plan dahin dass M. seine untersuchungen, d. h. namentlich die einleitung seines collegs, zu einer englischen ausgabe beisteuern wollte, die in der hauptsache die alleinige arbeit Zupitzas geblieben wäre.

Was das collegienheft und M.'s handexemplar des Greinschen textes bietet ist nicht derart dafs es zur ausführung jenes ältern planes noch heute ermutigen könnte. wortkritik hat M., wo nicht erwägungen höherer art eintraten, am Beovulf nur sehr zurückhaltend und keinesweg in einem umfang geübt dass neben dem was in den letzten beiden jahrzehnten gerade hierin von verschiedenen seiten geleistet worden ist das selbständige hervortreten dieses textes ein bedürfnis wäre. wol aber würde aus den (leider oft recht unleserlichen) bleistiftnotizen, mit denen das handexemplar wahrhaft übersät ist, ein commentar des gedichtes wesentlichen nutzen ziehen können.

Als Müllenhoff im jahre 1883 zum letzten male über den Beovulf las, hatte er sich schon lange mit dem gedanken getragen 'aus der einleitung und der innern geschichte ein buch zu machen'. nachdem er den ganzen stoff, namentlich in den geschichtlichen teilen, für die vorlesungen von neuem durchgearbeitet hatte, schien ihm endlich das ms. der einleitung im sommer 1883 'fast druckfertig, am wenigsten noch in dem abschnitt über die Dänen'. da er aber selbst nicht mehr im stande war, die letzte hand daran zu legen, übergab er das heft an herrn FBurg zur überarbeitung. trotzdem diese mit grossem geschick vorgenommen wurde, hielt Müllenhoff nach nochmaliger prüfung die vorlesungen, in denen Burg übrigens einige punkte unerledigt gelassen hatte, wieder nicht für druckfertig und bemerkte auf dem umschlag (5. Oct. 1883): 'meine einleitung zum Beovulf, wie sie durch herrn Fritz Burg im sommer 1883 nach meinem vortrage ins reine gebracht wurde. bedarf nicht nur der revision, sondern in wichtigen puncten der um- und durcharbeitung'. nach Müllenhoffs tode übernahm zunächst herr Prof. ESchröder die veröffentlichung; da es ihm aber nicht möglich war, die arbeit so schnell als er wünschte zu ende zu bringen. wurde ich im frühjahr 1887 mit der herausgabe betraut. leider bin auch ich sehr viel später damit fertig geworden, als ich beabsichtigt hatte.

Was ich an dem ms. getan ist trotzdem wenig genug. um nicht eigenmächtig änderungen vorzunehmen, die M. vielleicht nicht gebilligt hätte, habe ich mich bemüht M.'s eigenem ms. zu den vorlesungen so genau als möglich zu folgen und meine tätigkeit, bei der mir Burgs überarbeitung sehr zu statten kam, im wesentlichen auf die darstellung, anordnung des stoffes und nachprüfung im einzelnen beschränkt, obwohl Müllenhoff selbst in der oben angeführten bemerkung dem herausgeber weitergehende freiheit einzuräumen scheint. an Burgs bearbeitung hat M. auch augenscheinlich vorwiegend änderungen nach dieser richtung gewünscht, denn die einzige bemerkung von seiner hand. die sich in der reinschrift findet, ändert einen ausdruck. an den inhalt habe ich im allgemeinen — wenn M. nicht ausdrücklich anders bestimmt hatte — nur da gerührt, wo offenbare versehen bei der niederschrift vorgekommen waren, und namentlich da, wo ein späterer eintrag den widerspruch zu der ältern darstellung nicht berücksichtigt hatte. in den wenigen fällen, wo sonst abweichungen nötig wurden, habe ich in anmerkungen darauf hingewiesen; eine stelle des ms., die sich mit Alboin und dem verlust des östlichen Deutschlands an die Slaven beschäftigte, habe ich unter verweisung auf die Altertumskunde gestrichen, weil sie sich hier fast wörtlich wiederfindet. die vielen randbemerkungen der urschrift sind, soweit es irgend gieng, in den text eingefügt.* der abschnitt über die innere geschichte ist - abgesehen von einigen änderungen in der schreibung — ein genauer abdruck

---

*) an der schreibung habe ich in der einleitung nur in den fremdsprachlichen worten geändert: in den altenglischen ist im ganzen heft die alte lautbezeichnung. die M. fast ausnahmslos gebraucht hat, angewendet, in den altnordischen. die M. selbst ungleichmässig geschrieben hat. habe ich überall eine einheitliche schreibung durchgeführt, gegen die M. gewis nichts eingewendet haben würde. vgl. Deutsche altertumskunde bd 5.

des in Haupts zeitschr. bd. 14 erschienenen aufsatzes, nur sind einige randbemerkungen, die M. in einem sonderabdruck aus der zs. gemacht hat, an den betreffenden stellen in den text aufgenommen. bei der letzten durchsicht und bei der drucklegung hat herr Prof. Schröder mir mit rat und tat helfend zur seite gestanden, da ich nur ganz ausnahmsweise und auf ganz kurze zeit in der lage war eine grössere bibliothek zu benutzen. er hat auch dem buche den voranstehnden überblick über Müllenhoffs angelsächsische studien beigegeben und damit einen wunsch Scherers erfüllt, welcher im rahmen seiner biographie*) dafür keinen raum fand.

*) das buch erscheint im laufe des jahres 1889 im verlag der Weidmannschen buchhandlung.

Camenz, den 1. October.   H. Lübke.

—

BERICHTIGUNG.

S. 22 z. 13 v. u. l. Vidfadmi st. Vidfadmir.

INHALT.

Jede epische sage und der inhalt jedes volksepos besteht aus zwei elementen, aus mythus und geschichte. wollen wir in die geschichte der ausbildung eines sagenstoffes eindringen, so müssen wir also die sage in ihre beiden elemente zerlegen. das hält beim Beovulf nicht schwer*.

I.

DER MYTHUS.

Drei grosse heldentaten werden besonders von dem haupthelden des gedichts berichtet und alle drei tragen unläugbar ein durchaus mythisches gepräge.

Die erste ist sein jugendabenteuer. der schwimmwettkampf mit Breca, dem fürsten der Brondinge, dem sohne Beanstans, v. 506 ff. beide sind noch kaum dem knabenalter entwachsen, da geloben sie einen wettkampf im schwimmen; mit einem blossen schwert in der hand, um sich gegen seeuntiere zu verteidigen, schwimmen sie hinaus ins meer und bleiben fünf tage lang zusammen. dann aber trennt sie der strom des meeres und das unwetter, das von norden her auf sie einstürmt; die see ist rauh und kalt: Breca steigt ans land, wie es scheint im südlichen Nor-

---

* Von arbeiten über den gegenstand sind zu vergleichen: Grundtvig Dannevirke 2 (1817), 207—289, wo eine übersicht über den inhalt mit guten bemerkungen zur sagengeschichte gegeben ist: Kemble Beovulfausgabe bd. 2, London 1837; H Leo Beovulf, das älteste deutsche heldengedicht, Halle 1839; Ettmüller Beovulfübersetzung, Zürich 1840. einleitung, und zwei aufsätze des verf. Haupts zs. 7, 410 ff. 419 ff.; über 'die historischen verhältnisse des Beovulfliedes' handelt Grein Jahrb. für romanische und englische litteratur von Wolf und Ebert 4, 260 ff.

wegen, Beovulf aber schwimmt weiter und erreicht am siebenten
morgen nach schwerem nächtlichen kampfe mit seeungeheuern das
land der Finnen d. h. der Lappen nach heutigem sprachgebrauch.

Er ist also dem polarstrom entgegengeschwommen und man
darf ihn danach als mythische person auffassen, als ein den menschen wohlgesinntes göttliches wesen, das in seiner jugend d. h.
im frühjahr die rauheit und wildheit des winterlichen meeres
bricht, den stürmischen character desselben überwindet. dieser
selbst ist durch seinen gegner oder mitschwimmer Breca repräsentiert; *brecan* oder *bädegq* bedeutet 'ferri cum impetu per undas'
(vgl. JGrimm zu Elene 244), der fingierte name des volkes, über
das Breca herscht. Brondinge, erinnert an unser 'brandung', das
freilich erst aus dem niederländischen entlehnt zu sein scheint und
im älteren germanischen noch nicht nachgewiesen ist, und auch
der name des vaters, Beanstan, scheint auf die see und seeunge-
heuer hinzudeuten (vgl. altn. *bauni* walfisch).

Das zweite abenteuer, das Beovulf im besten mannesalter besteht, ist von ganz ähnlicher art; es ist der kampf mit dem sumpf-
und wasserriesen Grendel und dessen mutter. der den hauptinhalt
des ganzen ersten teiles des gedichts ausmacht. könig Hrodgar von
Dänemark hat eine prächtige halle, Heorot, erbaut, ein wunderwerk
seiner zeit; aber dieser herliche bau ist bei nacht unbewohnbar,
weil dann der riese Grendel in ihm erscheint und die schläfer
tötet, raubt und verschlingt. niemand kann ihm etwas anhaben,
da hört Beovulf davon, der stärkste aller männer, die mit ihm
lebten (v. 196 ff. 789 ff. 1844; nach einem interpolator v. 379
soll er die stärke von 30 männern besessen haben), zugleich aber
gütig und weise. er macht sich auf um Hrodgar zu helfen und
lässt sich ohne waffen mit dem riesen in einen nächtlichen faust-
kampf ein, in dem er seinen gegner in die flucht schlägt und
dem fliehenden einen arm d. h. sein fangwerkzeug ausreisst. schon
glauben die Dänen sich des errungenen sieges freuen zu können
und beziehen die halle von neuem; aber in der nächsten nacht erscheint Grendels mutter, ein riesenweib, fürchterlicher noch als ihr
sohn, und raubt wieder einen der schlafenden helden. da stürzt
sich Beovulf hinab in die tiefe der meeresbucht, in der die riesen
hausen, sucht die riesin in ihrem schlupfwinkel auf und tötet sie
auf dem grunde der see, indem er ihr das haupt abschlägt.

Ähnliche sagen, namentlich solche vom kampfe mit einem
wassermann, der eine mühle beunruhigt u. dgl., sind noch jetzt

häufig (vgl. Haupts zs. 7. 426 ff.), auch die zwölf riesen in dem mhd.
gedichte Virginal hausen in einer höhle bei einer mühle (365. 3 ff.
505, 2 ff.): aber in ihnen allen fehlt der kampf mit der mutter.
eine der unsrigen auch in diesem punkte ähnliche sage wurde, wie
manche andere. auf Island von dem starken Grettir erzählt (vgl.
Grettiss. c. 64 — 66) und man hat neuerdings zusammenhang
zwischen beiden angenommen (vgl. Gering Anglia 3, 74 ff.); möglicher weise hat auch wirklich eine übertragung stattgefunden, es
kann ja die Beovulfsage sehr wohl den Isländern in England bekannt geworden und von ihnen nach Island verpflanzt sein; aber
für die mythologie ist damit nichts gewonnen.

Die localsagen, in denen eine mühle oder dgl. zu zeiten von
einem wassermann beunruhigt wird, sind ja leicht verständlich:
das zuströmende wasser kann unter umständen grossen schaden
anrichten und sehr gefährlich werden. aber der sage von Beovulfs kampf mit Grendel und seiner mutter können wir eine so
eingeschränkte bedeutung wie einer solchen localsage nicht beimessen. obgleich das gedicht den aufenthaltsort der unwesen
v. 1345—1430 so anschaulich als eine wilde, von wald und moor
umgebene meeresbucht schildert. als hätte der dichter eine ganz
bestimmte örtlichkeit vor augen. wir sehen in diesem zweiten
abenteuer den Beovulf wesentlich ganz in demselben character
wie in seinem jugendabenteuer und wir haben ihn auch hier wieder
als ein göttliches wesen aufzufassen, das den menschen im kampfe
gegen meerbewohnende unholde d. h. das wilde element des
wassers, das meer selbst sich hilfreich erweist. von der anknüpfung des kampfes an die halle des Dänenkönigs muss man
bei der erklärung des mythus ganz absehen. es ist das ein später
hinzugekommenes historisches element, das uns nicht hindern kann
dem riesen eine allgemeinere, nicht bloss locale bedeutung zu
geben. war der mythus nun ursprünglich ein angelsächsischer und
mit den Angelsachsen ehemals heimisch an den küsten der Nordsee, so liegt nichts näher als in Grendel und seiner mutter per-
sonificationen der Nordsee zu sehen. 'die Nordsee', heisst es
noch heute, 'ist eine mordsee.' im frühjahr und gegen das frühjahr erhebt sie sich in sturmfluten und überströmt die niederen
marschlandschaften; diese haben sich seit etwa 800 jahren freilich
durch deiche geschützt, aber die geschichte berichtet trotzdem von
unglaublichen verwüstungen bis in die neueste zeit hinein. in
diesen verheerenden fluten erhebt sich Grendel aus der tiefe des

meeres, raubt die sorglosen menschen aus ihren wohnungen und
verschlingt sie. neben ihm ist seine mutter die personification
der meerestiefe selbst. erst wenn sie, die gebärerin der flut,
durch die göttliche macht getötet, unschädlich gemacht ist, scheint
das meer ganz beruhigt und das wohnen und wirtschaften der
menschen wieder vollständig gesichert. diese auffassung und deutung des kampfes mit Grendel wird des weiteren dadurch bestätigt dass das dritte und letzte abenteuer, das Beovulf als greis
besteht, sich seiner bedeutung nach eng an die beiden ersten anschliesst.

Als Beovulf nach einer fünfzigjährigen glücklichen herschaft
hochbetagt ist, unternimmt er noch einmal ganz allein einen gefährlichen kampf gegen einen furchtbaren drachen, der auf einem
gewaltigen schatz in einer höhle am meeresstrande lagert, um ihm
den schatz zu entreissen. am schluss des kampfes steht ihm allerdings sein verwandter Viglaf bei, aber man sieht deutlich dass
dieser blos eingeführt ist um Beovulf, der unverheiratet oder doch
jedenfalls kinderlos geblieben zu sein scheint, einen nachfolger zu
geben; denn Beovulf selbst gelingt es nach hartem kampfe endlich den drachen zu töten, indem er ihm mit einem kurzen schwerte
von unten den bauch aufschneidet. er selbst aber ist vom bisse
des wurmes getroffen und von seinem gifte überströmt stirbt er,
nachdem er den seinen den hort erworben. seine leiche wird am
strande feierlich in einem grossen grabhügel mit allen schätzen
der drachenhöhle bestattet.

Schon Haupts zs. 7 aao. habe ich darauf hingewiesen dass
wesentlich derselbe mythus im norden von Thorr erzählt wird:
Beovulfs kampf mit dem drachen ist im grunde dasselbe wie
Thors kampf mit der weltschlange (dem weltmeere) am jüngsten
tage. sehr oft bedeutet der drache ein verheerendes strömendes
gewässer, einen wildbach: noch jetzt heisst es in der Schweiz
'der drache fährt aus': und so ist auch im Beovulf der drache
ein gefährliches wasser, aber ein grösseres, das weltmeer oder die
Nordsee. der drachenkampf des alten helden ist offenbar nur das
herbstliche gegenstück zu dem kampfe mit Grendel im frühjahr.
die glückliche lange herschaft Beovulfs fällt in den sommer. im
herbste aber erheben sich wieder die stürme und das meer über-
flutet wieder das land: der drache steigt empor und lagert auf
dem besitztum der menschen. wiederum erweist der göttliche held
den menschen sich hilfreich und noch einmal weiss er die dämo-

nischen, riesischen mächte zurückzudrängen, die schätze, die der
boden birgt, den menschen zurückzuerobern; aber sein reich ist
nun vorläufig zu ende, denn der winter steht vor der tür? der
alt gewordene Beovulf findet selbst im kampfe den tod und wird
mit allen seinen schätzen begraben.

Vorausgesetzt haben wir bei den gegebenen deutungen der
abenteuer Beovulfs dass wir in ihnen einen uralten echt angelsächsischen und mit den Angelsachsen einst an den küsten der
Nordsee heimisch gewesenen mythus vor uns haben. dass wir zu
dieser annahme berechtigt waren, leidet keinen zweifel. aus fast
jedem der neun kleinen reiche, die von den Angeln und Sachsen
in England gegründet wurden und bis zu ihrer unterwerfung unter
Wessex fortbestanden, ist uns eine genealogie des herschenden
königsgeschlechts erhalten (Grimm Myth.[1], anhang s. I—XXIX, vierte
ausg. 3, 377—401; Kemble Über die stammtafeln der Westsachsen,
München 1836). die wichtigste aufzeichnung dieser genealogien, die
zwar nicht überall und in jeder beziehung die älteste fassung bietet,
von der aber doch die meisten übrigen abstammen oder blosse
copien sind, liegt vor in der Sachsenchronik. in allen wird die
reihe der könige zunächst bis auf Voden, den höchsten gott, als den
gemeinsamen stammvater zurückgeführt; dann findet man in einigen
aufzeichnungen (z. b. in einigen hss. der Sachsenchronik zum jahre
547 [Thorpes ausg. s. 28] in der nordh. genealogie) noch fünf oder
sechs namen als vorfahren Vodens hinzugefügt, von denen aber
der letzte, an der spitze der reihe stehende, Geat, nur ein beiname des gottes selbst in seiner eigenschaft als schöpfer ist; in
noch anderen werden endlich noch acht bis zehn neue glieder
hinzugesetzt und zwar in der weise dass diese reihe aufsteigend
in allen aufzeichnungen mit den drei namen Tætva, Beav (Beava.
Beov, Beova), Sceldva (Scyldva) beginnt, dann aber eine verschiedene anordnung eintritt, insofern Sceaf entweder als vierter unmittelbar folgt oder als letztes glied an die spitze der ganzen reihe
tritt (Haupts zs. 7, 412), letzteres namentlich in der westsächsischen
genealogie in der Sachsenchronik (Thorpe s. 126 ff.). schon diese
uneinigkeit der hss. in bezug auf die stellung des Sceaf führt auf
die vermutung dass in diesen 8 bis 10 namen eigentlich zwei
genealogien vorliegen und dafür spricht auch die verschiedenartig-
keit der namenbildung: die namen der ersten reihe, Sceaf. Sceldva,
Beav, Tætva, sind ausnahmslos simplicia, die der zweiten, Bedvig.
Hvala, Hathra, Itermou, Heremod, zum grösseren teil composita.

Die reihe, die uns hier allein angeht, ist die erste: Sceaf,
Sceldva, Beav, Tætva. mit Sceaf verband man bei den Angelsachsen offenbar die vorstellung des höchsten altertums: man sah
in ihm den ältesten aller bekannten könige und helden, über den
nichts mehr hinausging; daher wurde er auch mehrfach an die
äusserste spitze der ganzen geschlechtstafel geschoben. er soll,
wie die Sachsenchronik s. 128 (wohl zuerst) behauptet, in der
arche Noah geboren sein, nach einigen hss. (Cot. Tiber. A VI, B I,
B IV) als sohn des Noah selbst; nach andern nachrichten sollen
von ihm die Sachsen benannt sein oder sein sohn Scild soll der
erste bewohner Germaniens gewesen sein oder es sollen endlich
von den neun söhnen seines enkels Beovinus einmal alle germanischen völker im umkreise der Ost- und Nordsee entsprungen
sein (vgl. Haupts zs. 7, 415). von ihm wurde nun noch eine
wunderschöne sage berichtet, die schon mehrfach behandelt ist*:
in Scadinavien, ags. Scedenig, der vermeintlichen urheimat aller
Germanen (oder in Angeln) soll einmal auf einem steuerlosen
schiff ein neugeborener knabe gelandet sein, der von waffen und
kleinodien umgeben auf einer garbe oder einem bündel ähren
(ags. sceaf, ahd. scoup, ndd. schôf) ruhig schlief. von den ein-
wohnern sei er wie ein wunder aufgenommen und unter dem namen
Sceaf sorgfältig gepflegt und auferzogen und, als er herangewachsen,
zum könig erwählt worden d. h. notwendig zum ersten könig.
als solcher habe er im alten Angeln in der stadt Schleswig geherscht. sehen wir diese sage etwas näher an, so deuten offenbar das schiff und die garbe auf seefahrt und ackerbau, die
waffen und kleinodien auf krieg und königtum, alle vier gaben
also auf die hauptelemente und grundlagen des ältesten culturzustandes der seeanwohnenden Germanen; und wenn der träger
dieser symbole der erste könig des landes wurde, so kann die
meinung nur die sein dass von seinem erscheinen erst der anfang jenes ältesten culturzustandes datiere und dass vor ihm
überhaupt eine geordnete lebensführung nicht unter dem volke
existiert habe. er ist darnach eine durchaus mythische person —
das beweist auch sein singulärer name — und ebenso sind notwendig auch seine drei nachkommen mythische fictionen, die

---

* vgl. Grimm Mythologie, anhang; Leo Beovulf; Kemble in seiner ausg.
und verf. Haupts zs. 7, 410 ff. verwandt mit dieser sage ist die fränkische
schwanrittersage und andere, s. Leo aao. auch über die Welfen und die
langobardische sage.

eigentlich nur das wesen des Sceaf weiter explicieren und im wesentlichen nichts anders ausdrücken als was schon sein mythus andeutet*. Sceafs sohn Scild oder Sceldva, Scyldva ist der 'schirmherr', eigentlich 'der mit dem schilde deckende' d. h. also der repräsentant des helden- und königtums. ganz ähnliche benennungen von fürsten sind im angels. sehr häufig; so heisst der fürst im Beovulf v. 1623 *lidmanna helm*, v. 1035 *eorla hleó*, v. 269 *leodgebyrgea* (vgl. auch Elene v. 203. 556) und Sven Agesen bei Langebek Scriptores Rerum Danicarum 1, 44 sagt von Skiold ganz mit recht: 'idcirco tali functus est nomine, quia universos regni terminos regiae defensionis patrocinio affatim egregie tuebatur'. der name Beav ist dann freilich nicht so leicht zu deuten: mit ags. *beáe* 'bremse' kann er nicht zusammenhängen, auch mit ags. *beó* 'biene', wovon JGrimm und ich selbst Haupts zs. 12, 282 ff. ihn ableiten wollten, kann er nichts zu tun haben, denn *Beóv*, *Beóva*, *Beóvulf* sind jüngere formen; die älteren haben *eá* (Giles Aldhelmi opp. s. 349). Kemble und ich (Haupts zs. 7. 411) haben wohl im wesentlichen das richtige getroffen: das wort gehört zur wurzel *bhú* 'sein, wohnen, werden, wachsen' (skr. *bháva* 'zustand') und Beav repräsentiert das ruhige wohnen und wirtschaften. auf ihn folgt dann sehr passend Tætva, d. i. 'der frohe, erfreuliche, anmutige'; vgl. ags. *tát*, ahd. *zeiz* (teuer, blandus, amabilis). altn. *teitr* (laetus).

Ganz dieselbe genealogie finden wir nun im anfang des Beovulf angeknüpft an die dänischen Scildinge; nur ist hier das vierte glied übergangen und das compositum Beovulf, offenbar mit rücksicht auf den haupthelden an die stelle des ursprünglichen Beav getreten. dass wir es hier aber nicht etwa mit einer ursprünglich dänischen geschlechtstafel zu tun haben, sondern mit einer offenbar erst spät erfolgten übertragung einer angelsächsischen, bedarf kaum eines beweises: die ältesten teile des liedes kennen diesen Dänenkönig Beovulf der einleitung noch gar nicht und im ganzen norden weiss man weder von Beovulf etwas noch von Sceaf. dagegen müssen von dem Beav oder Beava (Beova) der

---

* dasselbe oder ähnliches geschieht in andern rein mythischen genealogien. ein besonders einleuchtendes beispiel bietet die der Ostsachsen (vgl. Schmidts Zs. f. gesch. 8, 249; Haupts zs. 11, 291 f.), in der die namen Seaxneat (= Mars), Gesecg und Andsecg ('Symmachos' und 'Antimachos'), Sveppa (einer, der getümmel anrichtet'), Sigefugel ('siegverkündendes vorzeichen'). Hedca und Bedeca ('viri caedis et stragis') alle nur prädicate eines und desselben wesens sind: die momente der schlacht sind als söhne des kriegsgotts dargestellt.

genealogien einmal bei den Angelsachsen wenigstens teilweise
die wunderbaren heldentaten erzählt worden sein, die in dem
gedicht, offenbar in folge der ähnlichkeit der namen, auf den
haupthelden Beovulf übertragen sind. das ergiebt sich unzweifelhaft aus verschiedenen ortsnamen: eine westsächsische urkunde
des königs Äthelstan vom j. 931 (Kemble cod. dipl. 2, 172 nr. 353;
Z. E. nr. 8 in Haupts zs. 12, 282 f.) nennt in Wiltshire einen
Beóran hamm ('eine feste, hof des Beova') und in unmittelbarer
nähe in wilder, schauerlicher umgebung einen *Grendles mere* ('einen
Grendelsee, -lache'), der im wesentlichen gerade so geschildert
wird wie im gedichte der aufenthaltsort Grendels und seiner mutter.
nördlicher, an der Severn bei Worcester, also in anglischer, nicht
sächsischer gegend werden ein *Grindeles pytt* ('sumpf, pfütze') und
Grindles bec (Kemble 3, append. nr. 59 und 3, 80 nr. 570) erwähnt; und aus dem mythus muss man auch den ortsnamen *Beás*
(= *Beáres*) *bróc* ('bruch, wildnis') erklären, der bei Kemble
nr. 1116 a. 938 in Sommersetshire in Wessex genannt wird. für
die verbreitung der Beav-mythen spricht wohl auch eine urkunde
von Sussex, deren echtheit nicht angefochten ist (Kemble nr. 1001,
c. 725); in ihr führt der schenker den namen Beova und
wir haben kein recht diesen als eine verkürzung von Beovulf
aufzufassen. es ist demnach nicht zu bezweifeln dass die Angeln
und Sachsen, die sich in England niederliessen, den mythus vom
kampf mit dem wasserunhold Grendel, den das gedicht dem Beovulf beilegt, ursprünglich von dem mythischen Beav ihrer genealogien erzählten und in England localisierten, noch ehe er auf
den Beovulf des gedichts übertragen wurde. wir sind also vollkommen berechtigt den mythus, wie wir es früher getan, auf die
überschwemmungen und sturmfluten der Nordsee zu deuten und
ihn uns ursprünglich an der Nordsee heimisch zu denken. dass
die angeführten ortsnamen den mythus an bestimmte örtlichkeiten
geknüpft zeigen, kann selbstverständlich nicht beweisen dass es
eine in England entstandene localsage sei. ist viel mehr Beav
der eigentliche träger der von Beovulf erzählten mythen und zugleich nur eine personification einer charactereigenschaft des Sceaf,
so dürfen wir von vorne herein annehmen dass die mythenreihe
noch viel inniger mit dem ganzen alten dasein des stammes ver-
flochten war, dass sie ursprünglich von Sceaf selbst, dem mythischen urkönig des volkes, erzählt wurde. und weitere erwägung
zwingt uns diese vermutung für begründet zu halten.

Im anfange des Beovulf finden wir nicht bloss die alte genealogie, sondern auch den mythus von Sceaf wieder, allerdings
fälschlich auf seinen sohn Scyld verschoben und wegen der namens-
gleichheit, die überhaupt nur die anknüpfung der genealogie an
die Dänen ermöglichte, auf Scyld, den eponymus der dänischen
Scildinge, bezogen: Scyld kann unmöglich von anfang an der
träger des mythus gewesen sein, weil, wie wir gesehen haben,
der mythus nur dann einen rechten sinn hat, wenn er von dem
ersten urheber und begründer des geschlechts von unbekannter
herkunft und nicht von einem späteren gliede desselben berichtet
wird, dessen vater man bei namen kannte. ausserdem wird nur
von Scylds bestattung berichtet, die so ausgerichtet wird dass
man ihn ebenso, wie er einst erschienen, auf einem schiffe, umgeben von waffen und kleinodien, dem meere zurückgiebt. es ist
dies das völlige gegenstück zu der sage von Sceafs ankunft und
also auch, wie diese, bloss auf Scyld verschoben, in wahrheit aber
auf Sceaf zu beziehen. damit aber erfahren wir merkwürdiger-
weise nur den anfang und das ende von dem leben des göttlichen
helden, aber nichts von seinen heldentaten und seinem eigentlichen lebenslauf. wenn man diese auffallende tatsache ins auge
fasst und sich dann die mythen vergegenwärtigt, die von Beava
und im gedicht von Beovulf berichtet werden, so gewahrt man
sofort, wie gut sie alle zusammenpassen und sich zu einem ganzen
zusammenfügen, wie es der vollständige heroenmythus verlangt: hier
fehlt die geburt, der ursprung des helden, dort der ganze inhalt
des heldenlebens; nimmt man aber an dass alle diese mythen
ursprünglich von Sceaf erzählt wurden, so erhält man eine vollständig abgerundete schilderung von dem leben des göttlichen
helden: er wird als neugeborenes kind auf einem schiffe ans land
getrieben, offenbart seine gewaltige, göttliche art in früher jugend
im schwimmwettkampf mit Breca, besiegt dann in voller mannes-
kraft den wasserriesen Grendel und seine mutter, findet endlich
nach langer glücklicher herschaft hochbejahrt seinen tod im
kampfe mit dem drachen am seestrande und wird mit allen seinen
schätzen auf ein schiff gelegt und von neuem dem spiel von wind
und wellen übergeben in der hoffnung dass er dereinst im frühling
neugeboren wiederkehre. dieser auffassung widerspricht es keineswegs dass das gedicht selbst in scheinbarem gegensatz zur einleitung erzählt, Beovulfs leiche sei verbrannt und in einem her-
lichen grabe, einem hügel, hoch und breit, den schiffern weithin

sichtbar, mit allen erbeuteten schätzen feierlich beigesetzt.
diese bestattung des helden Beovulf entspricht vielmehr im
wesentlichen durchaus der des Sceaf oder Scyld und kann nur
als ein reflex oder eine variante dieser angesehen werden;
und unsere vermutung dass die mythen ursprünglich alle mit
einander allein vom Sceaf erzählt worden seien wird dadurch nur
bestätigt.

Für die einheit der mythischen personen, von denen die genealogien und das gedicht erzählen, lässt sich aber noch ein zeugnis
anführen. Nach dem Vidsid v. 32 soll Sceafa als urkönig über
die Langobarden (an der Unterelbe, Hamburg gegenüber) geherscht haben, und diese angabe ist vollständig berechtigt. die
langobardische sage kennt allerdings den namen nicht, wohl aber
berichtet sie von einem helden Lamissio oder Lamicho im
wesentlichen dasselbe wie die angelsächsische sage von Sceaf.
Lamissio soll nach Paulus Diaconus 1. 15 zugleich mit sechs
brüdern von einem gemeinen weibe geboren und als neugeborenes
kind mit seinen brüdern ins wasser geworfen sein um dort ein
frühes ende zu finden. ein alter kinderloser langobardischer könig
Agelmund aber habe ihn gefunden und ihn aus dem wasser heraus-
ziehen lassen, weil er sich kräftig genug erwiesen habe den hin-
gehaltenen lanzenschaft des königs zu erfassen und sich daran
festzuhalten. erstaunt über dies wunder habe der könig den
knaben, dessen herkunft man nicht kannte, sorgfältig erziehen
lassen und Lamissio sei nun ein überaus streitbarer mann und der
nachfolger des Agelmund auf dem königsthron geworden. als
solcher habe er einmal mit amazonen d. h. riesischen oder streitbaren wasserfrauen gekämpft, die sich den Langobarden beim
übergang über einen fluss entgegengestellt, und die stärkste von
ihnen im flusse schwimmend (natatu) überwunden und getötet.
dass der erste teil dieser sage dem mythus von Sceafs ankunft
entspricht, hat schon Leo hervorgehoben; der zweite teil aber
entspricht ebenso den kämpfen Beavs oder Beovulfs mit Breca
und besonders mit Grendel und seiner mutter. beide teile sind
nur varianten, besondere, in verjüngtem massstabe ausgeführte ge-
staltungen derselben sagen, die wir bei den Angelsachsen finden;
aber sie werden nicht von zwei personen, sondern noch von
einem und demselben helden erzählt, und da die Angelsachsen
Sceafa noch als urkönig der Langobarden kannten, so sind wir
wohl auch berechtigt anzunehmen dass bei den Langobarden, wie

bei den Angelsachsen. Sceaf ursprünglich dieser eine held war, an dessen namen die sagen alle hafteten.

Welches mythische wesen, welche gottheit haben wir nun aber schliesslich hinter Lamissio-Sceaf, bez. Sceafs nachkommen zu suchen? die frage scheint zunächst einigermassen verwegen, da sowohl die angelsächsische als die langobardische sage, indem sie jede kunde von der abkunft des helden läugnen, jeden versuch einer anknüpfung abzuweisen scheinen. trotzdem aber liegt die antwort doch sehr nahe. die Angeln und Sachsen gehörten zum stamme der Ingvaeones. ihr stammvater war also Ing (in gotischer form *Iggvs*). dessen name 'der angekommene', 'der ankömmling' (vgl. Sceaf) zu bedeuten scheint (vgl. Haupts zs. 23, 9 ff.). dieser Ing aber ist kein anderer als der gott, der im norden Freyr (Yngvi, Yngvifreyr) hiess, oder besser, er entspricht Niǫrdr und Freyr zusammen, die, vater und sohn, dem milden, freundlichen göttergeschlecht der vanen angehören. Freyr und Niǫrdr, heisst es, verleihen regen und sonnenschein und frucht der erde, für reichen jahresertrag und frieden muss man zu ihnen rufen und auch schiffahrt und handel stehen unter ihrer obhut. Freyr aber erschlägt den sohn des meerriesen Gymir, den riesen Beli d. i. 'brüller', offenbar eine personification der winterstürme, nicht mit der blossen faust, 'wie er gekonnt hätte'. aber doch ohne schwert. nur mit einem hirschgeweih — das die tiere im märz ablegen — also beim herannahen des frühlings (Snorra Edda Gylfag. c. 38). der mythus hat also denselben sinn wie die frühlingskämpfe Beovulfs und Beavs. Freyr macht, wie Beovulf, durch seinen sieg das meer erst wieder fahrbar und vertreibt überhaupt den winter und die riesischen, den menschen feindlichen mächte. dem drachenkampf des Beav stellt die nordische mythologie allerdings nicht unmittelbar eine ähnliche tat des Freyr gegenüber: sie lässt, wie gesagt, den Thor am jüngsten tage mit der weltschlange kämpfen, den Freyr aber mit Surtr, dem beherscher der südlichen feuerwelt. allein unter den ältesten Skjoldungen der dänischen königssage befinden sich mehrere irdische, heroische vertreter, hypostasen des gottes mit dem namen Frodi*, die im grunde zusammenfallen: unter ihrem regiment herscht friede und reichtum, ja so zu sagen das goldene zeitalter (Grimm Mythologie): und sowohl Frotho I als Fridlef, der sohn Frothos III, sind drachentöter und gewinnen

---

* Über die Frothones und Freyr vgl. WMüller Haupts zs 3, 43 ff.

grosse schätze (Haupts zs. 7, 439). von Frotho III erzählt Saxo
(lib. V, P. E. Müllers ausg. s. 247, 256 f.) dass er durch ein zauber-
weib, die sich in eine meerkuh und ihre söhne in meerkälber
verwandelt hatte, im höchsten alter den tod gefunden habe, d. h.
ähnlich wie Beovulf durch wasserunholde, denn die meerkälber
bedeuten, wie oft, nur wellen. die prächtige bestattung, die bei
Saxo Frotho III erhält, liess man in Schweden auch dem Niorđr
und Freyr zu teil werden (Yngl. saga c. 11. 12), an deren grabhügel auch noch lange geopfert und zins erhoben worden sein
soll (vgl. Haupts zs. 7, 439).

Nach alledem ist es nicht zu bezweifeln dass in dem Lamissio der Langobarden, dem Sceaf und Beava der angelsächsischen
sagen und mythen und schliesslich ebenso in den beiden andern
helden der genealogien und dem Beovulf des gedichts kein
anderer gott verborgen ist als Ing, der angebliche stammvater der
Ingvaeones; und ebenso sicher haben wir in diesen mythen und
sagen uralt-angelsächsisches oder ingväisches eigentum vor uns,
das, in der hauptsache an Beava haftend, von diesseit der Nordsee nach England gelangte, dort localisiert und dann an den
Beovulf des gedichts geknüpft wurde. wer aber war nun dieser
Beovulf und wie konnten die mythen überhaupt auf ihn übertragen
werden?

II.

DIE GESCHICHTLICHEN ELEMENTE.

---

1. DIE GEATEN UND SCHWEDEN.

Das volk, dem Beovulf angehört, wird im gedicht *Geátas**
genannt. Kemble hielt diese Geatas für Angeln: für diese annahme
fehlt es aber an jedem anhalt: die Angeln werden in dem ganzen
gedicht nirgend genannt. Leo sah in ihnen Jüten und konnte
für seine meinung anführen dass Älfred in der übersetzung des
Beda 1, 15 die Jüten wiederholt Geatas nennt; aber die Jüten, die
altn. *Jótar*, heissen sonst ags. *Eótas, Iótas (Iutna, Iutum), Ytas* (?),
Giótas und Älfred selbst gebraucht für 'provincia Jutorum' 4, 16
Eótaland (Oros. 1, 19 Jütland = *Gotland*), es muss also wohl eine
verwechselung vorliegen (vgl. GDS. 736). die richtige erklärung
hat zuerst Ettmüller gegeben: die *Geátas* sind die altn. *Gautar*,
die jetzigen West- und Ostgötar im südlichen Schweden, die schon
bei Ptolemaeus und Procop als *Γαυτοί* vorkommen.

Öfters werden sie *Vedergeátas* genannt (v. 1492. 1612. 2379.
2551) und noch häufiger einfach *Vederas* (v. 225. 341. 423 usw.).
von diesen beiden namen ist das simplex erst nach analogien, wie
ags. *Hréðgotan* neben *Hréðas*, aus dem compositum gebildet; wes-
wegen man dem volke aber den beinamen Vedergeaten beigelegt
hat, lässt sich mit sicherheit nicht feststellen. mit dem Wettersee
(altschw. Wætur) hat das wort selbstverständlich nichts zu tun,
es kann nur 'Wettergeaten' bedeuten (vgl. *Vedermeare* Beov. v. 298
und unser 'Wetterau', 'wetterseite').

---

* Dass Beovulf selbst ein Geate gewesen, bezweifelt Grein aao. 276, aber
mit unrecht.

Nur aus dem letzten teile des gedichts (v. 2607. 2814) erfahren wir dass Beovulf, der sohn des Ecgþeov (v. 263 u. ö.), aus
dem geschlecht der Vaegmundinge stammt und zugleich dass ein
mit ihm gleichaltriger spross dieses geschlechts, Veohstan oder
Vihstan, der lange bei den Schweden gelebt und in hohem ansehen gestanden, dann aber durch die verhältnisse gezwungen sich
zu den Geaten begeben hat, von dem inzwischen könig gewordenen
Beovulf den alten wohn- und erbsitz des geschlechtes erhalten
hat. dieses Vihstans sohn, der junge Viglaf, der allein dem alten
Beovulf in seinem letzten kampfe beisteht, ist der letzte der
Vaegmundinge und wird, wie es scheint, Beovulfs rechtsnachfolger und
thronerbe. von den ahnen des helden erfahren wir nur (v. 459 ff.)
dass Ecgþeov, sein vater, der ein gewaltiger kämpfer war, einen
Headolaf bei den Vylfingen, einem geschlecht oder volk im süden
der Ostsee, wie es scheint, mit der blossen faust erschlagen hat
und dann auf der flucht zu den Dänen gekommen ist, deren damals noch junger könig Hrodgar ihn aufnahm und für ihn die
fehde mit den Vylfingen sühnte, und dass ihm der Geatenkönig
Hredel — später, muss man annehmen — seine einzige (unbe-
nannte) tochter zur gemahlin gegeben hat (v. 374 ff.), aus dieser
ehe stammt Beovulf.

Von diesem heisst es nun in einer interpolation des letzten
liedes (v. 2428 ff.) dass sein grossvater Hredel ihn, als er sieben
jahre alt war, an seinen hof genommen und mit seinen söhnen
erzogen habe und dass er sich besonders mit dem jüngsten derselben, Hygelac, eng befreundet habe. hiernach müssen wir uns
die söhne Hredels als ziemlich gleichaltrig mit ihm denken, womit nicht gut stimmt dass seine mutter ihre schwester war. dies
ist aber nicht der auffälligste punkt im leben des Beovulf: weit
merkwürdiger ist eine andere erscheinung: Beovulf, der grosse
gewaltige held, spielt bei allen begebenheiten, die der historischen
überlieferung und sage angehören, eine sehr untergeordnete oder
eigentlich fast gar keine rolle. bei den händeln der Geaten mit
dem schwedischen könige Ongenþeov ist von Beovulf gar nicht
die rede. an Hygelacs zug ins Friesen- und Frankenland, der nach
dem gedicht nach dem kampf mit Grendel zu setzen ist, lässt ihn
das gedicht allerdings einen nicht unwesentlichen anteil nehmen:
als besondere heldentat wird v. 2501 ff. berichtet dass er den
Hugen Däghrefn mit der blossen faust getötet habe und v. 2359 ff.,
dass er bei der niederlage Hygelacs allein, mit 30 brünnen beladen,

sich schwimmend gerettet habe. ja es scheint nach dem gedicht
dass er vom Rhein bis nach Schweden geschwommen sei. bei beiden
gelegenheiten aber zeigt der Geate Beovulf dieselben eigenschaften,
die den mythischen heros Beovulf besonders auszeichnen: ausser-
ordentliche, übermenschliche körperkraft und wunderbare fertigkeit
im schwimmen, und es können diese eigenschaften sehr wohl erst von
dem mythischen auf den historischen Beovulf übertragen sein. aber
möglicher weise zeichnete sich tatsächlich ein Geate, der durch
seinen namen an den heros erinnerte, bei der gelegenheit aus.
ob dieser aber wirklich davon kam und wieder nach hause gelangte, kann man billig bezweifeln. nach seiner heimkehr soll
dann Hygd, Hygelacs wittwe, den Beovulf zum nachfolger ihres
gemahls bestimmt und ihm den königsthron der Geaten angeboten
haben (v. 2369 ff.). er habe es aber grossmütig abgelehnt und
nur die vormundschaft und schirmherschaft über das reich für ihren
jungen, unerwachsenen sohn Heardred übernommen: aber auch in
dieser rolle zeigt und bewährt er sich nicht, sondern die späteren
begebenheiten entwickeln sich ganz so, als wenn er gar nicht
existierte: Heardred wird von dem Schwedenkönig Onela erschlagen: Beovulf aber, sein vormund und berater, bleibt vollkommen untätig, nimmt ungestört den Geatenthron ein und herscht
längere zeit über die Geaten in frieden (v. 2389 ff.). erst später
gedenkt er der niederlage und des verlustes und unterstützt den
Eadgils gegen seinen oheim Onela mit gewappneter hand; aber
wie bei dem einfall des Onela, so steht der grosse held auch hier
völlig tatenlos zur seite. mit einem worte, von seiner rückkehr
von Hygelacs zug an die Rheinmündung bis zu seinem regierungsantritt und während seiner ganzen fünfzigjährigen friedensregie-
rung vollziehen sich alle ereignisse ohne seine unmittelbare mit-
wirkung. man muss daraus notwendig schliessen dass die sage
ihn nur darum zurückkehren und später 50 jahre über die Geaten
herschen liess, weil der mythus von Beav, der auf ihn übergieng.
es so verlangte, nicht die geschichte; d. h. wir wissen in wahrheit überhaupt nichts sicheres von dem historischen Beovulf, nur
das können wir unbedenklich annehmen dass ein Geate, der
einen ähnlichen namen wie der mythische heros der Angelsachsen
trug, würklich einmal existiert und als teilnehmer an Hygelacs
letztem zug oder bei einer anderen gelegenheit sich irgendwie
ausgezeichnet hat, weil sonst die verknüpfung des mythus mit der
geschichte überhaupt ganz unerklärlich wäre. dass die nordische

sage von einem **altberühmten Gauten** Bjólfr — so müsste der name
im altnordischen **gelautet** haben — nichts mehr weiss, **kann** den
helden **natürlich nicht als** unhistorisch erweisen: sie **hat auch die**
erinnerung **an andere** historische personen verloren.

Ist die fünfzigjährige friedensherschaft Beovulfs eine fabel,
so ist natürlich auch auf alles, **was das** gedicht von Beovulfs beziehungen zu seinen verwandten, den Vægmundingen Veohstan
und Viglaf, erzählt, nicht viel zu geben: es beweist **für den** historischen character **der** personen **gar** nichts. **dass Viglaf,** Veohstans
sohn, der des Beovulfs **erbe** und nachfolger **geworden sein** soll, nachdem er ihm im letzten kampfe gegen den drachen **hilfe** geleistet,
vielleicht eine reine fiction sei. ist schon erwähnt. wäre was von
ihm berichtet wird historisch, so wären hier geschichtliche **und**
mythische elemente in einen ganz ungewöhnlichen zusammenhang
gebracht: mythus und geschichtliche tradition stehen **im gedicht**
im übrigen noch durchweg ziemlich unvermittelt **neben einander**
und sind keineswegs eng mit einander verschmolzen, ebensowenig
als die älteren lieder und die zusätze.

Der älteste der **zu Beovulf in beziehung** stehenden könige ist
Hreðel (Hreðla). vor ihm kennt die angelsächsische sage keinen Geatenkönig und, soviel wir sehen, auch keinen alten mythischen **geschlechts-
namen.** nur einmal wird Hredels sohn, Hygelac, in einer alten
interpolation (v. 1203) der *nefa* d. h. **entweder** der enkel oder
der neffe eines Sverting **genannt; vielleicht aber war dieser** nur
ein mutterbruder oder **grossvater von mütterlicher seite.** irgend eine
anknüpfung ist für ihn nicht zu finden; bei Saxo (lib. VI) und in
dänischen königslisten **heisst ein Sachse** Sverting, **der** Frotho **IV**
tötet. sonst kommt der name kaum noch einmal im norden vor
(vgl. in der genealogie von Deira Svearta, Sverting). die nordische sage weiss selbst von einem Gautenkönig *Hrollr* oder *Hrolli,*
wie ags. *Hreðel, Hreðla* (ahd. *Hruodil, Hruodilo)* im altn. **wohl**
lauten würde, nichts mehr und auch das gedicht weiss von Hreðel
nur noch wenig zu berichten. nach einem jüngeren **zusatz**
(v. 2425 ff.) hat er drei söhne gehabt, Herebeald, Hæðcyn und
Hygelac. der zweite bruder hat das **unglück beim spiel oder** bei
einer übung im bogenschiessen seinen älteren bruder Herebeald zu
töten. der vater befindet sich infolge dessen in einem unlösbaren
conflict der pflichten: die pflicht verlangt eben so sehr blutrache
für den gefallenen, als sie die vollstreckung der rache an dem
zweiten noch lebenden sohne verbietet. ein ausweg aus dieser

furchtbaren lage ist nicht zu finden und der kummer bricht dem alten könige zuletzt das herz. ein ganz ähnlicher fall wird in der deutschen heldensage (Thidrekss. c. 231) von Herbort, Herdegen und Sintram erzählt, obwohl mit anderem ausgange; ob die erschütternde geschichte bei Hredel historisch oder nur auf ihn übertragen ist, mag also dahingestellt bleiben.

Dem Hredel folgt der zweite sohn Hæðcyn in der herschaft. bald nach seinem regierungsantritt dringen die söhne des alten Schwedenkönigs Ongenþeov, Onela und Ohthere, verwüstend in sein land ein (v. 2472 ff. 2925 ff.). zur rache macht Hæðcyn seinerseits einen einfall in Schweden und führt die alte königin gefangen fort. Ongenþeov aber eilt nach, erschlägt den Hæðcyn mit eigner hand und befreit nicht nur seine gemahlin, sondern schliesst auch am abend die flüchtigen Geaten ein und droht sie am nächsten morgen völlig zu vernichten. mit tagesanbruch aber naht Hygelac mit seinen leuten zum entsatz. Ongenþeov flieht in seine feste und fällt hier im kampfe durch die beiden brüder Vulf und Eofor; Eofor, der ihm den todesstreich giebt, wird dafür mit der hand der tochter Hygelacs belohnt. mit dieser angabe hat der interpolator sich allerdings übereilt und den neuen könig sich dankbarer und freigebiger beweisen lassen, als er füglich sein konnte, denn Hygelac wird sonst immer als jung und noch bei einer späteren gelegenheit, nicht lange vor seinem tode, als neuvermählt geschildert (v. 1926 ff.). es ist das ein offenbares versehen, dem keine bedeutung beizulegen ist.

Was sonst noch von Hygelac erzählt wird bezieht sich auf seinen zug an den Rhein und ist im grossen und ganzen als geschichtliche wahrheit aufzufassen. das ereignis wird viermal, v. 1202—1214, 2354—2370, 2501—2508, 2912—2921, immer beiläufig und episodisch von den interpolatoren A und B erwähnt. Hygelac kommt mit einer flotte nach Friesland (v. 2915) d. h. nach den Niederlanden, er erleidet eine niederlage und fällt bei den Hetvaren (Hattuarii) durch die übermacht der Franken (v. 2916 f. 2363), indem er die gemachte beute verteidigt (v. 1205), und seine leiche fällt in die hand der feinde (v. 1210). 'niemals haben seitdem die Geaten von den Merevioingen gutes erfahren', setzt der dichter hinzu (v. 2921). im norden hat sich später nicht einmal eine dunkle und unsichere erinnerung an diese grosse unternehmung und den könig selbst erhalten; man müsste ihn denn in dem dänischen könige Hugleth oder Huglek wiedererkennen wollen,

den Saxo (lib. IV, s. 175) und dänische königslisten (s. PEMüller
not. uber. s. 141 zu Saxo s. 175) nennen. Saxo kennt aber nicht einmal
die herkunft und nachkommenschaft dieses Huglethus und weiss von
ihm nur zu berichten dass er ein paar schwedische seekönige besiegt habe; von einem anderen Huglethus, einem irländischen
könige, erzählt er (IV, s. 279) dasselbe, was Snorri (Ynglingas.
c. 25) von einem schwedischen könige Hugleikr berichtet, dass er
nemlich ein durchaus unköniglicher und unkriegerischer mensch
gewesen sei und sein leben mit spielleuten und possenreissern hin-
gebracht habe. diese sage geht, wie man deutlich sieht, von der
bedeutung des namens Hugleikr aus; irgend eine verbindung mit
dem Geatenkönig ist hier nicht zu finden. wohl aber meldet die
geschichte, und zwar die ältesten fränkischen geschichtsquellen,
noch von Hygelac, wie zuerst Grundtvig erkannte und Leo weiter
ausführte, und hierdurch erhalten wir auch eine sichere zeitbestimmung für den ganzen übrigen historischen inhalt des Beovulfliedes und für das zeitalter des helden selbst.

Gregor von Tours 3, 3 und die Gesta Francorum c. 19 melden
dass zwischen den jahren 512 und 520 ein könig der Dänen namens
Chochilaicus (-lagus, Gregor: Chlochil.) mit einer flotte an der küste
von Gallien erschienen und, offenbar durch Maas und Waal, verheerend
und plündernd bis in den Hattuariergau d. h. bis in die gegend von
Cleve, Geldern und Meurs zwischen Maas und Rhein vorgedrungen
sei. sie hätten die schiffe mit gefangenen und anderem raube beladen und schon den rückweg angetreten; der könig aber sei unter-
des auf dem lande geblieben, in der absicht später den mit der
beute beladenen schiffen nachzusegeln. da habe der fränkische
könig Theoderich, der sohn des Chlodovech, seinen sohn Theode-
bert mit einem starken heere und grosser zurüstung abgesandt.
dieser habe den könig in einer grossen schlacht getötet und auch
die andere abteilung der feinde zu schiffe (navali proelio) besiegt
und ihnen allen raub wieder abgenommen. diese erzählung
stimmt mit den angaben des Beovulf fast vollständig überein.
dass das gedicht von dem navali proelio Gregors nichts weiss, ist
unwesentlich, ebenso die nicht ganz entsprechende wiedergabe
des namens Hygelac: *Hygelác*, das gotisch *Hugilaiks* wäre, ahd.
Hugileich, und *Chochilaicus* ist auf alle fälle derselbe name, nur
hätte Gregor Chogilaicus schreiben sollen; die einzige differenz
von wichtigkeit, die übrig bleibt, ist dass die fränkischen ge-
schichtsschreiber das volk des königs Dänen nennen, die angel-

sächsische sage aber Geatas. der angelsächsischen überlieferung schliesst sich aber eine spätere friesisch - fränkische nachricht an: in dem von Haupt 1863 herausgegebenen Liber mon-
strorum nämlich, der wahrscheinlich noch im siebenten jh. entstanden ist (vgl. Haupts zs. 5, 10. 12, 287), heisst cap. 3
'Hugilaicus' ein rex Getarum und es wird von ihm erzählt dass
er von ungeheurer grösse gewesen sei, so dass ihn von seinem
zwölften jahre an kein pferd habe tragen können; seine gebeine
zeige man noch auf einer insel an der mündung des Rheins, wo
er von den Franken getötet worden sei, allen fremden als ein
wunder. diese sage giebt noch den eindruck wieder, den der einfall und tod des königs bei den Friesen und Franken hinterlassen
hatte; der eindruck seiner äusseren erscheinung hat sich hiernach
bei ihnen in der erinnerung bald in das riesige gesteigert. sein
zug muss in der tat gefährlich genug gewesen sein, das sehen
wir schon aus seiner erwähnung bei den chronisten, und ohne das
kräftige auftreten Theoderichs und Theodeberts würde es vielleicht
schon damals zu einer niederlassung der nordleute in den Niederlanden und an der Rheinmündung gekommen sein, wie im neunten
jh. von seiten der Dänen. so ganz isoliert stand Hygelacs zug
überhaupt nicht da. von einer teilnahme der Geaten oder Dänen
an den seezügen der Angeln und Sachsen ist zwar niemals ausdrücklich die rede, nur dass mit Hengst Jüten nach Kent und
Wight gekommen sein sollen (s. u.), wohl aber treten schon im
dritten und noch im fünften jh. (Zeuss Die Deutschen und die
nachbarstämme s. 477—479) Heruler als seeräuber in den westlichen meeren auf und werden zuweilen in gemeinschaft mit den
sächsischen seeräubern erwähnt; sie plündern an den gallischen
und spanischen küsten, ja sie gelangen a. 455 durch das mittel-
meer bis nach Lucca in Italien; und diese Heruler sind nordleute
aus dem innern der Ostsee und dürfen also als vorläufer des
Hygelac angesehen werden. bis gegen das ende des achten jhs.
machen sich dann aber die nordischen seeräuber kaum noch be-
merklich (doch vgl. Zeuss 501, wo Eutii und Dani nach Venantius
(c. 580) als feinde der Franken genannt werden). insofern ist also
Hygelacs zug als ein gewisser abschluss der ältesten periode der
nordischen einfälle historisch bedeutsam.

Nimmt man Hygelacs fehde mit den Schweden und den tod
des königs Ongenþeov, wie man nicht anders kann, als wirkliche
historische ereignisse, so muss man die niederlage der Schweden

bei seinem regierungsantritt für eine sehr gründliche und vollständige halten, weil er sonst sich unmöglich in ein so weitläufiges und gewagtes unternehmen hätte einlassen können, wie sein zug an die Rheinmündung, auf dem er den tod fand, es war. trotz dieser gründlichen niederlage aber hatte Hygelacs tod unmittelbar wieder eine gegenwirkung von seiten der Schweden gegen die Geaten zur folge. nachdem der Schwedenkönig Ongenþeov durch Hygelac und seine leute gefallen, folgte ihm selbstverständlich sein ältester sohn auf dem throne; dies muss Onela gewesen sein (v. 2616. 2932. 62?), der v. 2381 der helm der Scilfinge (der Schweden), der beste (sêlesta) der seekönige heisst. gegen ihn empören sich die söhne seines jüngeren bruders Ohthere, Eanmund und Eadgils, und kommen flüchtig zu den Geaten, wo sie bei Hygelacs sohn Heardred aufnahme finden. man sieht daraus, es bestand ein gespanntes verhältnis zwischen Schweden und Geaten, aber das übergewicht. das Hygelac durch seinen sieg über Ongenþeov ehemals gewonnen hatte, war wieder verloren gegangen. Onela erscheint alsbald mit einem heere und überfällt und erschlägt den Heardred. der Vægmunding Veohstan tötet bei dieser gelegenheit den Eanmund (v. 2611 ff.). Onela kehrt zufrieden mit seinem erfolge zurück und lässt nun Beovulf ungestört den Geatenthron einnehmen und in frieden herschen (v. 2389 ff.). dieser gedenkt aber später selbst der niederlage und des verlustes seines volkes und unterstützt Eadgils, den jüngeren bruder des Eanmund, mit gewappneter hand; Eadgils besiegt und erschlägt seinen oheim und tritt dann selbstverständlich an seine stelle als könig von Schweden.

Dieser begebenheiten erinnert sich auch die nordische sage noch. in der Ynglingas. c. 31—33 berichtet Snorri von einem schwedischen könige Ottar d. i. ags. Ôhthere, der im kampfe mit den Dänen bei Skagen (Vendilskagi) seinen tod gefunden und danach von diesen den spottnamen Vendilkráka (Vendilkrähe) bekommen habe. sein sohn, der auch in anderen quellen (Saxo ausg. von Müller s. 121 u. ö. Sn. Edda Skald. c. 44 (AM. 1, 394). Hrolfss. usw.) sehr wohl bekannt ist und schon in dem alten Ynglingatal des Thiodolf von Hvin aus dem neunten jh. vorkommt. heisst Adils. man nimmt meist an dass Adils aus Audgisl abgeschliffen sei, das genau dem ags. namen Eadgils entspricht, den im Beovulf der jüngere sohn des Ohthere trägt. wie dem auch sei, Adils und Eadgils sind auf jeden fall dieselben personen: Snorri erzählt

nemlich weiter nach einer verlorenen dänischen königssage dass
Adils eine grosse fehde mit einem könige Ali oder Oli von
Uppland im südlichen Norwegen gehabt habe. in der Adils endlich
sieger geblieben, Ali aber in einer schlacht auf dem eise des
Wænersees in Schweden gefallen sei. dies deutet auch die alte
Kalfsvisa an (Bugge Sæm. Edda 334), wenn sie sagt, Ali habe den
Hrafn geritten, als er sich zum streite auf das eis begeben. Adils
den Slungni. *Áli*, der name von Adils gegner, ist nun aber
nichts anderes als ags. *Onela*, ahd. *Anulo*, vgl. altn. *á*, ags. *on*,
ahd. *ana*). es handelt sich also bei Snorri genau um dieselben
begebenheiten, von denen im Beovulf die rede ist, nur sind sie
einigermassen verschoben, weil man den anteil der Geaten an
diesen händeln ganz und gar vergessen hat und Adils dem Ali
nicht erst den schwedischen thron abzugewinnen braucht. dass
die angelsächsische sage die schwedischen könige Scilfinge, die nordische Ynglinge nennt, ist natürlich kein grund die übereinstimmung zu läugnen *. die erinnerung daran, dass Adils nicht aus
eigenem vermögen den sieg über Ali gewann, sondern nur durch
unterstützung von anderer seite, ist auch im norden wach geblieben (Sn. Edda Skaldsk. c. 44); doch kommt die hilfe hier
nicht von den Geaten, sondern von seinem angeblichen stiefsohn,
dem berühmtesten nordischen könige. Hrolf Kraki von Dänemark,
von dem bald weiter die rede sein wird.

Notwendig müssen wir aus der übereinstimmung der angelsächsischen und nordischen überlieferungen schliessen dass diesen
sagen wirkliche historische ereignisse zu grunde liegen; und zwar
müssen wir diese nach dem Beovulf nicht lange nach Hygelacs
tod setzen. also etwa ins dritte jahrzehnt des sechsten jahrhunderts,
jedenfalls nicht viel später. weiter reicht die kenntnis der Angelsachsen von der nordischen geschichte überhaupt nicht, auch wenn in
dem, was der Beovulf von Veohstan und seinem sohn Viglaf berichtet, noch historisches steckt. alle historischen elemente des
Beovulf schliessen sich der zeit nach eng an den Geatenkönig Hygelac an und offenbar ist Hygelac auch ursprünglich bei allen der
historischen überlieferung entnommenen begebenheiten des gedichts
durchaus die hauptperson und der mittelpunkt gewesen und allem

---

* altn. *Skilfingar* kommt z. b. FAS 2, 10 und Yngls. cap. 30 u. ö. vor
und ist von Bugge Tidskr. f. phil. 8, 44 aus dem altn. *skjálf* hochsitz erklärt
[vgl. Beitr. von Paul und Braune 12, 12. L.]. die bedeutung des wortes ist
im norden schon ganz unbestimmt.

anscheine nach mit recht: er war ganz gewis eine nicht unbe-
deutende persönlichkeit, da er sich selbst in den unruhigen, unter-
nehmungslustigen zeiten der sogenannten völkerwanderung unter
so vielen anderen seiner art hervorzutun und sich einen namen
zu machen gewusst hat. Beovulf, Ecgheovs sohn, hat, wie erwähnt, in wirklichkeit nur eine sehr untergeordnete rolle gespielt
und erst das zufällige zusammentreffen seines namens mit dem
des angelsächsischen heros hat ihm zu einer besonderen berühmt-
heit verholfen, seine stellung erhöht und schliesslich dahin geführt
dass man ihn in ein näheres verhältnis zu Hygelac und dem gea-
tischen königsgeschlecht brachte. dies bestreben ist aber, wie wir
gesehen haben, im ganzen sehr wenig glücklich gewesen und noch
keineswegs dahin gelangt ihn tiefer in die historische tradition von
den Geaten zu verflechten. Hygelac war und blieb hier die hauptperson, mit der alle historischen bestandteile mehr oder minder
eng verknüpft sind: sie machen nur die vor- und nachgeschichte
seines falles an der Rheinmündung aus.

Nur in einem falle würden sich die Angelsachsen aus der zeit
des Beovulf späterer begebenheiten aus der scadinavischen geschichte erinnern, wenn der könig Ingeld (Hinieldus), von dem
man zu ende des achten jhs. in Nordhumbrien epische lieder sang,
(Haupts zs. 15, 314) nicht, wie ich früher angenommen habe, der im
Beovulf erwähnte headobeardische Ingeld, sondern vielmehr, was
mich jetzt wahrscheinlicher dünkt, der böse schwedische könig
Ingjaldr Illradi sein sollte (Ynglingas. c. 38 ff.), der auf einen
schlag alle seine nebenkönige beseitigte und sich der alleinherschaft über ganz Schweden bemächtigte, wofür ihn dann die ge-
rechte strafe ereilte durch den Ivar Vidfadmir. mit seinem tode
soll das alte schwedische königsgeschlecht der Ynglinge ein ende
genommen und Ivar nicht bloss Schweden, sondern auch Dänemark und den ganzen umkreis der Ostsee in seiner hand vereinigt haben.

Blicken wir noch einmal auf die fehden der Schweden und
Geaten im Beovulf zurück! offenbar handelte es sich zwischen
beiden völkern um die herschaft auf der halbinsel und die geschilderten kämpfe sind das vorspiel einer grossen politischen um-
wälzung in Schweden. das königtum bei den Geaten muss bald
nach den geschilderten ereignissen ein ende genommen haben und
beide völker unter einer herschaft vereinigt worden sein; man
hätte die frühere selbständigkeit der Gauten sonst im norden nicht

so ganz vergessen. der Beovulf versetzt uns hier also in eine
der bedeutendsten epochen der schwedischen geschichte; von dem
ausgang der von ihm geschilderten kämpfe hatten die angelsächsischen dichter freilich ebensowenig eine ahnung, als man
im norden später noch eine erinnerung an das königtum der
Geaten hatte.

2. DIE DÄNEN.

Neben den **Geaten** und **Schweden** spielen die Dänen im Beovulf mehr die rolle von zuschauern als von handelnden personen;
aber wo ihr name genannt wird, geschieht es stets in der ehren-
vollsten weise. gleich in **den ersten** versen der einleitung wird
ihr ruhm verkündigt und im ganzen gedicht durch ehrenvolle benennungen wie *Gárdene, Beorhtdene, Ārscyldingas, Heaðoscyldingas,
Here-, Sigescyldingas* usw. anerkannt. man hatte zur zeit der abfassung des gedichts in England offenbar eine sehr hohe meinung
von den Dänen: doch darf man aus benennungen nach den himmels-
gegenden — *Norðdene* (v. 783), *Súðdene* (v. 463. 1996: Vids. v. 58),
Vestdene (v. 383. 1578), *Eástdene* (v. 392. 616. 828) — nicht
schliessen dass man von ihrer macht eine übertriebene vorstellung
hatte und ihnen eine grössere ausbreitung zuschrieb, als sie in
historischer zeit gehabt haben. alle diese bezeichnungen werden
nemlich ganz synonym gebraucht: *Norð-, Súð-, Eást-* und *Vestdene*
bedeuten im gedicht ganz dasselbe d. h. nichts anderes als das
einfache *Dene*. hieraus folgt dass die bezeichnungen überhaupt
nicht aus der zeit der letzten redaction des gedichts stammen
können, sondern schon aus früherer zeit oder aus dem auslande
herüber genommen sind. ursprünglich müssen die verschiedenen
bezeichnungen einen verschiedenen sinn gehabt haben, es lässt
sich aber nicht mehr mit unbedingter sicherheit angeben, welchen.
von mehreren völkern der Dänen spricht auch Procop De bello
Got. 2, 15, wo er von den Herulern sagt: Δανῶν τὰ ἔθνη
παρέδραμον (c. 512), und die Euthiones (Eutii) werden noch neben
den Dänen von Venantius Fortunatus (c. 580) genannt (vgl. Zeuss
Die Deutschen und die nachbarstämme s. 501). in Älfreds Germania (Orosius I 1, § 12), die auf deutschen oder friesischen
berichten beruht, heissen Süddänen die in Jütland und Schleswig,
Norddänen die auf den inseln und in Schonen wohnenden. offenbar weil man nach den inseln von Schleswig (*Haithaby*) aus nord-

wärts und umgekehrt südwärts segelte. dieselbe anschauung könnte
auch den bezeichnungen des Beovulf zur zeit der sagenbildung zu
grunde gelegen haben: Süd- und Westdänen entsprächen dann den
Süddänen, Ost- und Norddänen den Norddänen Älfreds. es ist
aber gar nicht nötig das anzunehmen; die Dänen wohnten ja zer-
streut auf den inseln des dänischen archipels und daher kam
wohl die unterscheidung, die dann nach und nach ganz bedeutungs-
los wurde.

Als erste herscher der Dänen werden im anfang des gedichts
genannt Sceaf, Scyld und Beovulf. die genealogie der einleitung
gehört aber, wie wir schon früher (s. 5 ff.) sahen, den Angelsachsen an und ist erst durch den verfasser der einleitung an das
dänische königsgeschlecht der Scildinge (oder Skjǫldunge) angeknüpft. v. 57 wird als vierter hinzugefügt der 'hohe' Healfdene, angeblich ein sohn des mythischen Beovulf, in dem wir
wohl schon eine historische person zu sehen haben, obgleich die
sage nicht sehr viel von ihm gewust zu haben scheint. eine
mythische fiction ist in diesem falle höchst unwahrscheinlich. der
name *Healfdene*, eine bildung wie die ahd. *Halbdurinc, Halbwalah*
usw., bezeichnet (im gegensatz zu namen wie *Erchansuâb, Altsuâb,
Altdurinc*) einen, der nur von väterlicher oder nur von mütterlicher seite ein Däne (Thüring, Romane) ist. gehörte der erste
träger dieses namens noch dem genealogischen mythus an, so
wäre seine benennung also höchst auffällig, da eine genealogie,
die den adel eines geschlechtes darstellen will, nicht eines der
ersten glieder desselben als halbschlächtig hinstellen wird, wenn
nicht die ansicht obwaltet, dass das volk selbst ein halbschlächtiges,
ein mischvolk sei. ganz unmöglich wäre es allerdings nicht dass
eine solche ansicht in diesem falle geherscht hätte*, da in Dänemark zu Halfdans zeit oder in der zeit, in die die sage seine regierung setzt, tatsächlich zwei verschiedene völker neben einander
gelebt haben (s. u.). es wäre also an sich nicht undenkbar dass man
in Halfdan eine rein fictive gestalt geschaffen habe, die die entstehung
des dänischen volkes aus zwei ursprünglich getrennten völkern sym-

---

* [Müllenhoff hat zu der Burgschen reinschrift u. a. folgende bemerkung
gemacht: 'Es wird namentlich doch auch die frage aufzuwerfen sein, ob nicht
H. (s Sn. E. usw.) doch eine fictive person der nordischen sage ist? obgleich
als höchst unwahrscheinlich wegen Hrodgar usw. zu verneinen'. so viel ich
aus früheren, später getilgten bemerkungen sehe, kann er sich die beweis-
führung nur etwa so gedacht haben, wie sie oben gegeben ist. L.]

bolisch ausdrücken sollte. gegen diese von vorn herein wenig
wahrscheinliche annahme spricht aber ganz entschieden die art
der verknüpfung Halfdans mit den ihm voraufgehenden mythischen
gliedern der genealogie einerseits und mit den ihm folgenden
königen, die mythischer herkunft durchaus nicht verdächtig sind,
andererseits. mit jenen steht er in einer unsichern, schwankenden
verbindung: in England gilt als sein vater der angelsächsische
Beovulf, seine vorfahren (bis auf Scyld) entstammen einer
angelsächsischen genealogie; im norden ist sein vater bald der
mythische Fridleif bald der gleichfalls mythische Frodi, den
andere besser als seinen bruder nennen (s. 32 ff.), bald Skjold, bald
ist er an einen der späteren könige (Ingjald, Ro) als sohn oder
bruder angeknüpft. dagegen wird seine enge verbindung mit Hrodgar
(Hroar, Roe), Halga (Helgi) und ihrer familie im ganzen norden
sowohl als in England, also von alters her, nahezu ausnahmslos
anerkannt, wenn auch im einzelnen über die art der verwandtschaft nicht volle übereinstimmung herscht (s. 33 ff.); auch im Langfedgatal, wo die familie an einen falschen platz verschoben ist,
ist diese verbindung aufrecht erhalten und Halfdan hat gleichfalls die verschiebung mitgemacht. es kann danach nicht wohl
bezweifelt werden dass Healfdene gleichen ursprungs ist wie die
ihm folgenden könige, d. h. eben historischen ursprungs. man
würde auch schwerlich an eine mythische person zwei historische
personen, Hrodgar und Halga (s. 33 ff.), als söhne angeknüpft haben.
wenn man noch wuste dass diese beiden brüder waren, so wird
man auch wohl ihren wirklichen vater wenigstens bei namen ge-
kannt haben. das wenige, was von Healfdene berichtet wird,
giebt überdies durchaus keinen anlass dazu ihn für ein mythisches
wesen zu halten.

Dass das gedicht dem Healfdene das rühmende prädicat *heáh*
beilegt, ist schon angedeutet; ausserdem erfahren wir nur dass
er lange jahre *gamol and gúðreóv* ('furchtbar, wild im kampf')
liebreich über die Dänen geherscht habe, was auf gut glück von
jedem poeten angenommen sein kann, und endlich dass er vier
kinder gehabt habe (v. 61). drei söhne, Heorogar, Hrodgar und
Halga *til* ('der gute, tüchtige'), und eine tochter, die an einen
Schwedenkönig verheiratet war. welcher könig das war, ob Ongenþeov oder Onela, ist leider infolge einer verderbnis des textes
nicht mehr sicher festzustellen. auch aus der chronologie des gedichts ergiebt es sich nicht. ebensowenig ist der name der tochter

selbst zu **bestimmen**. ist v. 62 *elan* statt *Onelan* geschrieben, **so**
war eben Onela der **gatte** dieser tochter und um die kenntnis
ihres **eigenen namens hat** uns dann der schreiber unserer Beo-
vulfhs. **oder** der einer früheren gebracht; ist *Elan* der name der
tochter selbst, so ist ausgelassen im wesentlichen der name ihres
gatten, des Schwedenkönigs. von den söhnen, die als altersgenossen
des Hygelac angesehen werden müssen, folgte nach dem gedicht
der älteste, Heorogar oder Heregar (v. 467. 2158), seinem vater
als könig: er starb aber früh und hinterliess nur einen vermutlich
noch ganz unerwachsenen sohn Heoroveard (v. 2161). so wurde
bald nach des vaters tode der jüngere bruder Hrodgar (Rüedeger)
könig, der sich **in** seiner jugend überaus kriegerisch und **glücklich** im kampfe zeigte und später alle tugenden eines fürsten, weis-
heit, güte, freigebigkeit usw., **in** hohem grade besass. er **war infolge** dessen ausserordentlich **beliebt.** sein hauptruhm aber war der
bau der halle **Heorot, einer halle** so gross, geräumig und prächtig
dass man **keine andere kannte, die** sich mit ihr hätte vergleichen
können. an diese halle knüpft sich ja im gedicht der **mythus
von Beovulfs kampf mit Grendel. es ist** aber nicht anzunehmen
dass **deswegen oder dass überhaupt** der bau der halle **nur erfunden sei*: man muss vielmehr daran** festhalten dass ein grosser
herlicher bau **den ruf Hrodgars wirklich** mit begründet hat und
später die beste **gelegenheit gab** den mythus von neuem zu fixieren.
Hrodgar wird bei **dem besuch des Beovulf schon als** ein sehr bejahrter mann **geschildert (v. 357. 608), vielleicht** nur weil diese
vorstellung von ihm typisch geworden war; **doch** werden ihm von
dem interpolator A (v. 1189. **1836) zwei** noch unerwachsene söhne,
Hredric **und** Hrodmund, beigelegt, die er mit seiner gemahlin
Vealhþeóv. **aus** dem geschlechte der Helminge (v. 620), gezeugt
haben soll. diese angaben über Hrodgars familie sind aber sehr
unzuverlässig: die gemahlin ist sicherlich nur eine angelsächsische
erfindung, **denn der name,** der 'welsches weib' bedeutet, ist gar
nicht altnordisch. damit werden aber auch die söhne verdächtig,
ihre namen, *Hredric* (Roderich) **und** *Hrodmund*, die nicht unnordisch
sind, **sind vielleicht erst im anschluss** an *Hrodgar* erfunden. wie
es sich wirklich damit **verhält,** mag dahin gestellt bleiben.

Von wesentlich **grösserer** bedeutung ist dagegen, was v. 2020
—2069 von seiner tochter Freavaru erzählt wird. der erste

_____

* [wie weit Müllenhoff in diesem punkte später anderer meinung geworden
ist, ergiebt sich aus **s.** 49 f. anm. 1.]

und ältere teil des gedichts weiss freilich von dieser tochter überhaupt noch nichts, erst ein jüngerer poet, der die zweite fortsetzung zum ersten liede hinzudichtete und dadurch den ersten
und letzten teil mit einander verband, schaltet ein dass sie bei
der anwesenheit des Beovulf in der halle erschienen sei und den
helden den trunk kredenzt habe, und ein zweiter, noch jüngerer,
weiss noch ausführlicher von ihr zu erzählen. beide aber müssen
doch ursprünglich aus echter sage geschöpft haben, wenn auch die
anknüpfung falsch und die facta chronologisch verschoben sein
können. dadurch erfahren wir nun folgendes: die Dänen haben
lange in blutiger fehde mit einem volke der Headobearden (d. h.
der kriegerischen, streitbaren Barden) gelebt und sie zuletzt geschlagen in einer schlacht, in der der Headobeardenkönig Froda
gefallen ist; seine waffen, unter ihnen ein kostbares schwert, sind
die beute eines Dänen geworden. um den frieden dauernd zu
machen, hat Hrodgar endlich beschlossen die fehde beider völker
und geschlechter durch eine heirat beizulegen und hat seine
tochter Freavaru dem lieblichen, anmutigen sohne des Froda,
Ingeld mit namen, verlobt, als dessen braut sie bei Beovulfs anwesenheit in Dänemark im saale erscheint. Beovulf aber prophe-
zeit dieser heirat keinen guten erfolg, als er bei den Geaten bericht über seine fahrt abstattet. er sicht sogar alles böse, das
sich aus dieser ehe ergeben wird, voraus und erzählt uns auf
diese weise über den weiteren verlauf der fehde das folgende: bei
ihrer verheiratung an Ingeld ist der Freavaru als begleiter und
diener (*þegn*), als paranymphus so zu sagen, zu den Headobearden
ein junger Däne mitgegeben, der sohn eines der helden, die den
Froda getötet hatten. dieser ist nun bei den Headobearden prahlend,
mit dem schwerte geschmückt aufgetreten, das einst dem könige
gehört hatte. da hat ein alter krieger (*eald æscwiga* v. 2042), der
gar wohl gedenkt des geertodes der männer, d. h. der die ganze
fehde von anfang an mit erlebt hat und die ganze reihe der von
den Headobearden erlittenen verluste überdenkt, den jungen könig
zu mahnen und aufzureizen angefangen. der ingrimm und das
rachegefühl hat bei diesem über die liebe zu dem weibe nach und
nach gesiegt und endlich trifft den stolzen vornehmen Dänensohn
die hand eines mörders. der mörder entkommt, weil er im lande
heimisch ist, aber der friede und die eide zwischen Dänen und
Headobearden sind nun gebrochen und die fehde beginnt von
neuem. wie sie abgelaufen erfahren wir aus dem Beovulf nicht

und würden es überhaupt nicht erfahren, wenn es nicht im Vidsið
v. 45—49 hiesse, Hroðvulf und sein vaterbruder Hroðgar hätten
am längsten die sippe (das band der nächsten blutsverwandtschaft)
gegenseitig bewahrt, nachdem sie das geschlecht der wikinge
d. h. seeräuberscharen vertrieben, die schwertspitze des Ingeld
gebeugt und die macht der Headobearden auf Heorot zusammen-
gehauen hätten. dass hier und in den versen des interpolators A
von denselben personen die rede ist, bedarf bei der genauen übereinstimmung beider gedichte keines beweises: A und die stelle
des Vidsið haben offenbar gleichmässig aus derselben sage geschöpft. die fehde hat also, wenn wir die angaben des Beovulf
und des Vidsið vergleichen, mit einer völligen niederlage der
Headobearden geendigt, von der sie sich nicht wieder erholt haben,
denn darüber dass im Vidsið wirklich von dem letzten siege der
Dänen und der schliesslichen, endgültigen vernichtung der Headobearden die rede ist, nicht von einem früheren ereignis, wie
etwa dem kampfe, in dem Ingelds vater Froda fiel, kann kein
zweifel sein.

Der im Vidsið erwähnte Hroðvulf wird auch zweimal im
Beovulf mit namen genannt (v. 1017 und 1181), allerdings nur
durch den älteren interpolator A — die ältesten teile wissen nichts
von ihm — und als stumme nebenperson, die nie in die handlung
eingreift: aber er ist auch hier nach v. 1164 ebenso wie im Vidsið
der brudersohn — *þær þa gódan twegen saton suhtergefæderan* —
und gleichsam mitregent des Hroðgar, der schon die herschaft mit
dem letzteren zu teilen scheint, und die königin sagt von ihm
(v. 1180 ff.). sie wisse dass er auch nach Hroðgars tode ihren
jungen söhnen ein beschützer sein werde, wenn er an alles das
denke, 'was wir (Hroðgar und Vealhþeov) ihm, dem hilflosen (oder
neugeborenen), ehedem zu willen und zu ehren getan haben'. wir
müssen hiernach den Hroðulf oder Hroðvulf notwendig für den sohn
des jüngsten bruders des Hroðgar, des nur einmal in der einleitung
(v. 61) erwähnten und sonst nirgends wieder genannten Halga
halten. dieser muss früh verstorben sein und Hroðgar und Vealhþeov
sich des jungen verwaisten Hroðulf angenommen haben.

Wann die fehde zwischen Dänen und Headobearden wieder aus-
gebrochen ist, ergiebt sich aus dem Beovulf nicht. nach der darstellung in dem gedicht müste man annehmen dass die erneuerung
des kampfes in die letzte lebenszeit Hroðgars gefallen sei, denn
seine tochter erscheint bei Beovulfs anwesenheit in Dänemark,

also zu einer zeit, wo Hrodgar schon sehr bejahrt war, noch unter den helden als verlobte des Ingeld und die ganzen ereignisse werden als künftige vorausgesehen. aber es ist leicht zu sehen dass die erzählung von der Freavaru und die ganze prophezeiung dem Beovulf vom interpolator nur in den mund gelegt ist, und zwar auf eine recht ungeschickte weise, um seinen bericht interessanter zu machen; die stelle ist also für die zeitbestimmung völlig wertlos. danach bleiben nur die verse im Vidsid, aber auch sie können keinen sicheren aufschluss geben, weil sie nicht unbedingt klar sind. die verse lauten:

> *Hródeulf and Hródgár heóldon* **lengest**
> *sibbe ätsomne suhtorfädran,*
> *siddan hy foreræcon Vicinga* **cynn** usw.

nimmt man an dass die worte bedeuten, sie hielten sich die treue am längsten oder besonders lange, erst recht lange, nachdem sie die Headobearden vernichtet hatten, so kann der kampf nicht kurz vor dem tode des Hrodgar stattgefunden haben, sondern er muss in sein kräftiges mannesalter fallen und Hrodvulf muss als ganz junger mann daran teil genommen haben; den kampf noch früher anzusetzen verbietet die angabe des Beovulf dass Hrodgar und Vealhþeov den Hrodvulf von seiner frühesten kindheit an erzogen haben: Hrodgar kann danach, als er mit Hrodvulf die Headobearden besiegte, nicht mehr ganz jung gewesen sein. bei dieser auffassung — die mir die beste scheint — widerspricht also die stelle den versen des Beovulf, und diese müssen aus dem schon erwähnten grunde für ungenau angesehen werden. eine andere erklärung der stelle ist aber nicht ausgeschlossen.

Fragen wir nun nach den geschichtlichen tatsachen, die diesen sagenhaften angaben über die Dänen zu grunde liegen, so scheint sich zunächst kein anknüpfungspunkt zu bieten. von kämpfen zwischen Dänen und Headobearden ist uns nirgendwo etwas überliefert. überhaupt lagert über der ersten geschichte des dänischen reiches ein ganz auffälliges dunkel. die Dänen werden in den ersten jahrhunderten unserer zeitrechnung gar nicht erwähnt, weder von Tacitus noch von Ptolemaeus, obgleich die flotte des Augustus im jahre 5 n. Chr. bis zu den dänischen inseln gelangte. der name Danus kommt zuerst als personenname bei Ammianus Marcellinus XVI, 8, 3 vor; aber ob der dort genannte ein Germane ist, ist sehr ungewis. merkwürdiger weise aber wird der volksname sowohl bei den Angelsachsen als in Deutsch-

land als erster teil zur bildung zusammengesetzter eigennamen
gebraucht*, und zwar ehe die Dänen durch ihre einfälle sich
furchtbar machten; es ist dies um so merkwürdiger, weil kaum
ein anderer germanischer volksname als erster teil in der com-
position verwendet wird als die alten Suáb (Suebus), Wandil (Van-
dilius), Angil und Warin. wir müssen den namen, der übrigens
auch uncomponiert als personenname gebraucht wird, danach für
uralt und hochgeehrt halten**. und dennoch werden die Dänen als
besonderes volk nicht vor dem ende des fünften oder anfang des
sechsten jahrhunderts genannt. die älteste nachricht, die wir über
sie haben, erhalten bei Jordanes c. 3. stammt aus der besten quelle,
aus dem munde eines zeitgenossen des Hygelac, eines norwegischen
königs Hrodulf, der zu Theoderich dem grossen, also vor 525,
nach Italien kam. danach sollen die Dänen von Scadinavien
(von Schonen) ausgegangen sein und die Heruler aus ihren eigenen
sitzen vertrieben haben: 'ex ipsorum stirpe progressi Herulos pro-
priis sedibus expulerunt'. sie rühmten sich besonderer körper-
grösse, aber andere Scadinavier gäben ihnen hierin nichts nach.
in einer anderen notiz, die gleichfalls aller wahrscheinlichkeit nach
noch aus der zeit des Theoderich stammt, Cosmographus Rav. 4,
13, werden die Dänen als 'super omnes nationes velocissimi ho-
mines' gepriesen; die nachricht des königs Hrodulf aber wird durch
zweierlei bestätigt und näher bestimmt: erstens treten in der tat
die Heruler in der zweiten hälfte des fünften jhs. zuletzt als seeräuber auf (Zeuss Die Deutschen und die nachbarstämme 479);
zweitens berichtet Procop BG. 2, 15 (s. Zeuss 481), als es
mit der herlichkeit des grossen Herulerhaufens an der mittleren
Donau vollständig ausgewesen, habe a. 512 ein teil von ihnen beschlossen nach dem norden zurückzukehren; glücklich hätten sie
die völker der Dänen passiert (τῶν τὰ ἔθνη παρέδραμον) und dann
bei den Gauten (also den Geaten des Hygelac) aufnahme gefunden,
wo gewis nicht ihre alte eigentliche heimat war. damit sind sie

* Kemble cod. dipl. nr. 106 a. 761 Dæne abbas, nr. 116 a. 767 Deneberht,
nr. 159 a. 790 Deneferth, desgl. nr. 167 u. 174 a. 791 u. 796 (Deneferht), nr.
181 ff. a. 802 Deneberht. Förstemann Altd. namenb. 1, 331 f. Teno, Teneolt,
Denihart, Teneheil (Trad. Fuld.), Denihilt (Pol. Irm. usw.).

** in der Hymiskvida str. 17 (18) werden die riesen einmal bergdanir
genannt wie str. 2 ein riese bergbúi (monticula). dass die nordische sprache
im norden selbst dœnsk tunga heisst, kommt wohl von der früheren zeitweiligen
oberherschaft der Dänen. in England bedeutet Dene geradezu soviel wie nordleute vgl. Sachsenchronik a. 787.

dann alsbald verschollen. das also steht fest dass gegen das ende
des fünften oder anfang des sechsten jhs. die Dänen das gebiet,
das von da an Dänemark heisst, in besitz nahmen, indem sie ein
anderes germanisches volk daraus vertrieben. in dieselbe zeit
fällt nun nach dem datum, das uns der zug des Hygelac darbietet,
auch was das angelsächsische epos von den Dänen berichtet, also
auch ihr sieg über die Headobearden. wir haben somit in der sage
und geschichte für denselben zeitpunkt einen bericht von der vernichtung eines germanischen volkes durch die Dänen; und ich kann
mir nicht denken dass diese begebenheiten nicht zusammenfallen,
dass beide berichte nicht auf dasselbe ereignis, die begründung
des reiches Dänemark, hinweisen sollten.

Die Headobearden erklärt man allerdings gewöhnlich für
Langobarden und Helmold (XII jh.) nennt sogar einmal die einwohner des Bardengaus in der umgegend von Lüneburg und Bardewik, der alten heimat der Langobarden, Bardi bellicosissimi, was
dem ags. *Heaðobeardan* genau entspricht. aber diese deutung ist
unmöglich: diese Bardi können doch nicht als wikinge die Dänen in
Heorot heimgesucht und lange mit ihnen in fehde gelebt haben,
und ebensowenig die alten Langobarden, die zu ende des fünften
jhs. schon die mittlere Donau erreichten und bald nach Pannonien hinüberzogen. sonst werden uns Barden* — Headobearden
ist nur ein ehrendes compositum — in der ganzen germanischen
welt nirgendwo genannt, geschweige denn von beziehungen derselben zu den Dänen berichtet. es bleibt also nur der ausweg
die Headobearden mit den Herulern in verbindung zu bringen.

Die Heruler treten zuerst im dritten jahrhundert in starken
massen neben den Goten, später sogar den Goten unterworfen,
im norden des Pontus an der Donau und am Asowschen meere
auf, dann im vierten und fünften jh. an der mittleren Donau im
gefolge der Rugen und Skiren und zu gleicher zeit neben den
Sachsen als seefahrer und plünderer in den westlichen meeren.
wie schon erwähnt. sie müssen also notwendig zunächst, ebenso
wie die Headobearden, an oder innerhalb der Ostsee gewohnt haben.
und mit gutem recht, schon weil sie gleichzeitig an so weit aus
einander liegenden punkten erscheinen. kann man die vermutung
aufstellen dass die Heruler gar nicht ein einzelnes volk, sondern
eine vereinigung, ein conglomerat mehrerer kleiner nordischer

---

* *Bearda, Barto* = 'mit der barte bewaffnet'.

völker waren, die sich zu gemeinschaftlichen unternehmungen zu-
sammentaten: der name Heruler ist ein collectivbegriff und in **den
Headobearden** wird uns nur ein 'herulisches' volk, das vermutlich
auf den dänischen inseln oder auf einer derselben, Seeland, hauste,
bestimmter mit namen genannt. dass die sage nur den engern
namen bewahrte, die geschichte nur den **weiteren**, ist ja ganz
begreiflich.

Mehr als **die** geschichte weiss die **alte nordische** sage von
den im Beovulf geschilderten vorgängen. **das volk der Heado-**
bearden kennt freilich auch sie nicht **und ebensowenig die**
geschichtlichen **Heruler, in denen** wir jene wiederzuerkennen
glaubten; **die** personen **aber, von** denen die angelsächsische sage
erzählt, lassen sich fast **alle auch im** norden nachweisen, ohne
dass allerdings die nordische **überlieferung** immer genau mit **der**
angelsächsischen übereinstimmte.

Von den altnordischen d. h. **isländisch-norwegischen denk-**
mälern, in denen auf unsere sage bezug genommen wird, ist **das**
älteste der Grottasǫngr, der zu den ältesten altnordischen liedern
überhaupt gehört. er ist nur in einer aufzeichnung aus **dem ende**
des dreizehnten oder anfang des vierzehnten **jhs. und in etwas**
verwildertem zustande erhalten im Cod. reg. **der** Snorra Edda
(AM. s. 378 ff.). **seit Munch findet er** sich **auch in** ausgaben der
Sæm. Edda. in diesem liede verlangt ein könig Frodi, der **sohn**
des Fridleifr, von seinen mägden Menja und Fenja, zwei riesinnen,
dass sie ihm auf der wundermühle Grotti, die mahlt was man von
ihr verlangt, unaufhörlich, ohne auszuruhen gold, frieden und
glück mahlen. die mägde mahlen nun **immerfort** ohne unterlass;
aber des königs durst nach gold **und** glück wird nur immer
heftiger. die mägde mahlen stärker und stärker; endlich aber
werden sie ungeduldig und mahlen **so** heftig dass schliesslich die
mühle zerspringt*. damit haben **sie** dann auf der glücksmühle
zuletzt das verderben über den könig gemahlen. bevor **sie**
aber die mühle zum zerspringen bringen, drohen die riesinnen
dem könig:

> — — — *mun* **Yrsu** *sonr*
> *rígs Hálfdanar hefna Fróða,*
> *sá mun hennar heitinn verða*
> **burr** *ok* bróðir . *eitum bádar* **þat.**

'es wird der sohn der Yrsa den todschlag des Halfdan an dem
Frodi rächen. er wird geheissen werden ihr sohn und bruder.
wir wissen beide das' (so ist die strophe aller wahrscheinlichkeit
nach mit XMPetersen und Bugge zu lesen). die sage, auf die
in diesen versen angespielt wird, muss ehemals sehr bekannt gewesen sein, sonst würde der dichter sich deutlicher ausgedrückt
haben. über das verhältnis des Frodi und Halfdan wird nichts
gesagt im liede selbst: die prosaeinleitung aber nennt den Skjǫldr
als vater des Fridleifr und grossvater des Frodi und mit dieser
angabe stimmen der Formali der Snorra Edda (AM. 1, 26 c. 11,
AM. 2, 252 f.) und das Sǫgubrot (Fornm. sǫgur 11, 413) überein. ausserdem die isländisch-norwegischen aufzeichnungen der
dänischen königslisten: Fra Fornjoti cap. 5 und 6 (Fornald.
sǫgur 2, 12. 14) und Langfedgatal (Langebek 1, 5 nr. 1). darüber
besteht nach dieser nordischen überlieferung also kein zweifel
dass Fridleifr und Frodi Skjǫldunge waren, aber auch Halfdan ist
ein Skjǫldung: er heisst im alten Hyndluljod str. 14 *hæstr Skjǫl-
dunga* ('der höchste der Skjǫldunge') und die späte, aus dem
XIII jh. (?) stammende Saga Hrolfs konungs Kraka (Fornald. s. 1.
3) beginnt: *Maðr hét Halfdan, en annarr Frodi, bróðr tveir ok
konungasynir* ('es war ein mann namens Halfdan und ein anderer
namens Frodi. beide waren brüder und königssöhne'). die saga bezeichnet beide zwar nicht ausdrücklich als Skjǫldungar, aber sie erkennt sie stillschweigend als solche an. indem sie sie als könige
von Dänemark betrachtet. sie erzählt weiter: Halfdan hatte drei kinder.
zwei söhne, Hroar und Helgi, und eine tochter Signy. Frodi aber
misgönnte seinem bruder die herschaft über Dänemark. überfiel
ihn bei nacht mit einem heere, tötete ihn und bemächtigte sich
des reiches. die knaben Hroar und Helgi entkommen, wachsen
heran, brennen den Frodi in seiner halle ein und machen sich zu
herren von Dänemark. wie ihr vater und dessen bruder. so sind
auch sie sehr verschiedener sinnesart: Hroar ist freundlich und
sanftmütig, Helgi ein gewaltiger kriegsmann. von Helgi heisst es
weiterhin, auf einer seiner seefahrten habe er eine tochter gezeugt
und mit dieser seiner eigenen tochter, ohne sie zu kennen. später
einen sohn, den berühmten Hrolf Kraki. Yrsa — so heisst die
tochter — verlässt, als die blutschande ans licht kommt, den Helgi
und wird die gemahlin des Adils von Schweden. die sage stellt
also die begebenheit anders dar, als sie das mühlenlied andeutet:
denn nach ihm müsste erst Hrolf Kraki den Halfdan rächen,

jedesfalls aber liegt hier und dort ursprünglich eine und dieselbe sage zu grunde.

Die ziemlich späten isländisch-norwegischen aufzeichnungen der dänischen königslisten kennen den Halfdan zwar, aber sie wissen nichts davon dass er ein zeitgenosse oder ein bruder des dritten Skjoldungen gewesen sei. in allen drei aufzeichnungen schliessen sich Odin unmittelbar an *Skjoldr*, *Fridleifr*, *Fridfrodi* und der gedanke, der in dieser dreiheit liegt, wird zunächst weitergeführt, nur in entgegengesetztem sinne, durch einen zweiten *Fridleifr* (oder besser *Herleifr*) und *Hácardr hinn handrammi*. bei dem neunten nachfolger Odins hebt dann die genealogie noch einmal von neuem an mit dem eponymus des volkes, *Danr hinn mikilláti* (anders in Fra Forn. c. 6, aber offenbar liegt hier ein irrtum vor). auf ihn folgen nun abermals ein Frodi (*hinn frid-sami*), ein Fridleif und noch einmal ein Frodi (*hinn frökni*) und diesem in Fra Forn. c. 5 und Langfedgatal *Ingjaldr Starkadarfóstri* ('zögling des Starkad') und nun kommt im Langfedgatal als bruder Ingjalds Halfdan mit seinen söhnen Helgi und Hroar und dem sohne des Helgi, dem Hrolf Kraki, während in Fra Forn. cap. 6 Halfdan unmittelbar auf seinen vater Frodi hinn frœkni folgt, auf Halfdan sein sohn Hroar und auf diesen ein *Valdarr enn mildi*. Fra Forn. cap. 5 ist hinter Ingjaldr verstümmelt.

Die älteste und einfachste der eigentlich einheimischen, der dänischen überlieferungen liegt vor in der Compendiosa historia regum Daniae des Sven Ågesen, eines älteren zeitgenossen des Saxo Grammaticus, der etwa 1187 schrieb — Saxo schrieb nach Velschow etwa zwischen 1191 und 1208 (Langebek SS. rer. Dan. 1, 44 nr. XI). er beginnt die reihe der dänischen könige einfach mit Skjold. der habe als haeredes regni den Frothi und *Haldan* — so, nicht *Halfdan*, lautet der name stets in der dänischen überlieferung — hinterlassen (er weiss also nichts von einem Frithlef, darin kann man aber nur eine verkürzung und verstümmelung der älteren tradition erblicken). Haldan aber, heisst es im gegensatz zur altnordischen überlieferung, habe seinen bruder getötet und sich der alleinherschaft bemächtigt. sein sohn sei Helghi gewesen, der immer als seekönig gelebt habe und daher rex maris genannt worden sei (von Hroar ist nicht die rede). dessen sohn und nachfolger sei Rolf Kraki gewesen, der in der königsburg zu Lethra bei Roskilde getötet worden sei. darauf nennt der chronist vier namen, die zum teil auch in den

altnordischen verzeichnissen vorkommen, aber gar nicht alle zu
den seeländischen königen gehören und zum teil nicht der dänischen, sondern der jütisch-anglischen sage entnommen sind. dann
folgt wesentlich ebenso wie in den norwegisch-isländischen listen
die reihe: Dan Elatus vel Superbus (d. i. *mikilláti*), Frothi
Senex, Frithlever, Frothi hin Fritgothæ, 'qui et Largus dictus
est', der gold und silber für nichts geachtet habe ('velut lutum
reputabat'), und dann sein sohn Ingild. nach Ingild seien lange
zeit hindurch nicht die söhne ihren vätern, sondern die nepotes,
die enkel oder neffen, einander gefolgt, wenn auch von könig-
licher abkunft. zuletzt nennt er noch einen Olaf, der alle länder
bis sieben tagereisen über die Donau hinaus unterworfen habe usw.

Mit Sven Ágesen ungefähr auf derselben stufe stehen die erst
aus dem dreizehnten jh. stammenden Annales Lundenses (etwa
bis zum jahre 1265 reichend), die Waitz Nordalb. studien 5, 21 ff.
herausgegeben hat (= Annales Esromenses Langebek 1, 212 ff.
(223) nr. XVIII). hier wird Dan, der eponymus des volkes,
nebst dem eponymus von Norwegen Nori und dem eponymus eines
ostwärtsgelegenen landes (*austrríki*), Osten, von einem sonst unbekannten alten könige von Schweden Ypper (superior?) abgeleitet.
Dan soll den königssitz zu Lethra gegründet und Dänen und Jüten
zu einem reiche vereinigt haben. ihm folgen mit übergehung von
Fridlef und Frodi unmittelbar Ro und dessen söhne Hælighi und
Haldan, indem Ro offenbar durch verwechslung als vater Haldans
statt umgekehrt Haldan als vater Ros hingestellt wird. Ro wird
infolge falscher deutung seines namens, den man mit *ro* 'ruhe'
in zusammenhang brachte, als ein durchaus friedlicher fürst in
denselben gegensatz zu dem überaus kriegerischen seekönig Helgi
gebracht wie in der nordischen saga Hroar. während Helgi auf
seinen kriegszügen ruhm erwirbt, gründet der friedliche Ro ganz
in der nähe von Lethra die handelsstadt Roeskilde am Isefjord,
indem er die stadt Hokækoping vom Hokæbiargh im innern von
Seeland zur bequemlichkeit der kaufleute dahin verlegt. der seekönig Helgi erzeugt mit seiner eigenen tochter Yrsa, die sich nachher, wie in der altnordischen tradition, mit Athisl von Schweden
vermählt, den Rolf Krakæ. während dessen minderjährigkeit übt
Athisl eine schmähliche, schimpfliche herschaft über Dänemark.
Rolf findet durch die treulosigkeit seines schwagers Hyarwarth
in Lethra seinen tod (wie in der altnordischen sage), Hyarwarth
aber fällt noch am abende desselben tages, an dem er sich der

herschaft bemächtigt hat, durch Haki, den sohn des Hamund, den bruder des Hagbarth. nun vermählt sich ein Frithlef aus Norwegen mit einer tochter Rolfs und bekommt einen sohn mit namen Frothi (cognomine Largus). Frithlef erschlägt den Haki und wird könig; auf ihn folgt Frothi. aber dieser fällt durch die Svertingssöhne und sein sohn Ingvald besteigt den thron. wie bei Sven so ist auch hier der vater des Ingeld mit dem mythischen Frodi des mühlenliedes zusammengeworfen und man sieht deutlich dass Frithlef und Frothi, wie bei Sven nur Frithlever, bloss deswegen vor Haldan und seiner familie ausgefallen oder ausgelassen sind, weil dieselben namen noch einmal vor Ingeld wiederkehrten.

Die ausser Sven (= A) und den Ann. Lund. (= B) in betracht kommenden dänischen überlieferungen zeigen so weitgehende übereinstimmungen dass sie alle mittelbar auf dieselbe quelle zurückgehen müssen, ich fasse sie daher alle unter ein zeichen (C) zusammen. es sind ausser Saxo Grammaticus (= S): 1) a und b, zwei in dem alten mit runen geschriebenen codex des schonischen gesetzes aus dem dreizehnten jh. erhaltene verzeichnisse in altdänischer sprache, Series runica prima und altera bei Langebek 1, 27 und 31, nr. VIII und IX. dem zweiten fehlt der anfang: er darf aber wahrscheinlich nach den Annales Ryenses (s. u.) ergänzt werden. die erste aufzeichnung stammt nach Usinger Die dänischen Annalen und Chroniken (s. 22) aus der mitte des 12. jhs. a, das mit b nahe verwandt, aber nicht direct davon abhängig ist, ist wohl nicht viel jünger. 2) c aus Saxos zeit (ca. 1200), bei Langebek 1, 15 nr. V, mit sehr alten sprachformen, vgl. Haddyngr und Hothbroddar. 3) d und e bei Langebek 1, 20 und 19, nr. VII und VI, letzteres gleichfalls mit alten sprachformen. beide, besonders aber e, schliessen sich näher an S an als die drei schon genannten. dazu kommt noch f, die schon erwähnten Annales Ryenses (MG 16, 392 = Chronicon Erici regis bei Langebek 1, 150 ff. nr. XII), die S und B (Annal. Lund.) benutzt und combiniert, aber ausserdem noch aus einer anderen quelle geschöpft haben, wie man schon aus sprachformen wie Haddinger, Hundenger usw. sieht.

Über C ist folgendes zu bemerken:

1) alle aufzeichnungen haben Dan, den eponymus des volkes, an der spitze: aber die angaben über seine herkunft und nächste sippe sind sehr verschieden, weil den verfassern der listen daran lag seine verwandtschaft nach verschiedenen seiten hin darzustellen. die einfachste gestalt hat die geschlechtstafel in a, wo Dan als

sohn des Humli und als Dans sohn Lother* erscheint. der eponymus des geschlechts, Skjold, fehlt in *a* (wie in der urschrift der
gruppe), und da in *b* der anfang fehlt, natürlich auch in *b*; alle
anderen verzeichnisse der gruppe fügen ihn unberechtigter weise
hinzu, doch nicht als sohn des Dan, sondern des Löther. andere
varianten sind, dass in *c* Dan und Löthar als brüder gelten und
als Dans sohn ein Bögi (Baugi) genannt wird, dass in *e* Humli
der sohn, Löther der enkel Dans ist, dass in *d* ein bruder oder
doch wenigstens mitregent Dans namens Angul angeführt wird und
dass endlich in *S* Dan und Angul die söhne eines Humblus, in *S*
und *f* Lother und ein anderer Humble die söhne des Dan sind.

2) alle aufzeichnungen lassen auf diese namen zunächst folgen
Gram, Hadding (*S*: Hadingus), Frothi, (*c*, *e*, und *S* als bruder des
Hadding auch noch einen Guthorm, den Hadding beseitigt) und dann
Haldan und seine familie. es ist also die lücke, die in *A* und *B* vor
Haldan durch auslassung des Frithlef, bezw. des Frithlef und Frothi
entstand, in *C* ausgefüllt durch einfügung von namen, die offenbar
mit Skjold ursprünglich garnichts zu tun hatten, sondern eine
mit Gram d. h. überhaupt einem fürsten beginnende selbststän-
dige genealogie bildeten, die allerdings mit der reihe Skjold,
Fridleif, Frodi der altnordischen überlieferung (bez. Dan, Frithlef,
Frothi) innerlich verwandt und wesentlich gleichbedeutend. gleichsam eine übersetzung davon ist: Gram entspricht dem Skjold;
Frothi, in *a* als *hin harede* ('hirsutus'), in *c* und *e* als *hin frøge*
('famosus', vielleicht infolge einer verwechslung statt *frøkni*
'vegetus, alacer'), in *f* als *hin firmilde* ('pecunia liberalis') ge-
kennzeichnet, ist kein anderer als der Frodi des mühlenliedes,
wie PEMüller in der not. uber. zu Saxo s. 79 (Saxo 2. 81)
sehr hübsch gezeigt hat, und wie dieser und die andern Frothi
ausser dem headobeardischen ein abbild des Freyr. angeblich um
sich vor vergiftung zu schützen, soll er alle seine speisen mit
goldstaub bestreut haben und schliesslich in einem kriege gegen
Schweden 'pondere armorum et aestu corporis' (das heisst so zu
sagen 'in seinem eignen fett und fülle') erstickt sein. nach *b* und
S gewinnt er durch tötung eines drachen auf einer insel einen
grossen schatz (vgl. s. 11) und dann nach *S* durch eine reihe von
kriegslisten die herschaft über die ganze umgebung der Ost- und

---

* diese beiden namen begegnen auch in der Hervarars. c. 13 f. (Fornald.
sög. 1, 455 f. = Petersen c. 10). Humli ist da könig von Hunaland und
Hlqdr der sohn seiner tochter und des königs Heidrekr.

Nordsee. auch die mittelglieder Hadding und Fridleif entsprechen einander, wenigstens insofern, als auch sie nur hypostasen des gottes Freyr sind (vgl. WMüller Haupts zs. 3, 48 f.) Hadding soll nach Saxo s. 50 das Fröblod ('Freys-opfer') in Schweden gestiftet haben und Saxo legt ihm und seiner frau einen wechselgesang in den mund, dem in der Snorra Edda ein wechselgesang zwischen Niǫrdr (Freys vater, vgl. s. 11) und der Skadi entspricht.

3) abweichend von der isländischen Hrolfssaga, Sven Åg. (A) und Ann. Lund. (B), aber übereinstimmend mit Fra Forn. cap. 6 (und wohl infolge der in Langfedgatal eingetretenen vermischung der Headobearden und Scildinge, auch mit Langfedgatal), wird in a, b, S, f Haldan an Frothi als sohn, nicht bruder angeknüpft (c, d, e sagen gar nichts über die art der verwandtschaft). diese art der anknüpfung ist jedenfalls die jüngere, eine glückliche verbesserung, auf die man verfiel, weil es unglaublich schien dass der vielgepriesene, vortreffliche Frothi – wie es früher hiess — seinen bruder Halfdan beseitigt oder dass umgekehrt Halfdan ihn getötet habe. Haldan hat aber in b, f und S ein paar andere brüder, die er bei seite schafft, wie in A den Frothi, um sich zum alleinherscher zu machen. (dies wiederholt sich mehrfach: vgl. Lother (und Humblus) in f. S; Hadding (und Guthorm), Frothi (und Halfdan) in den schon genannten listen). in b sind diese brüder nicht genannt, seine brüder sind aber auch Ro und Helhe*; in S tragen sie die wohlfeilen namen Roe (erfunden nach Roe, Haldans sohn) und Scato (altn. skati 'ein vornehmer, vorzüglicher mann'), in f bleiben sie gleichfalls namenlos. Haldans söhne sind auch in C Roe und Helgi, wenigstens in (b, s. u. anm.), d und S: in a ist Helgi nur als vater Rolfs bekannt. er muss aber auch hier einmal als bruder Roes gegolten haben, in c fehlt Roe, c giebt. wie meist auch e, überhaupt keine angaben über die verwandtschaftsverhältnisse der herscher, in f ist Ro der vater Helgis; die gemeinsame quelle stimmte danach offenbar mit (b), d, S überein. Helgis sohn ist wie überall Rolf Kraki. nur in d findet sich die angabe, Helghi sei könig, Roe herzog (dux) gewesen. sonst werden sie auch in C als brüder von ungleicher art geschildert,

* (aber wohl nur durch ein versehen, denn es heisst vorher von Haldan ganz allgemein: 'hon deap sina bröder'. vgl. f (Langeb. 1, 151): 'Iste cupiditate regnandi omnes fratres interfecit'; in den worten, die von Ro handeln, ist wahrscheinlich ein schreibfehler anzunehmen. es fehlt auch krunung an der stelle: 'þa var Ro Frotha (st. Haldans) son'. L.]

Helgi als der seekönig, Roe, der auch nach S. f und b Roskilde erbaut, als der schwächere, friedliche. Adils von Schweden wird als
zeitgenosse der Halfdaninge anerkannt. Hiarward, durch den Rolf
fällt, nennen alle ausser a.

4) nach Rolf, bez. Hiarward, schieben alle vertreter von C
einen könig Hother von Schweden ein, einen sohn des Hothbrodd
und bruder des Adisl, f ausserdem noch Haki, Frithlæf, Othen,
und Balder vor Hother (b: *Tha rar Hother kunung i Sueriki, i hans
tima rar Balder Thorhma sun kunung af Sialande*). Adisl ist,
wie s. 20 f. dargetan, dieselbe person wie der im Beovulf Eadgils
heissende sohn des Obthere. offenbar ist also hier der name *Hother*
für den namen *Ottar* eingesetzt, aber von dem vater auf den im
Beovulf Eanmund heissenden bruder des Adils übertragen. für Ottar
ist dann der eddische Hodbrodd eingetreten als vater des Adils.
Hother aber ist in S und f (b?) weiter verwechselt mit dem gott
Hodr, dem bruder des Baldr; daher folgt hier bei Saxo die ausführliche
geschichte von dem streit der beiden götter um die schöne Nanna.
als sohn des Hother (oder eines Boyo von Schweden f) nennen
dann alle den Rörik Slanggenböghi (Hrorekr Slongvanbaugi); auf
diesen lassen sie die ursprünglich der jütisch-anglischen sage an-
gehörenden Viglek (Vithlek, Vigletus, Wichlethus, Wiglath, Vinglet,
Vithlefi), Vermund und Uffi folgen. die verbindung ist hier also
eine ähnliche wie bei Sven; Sven weiss aber noch nichts von
einem königtum des Hodr und Baldr und nennt 'Rökil Slaghenback' gleich als sohn des Rolf Kraki; auf diesen folgt bei ihm ein
Frothi hin Frokni, nicht Viglek, den er überhaupt nicht kennt,
und auf diesen dann Vermund und Uffi.

5) wie in A — in B fehlen die jütisch-anglischen könige —
folgt dann auch in C die reihe, die auf Frothi und Ingeld ausläuft, aber auch diese nicht ohne zusätze. an der spitze dieser
reihe steht wie in A Dan (= 'Olaf, qui dictus est Dan hin Stor-
latene' in f, wie bei Sven Dan elatus, superbus'). auf Dan folgt der
s. 17 f. erwähnte Hughlek (Huthlef, Hughelet), der bei Sven fehlt,
in a, b als bruder, in d als sohn; S, c, e, f wissen nichts von
dieser verwandtschaft. als Hugleks sohn folgt ein Frothi, auf
diesen ein zweiter Dan, von dem in A und B auch keine spur,
und nun geht es, wenn auch mit einigen schwankungen, weiter:
Frithlef, Frothi, Frithlef, Frothi, Ingeld, übereinstimmend mit
der reihe der unmittelbaren vorgänger in A, Langfedgatal und
Fra Forn. c. 5 (abgesehen von dem ersten Frithlef, der in A,

l. und *F* fehlt) und in *B* (abgesehen von dem ersten **Frithlef** und Frothi).

Trotz aller schwankungen und **variationen** im einzelnen stimmt die nordische und dänische überlieferung also doch im folgenden überein: sie haben beide **eine von Skjold,** Frithlef, **Frothi** ausgehende **reihe, die** auf Halfdan **und sein** geschlecht ausläuft, und eine von Dan, Frithlef, **Frothi** ausgehende, die auf Ingeld ausläuft, vereinigt. beide **reihen** waren ursprünglich selbständige genealogien. trennt man von ihnen die ersten mythischen glieder ab, so bleiben als älteste **personen,** deren man sich im norden erinnerte. 1) die Halfdaninge, 2) die Headobearden (Frothi **und** Ingeld) des Beovulf. dass wir es wirklich auf beiden seiten mit denselben personen zu tun haben, unterliegt keinem zweifel; die übereinstimmung der namen und verwandtschaftsverhältnisse zwingt zu dieser annahme:

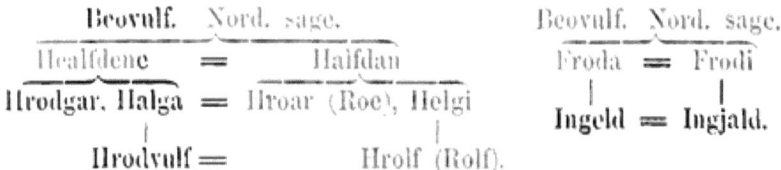

Beovulf.	Nord. sage.		Beovulf.	Nord. sage.
Healfdene	= Halfdan		Froda =	Frodi
Hrodgar, Halga	= Hroar (Roe), Helgi		Ingeld =	Ingjald.
Hrodvulf =	Hrolf (Rolf).			

Hródgár (altn. Hródgeirr) und Hróarr (ags. Hródhere = Hródhari) decken sich ja allerdings sprachlich nicht ganz **genau.** bezeichnen aber doch unzweifelhaft dieselbe persönlichkeit. Freavaru freilich und Hrodgars älterer, früh verstorbener bruder **Heorogar** scheinen vergessen zu sein im norden, doch keineswegs ganz der sohn des letzteren, denn in dem schwager und angeblichen untätigen unterkönig Hrolfs, der nach der dänisch-nordischen sage den könig erschlägt, aber sich nur einen tag auf dem geraubten throne hält, taucht ganz unverkennbar der **Heoroveard** des Beovulf wieder auf*. ob Hróœkr (Rörik, Rökil) sich mit Hrédric zusammenstellen lässt, möge dahin gestellt bleiben (s. 54*), über Hygelac und Huglek s. 17 ff.

Auffallen muss nun zunächst dass in der nordischen überlieferung das verhältnis der beiden Headobeardenkönige **Frothi** und Ingeld zu Halfdan und seinen nachkommen ein ganz **anderes** ist als in der angelsächsischen sage. aber es ist **nicht** schwer zu sehen. wie es zu dieser verschiebung gekommen ist. die Headobearden verschollen, nachdem sie ihre selbständigkeit in den kämpfen mit den Halfdaningen **verloren** hatten; und wenn auch

---

* über das verhältnis des Heoroveard zu Hrodvulf s. u. s. 44 ff.

die dichtung und sage noch lange zeit den namen ihrer könige
bewahrte, so musste doch endlich eine zeit kommen, wo man
vergass dass sie einmal als selbständige herscher neben den
Dänenkönigen auf Seeland gelebt hatten und sich ihrer nur noch
als bewohner Seelands d. h. als Dänen erinnerte. dazu kam dass
der name des ältesten Headobearden (Froda) sich auch im
altdänischen königsgeschlecht als name des einen der irdischen
vertreter des gottes Freyr wiederfand; es war also sehr erklärlich
dass man die beiden Headobearden, die ja in der tat auf dänischem
boden geherscht hatten und in gewissem sinne dänische könige
gewesen waren, mit ihrer genealogie unter die dänischen Skjol-
dunge einzureihen versuchte. diese einreihung gab aber einerseits
anlass zu mancherlei abweichungen der verzeichnisse untereinander,
die durch das streben der Dänen Dan an die spitze der geschlechtstafel zu bringen noch zahlreicher wurden, andererseits
brachte sie die sage natürlich auch in widerspruch zu der geschichte; denn der alte geschichtliche zusammenhang der Headobearden mit dem geschlechte Halfdans musste, wenn auch die
ersteren zu Skjoldungen wurden, zerrissen und das zeitliche neben-
einander in ein nacheinander verwandelt werden. nur im Langfedgatal sind Halfdan und Ingeld als söhne an einen und denselben Frode Frokni angeknüpft und zwar so dass Halfdan dem
Ingeld in der herschaft folgt. aber diese verschmelzung der beiden
reihen ist offenbar nicht alt, sondern erst durch die gleichheit der
vor Halfdan und Ingeld stehenden glieder verursacht. wenn dabei
Halfdan als der jüngere bruder erscheint, so wird damit das geschlecht Halfdans als das jüngere, das der Headobearden als das
ältere bezeichnet; diese auffassung begegnet auch Fra Forn.
cap. 5. in den dänischen listen aber gelten die Halfdaninge überall
als die älteren und stehen stets vor den Headobearden: zwischen
beiden stehen, ausser in B, namentlich die dem jütisch-anglischen
sagenkreis entlehnten könige.

Ehe es zu dieser verschiebung der zeitrechnung und der aufnahme der Headobearden unter die dänischen könige überhaupt
kommen konnte, musste natürlich eine verdunkelung der überlieferung von den langdauernden kämpfen, die beide königsgeschlechter mit einander ausgefochten, eingetreten und die teilnahme
eines der beiden geschlechter an den streitigkeiten vergessen sein,
denn so lange man sich dieser kämpfe erinnerte, war eine vereinigung beider geschlechter in einer geschlechtstafel undenkbar.

die nordische sage knüpft denn auch tatsächlich alles, was sie
noch von den im Beovulf erwähnten kämpfen weiss, an die namen
der Headobeardenfürsten Frodi und Ingeld, die sich offenbar überhaupt nur durch die teilnahme an diesen kämpfen im gedächtnis
des volkes erhielten. dass die Halfdaninge in den im Beovulf
geschilderten kämpfen eine rolle gespielt hatten, wuste man im
norden nicht mehr. von Frotho, dem vater des Ingellus, aber erzählt Saxo VI s. 280 f., er habe mit den Sachsen zu kämpfen gehabt
und sei endlich zugleich mit seinem gegner, dem Sachsen Sverting,
der ihn zum friedensmahle eingeladen, durch eine brandlegung
umgekommen, die Sverting selbst veranlasst hätte. die söhne des
Sverting hätten danach ihre schwester (Svarte mit namen nach
Ser. run. I) dem jungen sohne des Frotho, Ingellus, zur frau gegeben und diesen, der sich, dem tapfern vater sehr ungleich,
völlig dem wohlleben und der ärgsten schlemmerei ergeben hätte,
immer mehr verweichlicht und an die schlechten — 'schlecht'
wenigstens nach Saxos darstellung — deutschen sitten gewöhnt.
so lebt er scheinbar unbekümmert um vaterrache dahin, bis
endlich der greise Starcatherus, der alte genosse seines vaters, der
repräsentant des wildesten altnordischen heldentums und der rau-
hesten nordischen sitte nach langer abwesenheit heimkehrt, den
pflichtvergessenen aufreizt und die angestammte sinnesart wieder in
ihm weckt, so dass er aufspringt und, von Starkatherus unterstützt.
mit eigener hand seine schwäger, die Svertinge, beim mahle nieder-
sticht. von dieser aufreizung des königs durch den heimkehren-
den Starkadr handelten ausführlich mehrere alte lieder. die beiden
ältesten, nachweislich etwa aus der mitte des zehnten jhs. stammenden teilt Saxo in kunstreichen lateinischen nachbildungen mit.
unzweifelhaft liegt diesen liedern dieselbe begebenheit zu grunde,
die der interpolator des Beovulf v. 2032 ff. schildert; wie dort
der alte lanzenkämpfer (*eald æscriga*) v. 2041 f. den Headobearden
Ingeld, den sohn des Froda, beim gelage (*æt beóre*) aufreizt dass
er den vornehmen jungen Dänen, der, mit dem schwert des er-
erschlagenen Froda geschmückt, in der königshalle der Headobearden erscheint, ermorden lässt, treibt hier Starcatherus den Ingellus, den sohn des Frothi, zu einer ähnlichen tat; nur sind inzwischen die Headobearden zu Dänen geworden, die Halfdaninge
durch das mythisch fingierte, sonst unbekannte geschlecht der
Svertinge (Swerzinge, s. o.) ersetzt und der alte nationale
gegensatz zwischen Dänen und Headobearden in den jüngeren

zwischen Dänen und Deutschen oder Sachsen umgewandelt, so
dass die Sachsen die stelle einnehmen, die im angelsächsischen
epos die Dänen innehaben.

Wenn aber auch die verhältnisse sich damit stark verschoben
haben und manches verändert ist, so ist doch im ganzen eine
höchst merkwürdige und überraschende übereinstimmung in der
darstellung und inscenierung übrig geblieben. gewis muss man
zugeben, dergleichen verhältnisse und situationen, wie sie hier vorliegen, haben sich in den alten kriegerischen zeiten, wo man sich
mit einander nach besten kräften herumschlug und sich nicht
leicht vertrug, ohne sich von neuem gründlich zu entzweien,
öfter wiederholt und die dichterische darstellung dafür wurde
typisch und konnte sich also ebenso oft wiederholen und lange
hin erhalten — ja die interpolation des Beovulf hat sogar wirklich
etwas typisches — aber andererseits ist doch die übereinstimmung
zwischen dem Beovulf und der darstellung des Saxo so gross dass
man annehmen darf, es seien schon sehr früh, kurz nach dem ereignisse selbst d. h. nach der besiegung der Headobearden durch
die Dänen lieder entstanden, die diesen stoff behandelten und verbreiteten, und auf diese lieder gehe schliesslich sowohl die angelsächsische darstellung als die dänische überlieferung bei Saxo
zurück, wie weit die letztere auch von der quelle absteht. diese
vermutung ist nicht so gewagt, wie es auf den ersten blick
scheinen könnte. die betrachtung der epischen dichtung zwingt
überall zu der annahme dass sich das epos in letzter instanz
immer auf sagen und lieder stütze, die unmittelbar oder doch
bald nach den geschilderten ereignissen und noch ganz unter
ihrem eindruck entstanden sind und die ereignisse diesem ein-
drucke gemäss dichterisch darstellen. hier haben wir gerade
ein besonders einleuchtendes beispiel dafür.

Wie schon erwähnt, haben wir von dem alten liede oder
den alten liedern, die die dänische und angelsächsische überlieferung gemeinsam voraussetzen, im Beovulf ohne zweifel
eine viel getreuere nachbildung, die uns den zu grunde
liegenden historischen ereignissen noch viel näher treten lässt
als Saxo — und zum teil auch einfacher ist, vgl. *eald
ásciga* neben Starkatherus — wenn schon wir auch hier kein geschichtlich treues bild erhalten. und damit kommen wir nun auf
das allgemeine verhältnis der dänischen überlieferung zu der angelsächsischen: jene steht dem altersverhältnis entsprechend auf einer

vorgerückteren stufe der entwickelung, diese noch auf einer älteren,
die der wirklichen geschichte näher liegt, ihre angaben sind daher
noch weit genauer. diese beobachtung machen wir fast überall,
wo die nordische überlieferung dieselben vorgänge behandelt wie
die angelsächsische.

Von Halfdan überliefern beide nur noch den ehrenden
beinamen: *heáh Healfdene, hostr Skjoldunga*. den prachtbau
Hrodgars, die errichtung der halle Heorot, wird man im
ersten augenblick mit der erbauung oder gründung des
handelsplatzes Roeskilde am innersten busen des Isefjords zu
identificieren geneigt sein, die nach Saxo, Annal. Lundenses und
Series Runica Altera ('*han byggdi jöst Roskeldo*') von Ro ausgegangen ist. es würde dann hier eine genaue übereinstimmung
der beiden überlieferungen vorliegen. aber diese annahme ist
keineswegs unanfechtbar. die quelle (altn. *kelda*, dän. *kilde*) und
der handelsplatz *Roeskilde* (= 'Roes quelle') sind ja gewis nach
einem *Ro* benannt und da die Dänen den sohn des Halfdan und
bruder des Helgi, der bei den Isländern und Norwegern *Hróarr*
heisst, mit beziehung auf seinen character (s. 35) *Ro* oder *Roe*
nennen, so wird die quelle wohl nach oder von diesem alten
dänischen könige, dem Hrodgar des angelsächsischen gedichts, benannt sein*. allein die quelle als solche wird doch wohl ihren
namen eher bekommen haben, als es dort einen handelsplatz gab,
und dieser, dessen gründung man später des namens wegen auf
Ro zurückführte, wird vermutlich erst nachmals an der Roeskilde
entstanden sein und zwar gewis erst unter dem schutze und der
obhut der dänischen könige, deren ältester wohnsitz ganz in der
nähe lag. dieser älteste wohnsitz war Lethra altn. *Hleiðr (Hleiðra)*,
das schon zu Sven Ágesens zeit (Langeb. 1, 45 cap. 1) ein erbärm-
liches dorf war, das heutige Leire, fast westlich von Roeskilde
und etwas nordöstlich von dem entfernteren Ringsted**, dem alten
hauptthingplatze der insel. hier stand die vielgepriesene alte

---

* die volle altnordische form *Hróarskelda* ist kaum einmal aus einer hs.
des fünfzehnten jhs. (Fornm. s. 10. 63) zu belegen: einmal finde ich dafür
Hróaskelda (Olafs s. h. II. cap. 149; Fornm. s. 4, 366), sonst immer im anschluss
an die dänische form entweder *Hróiskelda* (Fagrsk. s. 114: Morkinsk. 18 = Fornm.
s. 6, 175 und 11, 159) oder gewöhnlich *Róiskelda* (Knytlingas. Fornm. s. 11)
oder *Róskelda* (Fagrsk. 92, Fornm. s. 11, 230).

** aus Ringsted hat Henry Petersen Nordboernes gudedyrkelse s. 88 ohne
not die alte haupt- und königsstadt des landes gemacht. städte in unserm
sinne gab es im norden vor dem zwölften jh. überhaupt nicht.

königsburg Hleidargardr nach der Hrolfssaga (vgl. Thorssen in Traps Stat. topograph. beskriv. af Danm. Suppl. s. 153 ff.). noch der dänische könig Sven Estridson, der 1076 starb, wird Fornm. s. 6. 313 *atseti Hleiðrar* 'bewohner von Hleiðr' genannt und um das jahr 1000 schildert Thietmar von Merseburg 1, 9 Lederun in etwas fabuloser weise als den mittelpunkt des landes in der heidenzeit. die Isländer und Norweger verlegen dahin unbedenklich schon den sitz der ältesten mythischen könige, z. b. des Fridfrodi (Grottasǫngr str. 19 [AM. 1, 388]: *Munat þi halda Hleiðrar stóli'* und Ynglingas. cap. 14). nach den Annales Lundenses soll der ort schon von Dan gegründet sein; *fyrir Hleiðro* herschte nach der Ynglingas. c. 33 auch Helgi, Halfdans sohn, *til Hleiðrar* entführt er aus Schweden die Yrsa, die mutter des Hrolf Kraki, *at Hleiðro* wird dieser acht jahre alt nach dem frühen tode seines vaters zum könige gewählt und dort findet er auch durch seinen treulosen schwager den tod (Yngl. c. 34). das letztere hebt auch Sven Åg. cap. 1 (Langebek 1, 45) hervor mit den worten 'occisus in Lethra quae tunc famosissima regis extitit curia' und berichtet die Hrolfssaga c. 48f. (Fornald. s. 1, 97 ff.) ebenfalls*. der ruhm des Hrolf Kraki heftete sich überhaupt so gut wie ganz und gar an den königsitz zu Hleiðr. Hrolf nimmt in der nordischen sage eine ähnliche stellung ein wie Ermenrich oder Dietrich in der deutschen, um ihn versammeln sich in Hleiðr nach und nach die vortrefflichsten helden des nordens, von denen jeder eine besondere sage hat, eine immer wunderbarer und ausserordentlicher als die andere. er selbst gilt zwar für einen gewaltigen krieger, der alle umwohnenden könige sich unterworfen hat; immer sind den sommer über seine zwölf berserker auf der fahrt um seinen namen ringsum in respekt zu erhalten: aber von seinen eigenen kriegs- und heldentaten wird doch nicht viel berichtet, mehr schon von seinen charactereigenschaften. er wird ganz individuell geschildert (Snorra Edda Skald. c. 44 [AM. 1, 393]. Hrolfss. cap. 22). treue, tapferkeit, ausdauer (patientia), leutseligkeit, und freigebigkeit, alle tugenden eines königs besitzt er selbstverständlich im höchsten masse (*ágatastr fornkonunga, fyrst*

---

* an den überfall auf Hleiðr und den letzten kampf Hrolfs mit Hiǫrvard knüpft sich auch ein berühmtes altnordisches lied, das nur in bruchstücken und bei Saxo (II s. 90ff.) in lateinischer nachbildung erhalten ist, die Bjarkamál, die schon 1030 in der schlacht bei Stiklestad, wo Olaf der heilige fiel, als 'antiquissima carmina' gesungen wurden.

(imprimis) *of mildi ok frøknleik* (fortitudine) *ok lítillæti* (comitate)
nennt ihn die Sn. Edda, so dass nach Ynglingas. c. 41 später von
den helden sein gedächtnis (*minni*) getrunken wurde, wie sonst die
'minni' der götter, und dass der christliche Olaf der heilige
(Fornm. s. 5, 172) den wunsch gehabt haben soll keinem anderen
könig so zu gleichen wie dem Hrolf Kraki, sein heidentum ab-
gerechnet. die hauptsache aber ist bei allem, was von ihm erzählt wird, das zusammenleben der helden auf Hleidr bei schmaus
und trunk und anderen freuden des mahles. hier hat nach den
nordischen darstellungen das heldenleben der alten zeit seine blüte,
sein höchstes ideal erreicht. (vgl. Saga c. 22. 23. 32—34. 37.
38. 46—48). Saxo lässt Rolf von frühster jugend bis zu seinem
tode in Lethraborg wohnen (s. 82ff.), berichtet aber auch (s. 89)
dass er die stadt gebaut ('oppidum a Rolvone construc-
tum') und mit allen schätzen seines reichs so herlich ausgestattet habe dass sie alle anderen städte übertroffen habe: und
ebenso kann man auch die Hrolfss. c. 23 verstehen, wo erzählt
wird: könig Hrolf errichtete da seine hauptstadt (seinen haupt-
sitz, '*setti þar höfuðstað sinn*'), die Hleidargardr hiess, eine
grosse starke burg in Dänemark, und mehr herlichkeit und pracht
herschte dort als irgendwo anderen orts, in allem was '*til stór-
lætis kom*' usw. der widerspruch besteht aber nur in betreff
der frage, ob Hrolf Hleidr erst gegründet oder doch wenigstens
die burg neu aufgeführt oder ob er sie schon vorgefunden habe:
der ruhm und das leben des königs ist im norden unbestritten
enger mit dem alten königssitz verknüpft als die geschichte irgend
eines anderen dänischen königs. vergleicht man nun mit den erzählungen von Hrolfs hofhaltung in Hleidr das, was der Beovulf
von Hrodgars halle Heorot und von Hrodgars wesen und leben
meldet, so kann man nicht wohl zweifeln dass hier wieder nur
eine verschiebung der tatsächlichen verhältnisse eingetreten ist:
der ruhm Hrodgars (Hroars) ist in der nordischen sage auf seinen
neffen Hrodulf (Hrolf Kraki) übergegangen und Hrodgar ist in
wahrheit viel weniger mit der stadt Roeskilde in verbindung zu
bringen als mit Hleidr. wie es zu dieser verschiebung in der
nordischen sage kommen konnte, ja man kann beinahe sagen,
muste, wird sofort klar, wenn man das verhältnis der beiden
helden in der angelsächsischen sage näher betrachtet.

Die dänische sage weiss von dem könig Ro ja gar nichts
mehr als dass er Roeskilde gegründet habe und seinem dänischen

namen gemäss ein guter, friedlicher könig gewesen sei. was Saxo
s. 82 über seinen tod durch den Schwedenkönig Hothbrodus
(= Ottar) berichtet, der darnach seinerseits durch Helgi getötet
sei, beruht augenscheinlich nicht sowohl auf wirklicher sage als
vielmehr auf einer willkürlichen annahme oder folgerung, zu der
Saxos quelle oder vielleicht er selbst erst durch eine combination
verschiedener sagen gelangte, und wenn die Hrolfss. von einem
königtum Hroars in Nordhumberland erzählt, so handelt es sich
dabei, wie schon PEMüller in den not. uber. zu s. 80 gezeigt
hat, um eine übertragung von einem anderen Hroar*. nach dem
Beovulf aber ist Hrodgar bis in sein hohes alter könig und sein
bruder Halga, der ihn in der dänischen sage überlebt, muss nach
der angelsächsischen darstellung früh gefallen sein (s. o. s. 25),
denn seines sohnes Hrodulf hat sich Hrodgar und seine gemahlin
seit frühester jugend angenommen. oheim und neffe sollen dann
nach dem Vidsid 'lengest treu zusammen die sippe gehalten
haben' und die interpolatoren des Beovulf setzen den Hrodvulf
geradezu als eine art mit- und nebenkönig dem Hrodgar an die
seite. nach dem Vidsid sollen beide die bedeutendste tat, die
von ihnen berichtet wird, die vernichtung der Headobearden, ge-
meinschaftlich vollbracht haben auf Heorot. von dem späteren
hohen ruhme des Hrodulf (Rolf), von seinem leben und wesen
wissen die Angelsachsen noch nichts**, in ihrer vorstellung existiert
Hrodulf nur als ein junger held neben dem alternden Hrodgar und
hilft ihm, dem eigentlichen herscher, bei der regierung und verteidigung des landes. aber es ist nach dem gesagten durchaus

* die hindeutung auf den oder nach v. 1195 vielmehr die kostbaren hals-
(und arm-) ringe, die im angels. gedicht Beovulf von Hrodgar und Vealhþeov
erhält, wäre besser unterblieben und noch mehr die weitere folgerung S. Grundtvigs (Udsigt over den nordiske oldtids heroiske digtning s. 50).

** ebensowenig darf man annehmen dass die Angelsachsen, weil sie den
Heoroveard, den sohn des ältesten der Halfdaussöhne, kennen, auch von Hrolfs
traurigem eude, das dem ritterlichen leben und aller herlichkeit in Hleidr ein
ende machte, und von der treulosigkeit des Hiqrvard in der nordischen sage
irgend welche kenntnis hatten. es wäre ja allerdings nach dem stande der
angelsächsichen überlieferung durchaus glaublich dass die sage den Heoroveard,
den sohn des ältesten bruders und Hrodvulf, den sohn des jüngsten bruders,
nach ihres oheims tode mit einander um die herschaft hätte streiten lassen
und Heoroveard den sieg zugeschrieben hätte, indem sie Hrodulf durch ihn
beseitigt werden liess. aber da das angelsächsische epos die beiden nur neben
einander erwähnt und nichts weiter andeutet, so ist es das richtigste anzunehmen
dass sie auch nichts weiter von ihnen gewust habe.

begreiflich dass von dem älteren Hrodgar sich immer mehr die
vorstellung eines unkriegerischen, friedliebenden fürsten festsetzte,
von dem jüngeren, kräftigeren, kriegstüchtigeren Hrodvulf dagegen
sich immer mehr die vorstellung des kriegerischen, prunkliebenden
heldenkönigs ausbildete, auf den allmählich aller ruhm übergieng.
schliesslich galt er dann viel mehr als seine vorfahren als der
eigentliche schöpfer und begründer des dänischen königstums zu
Hleidr. das nach der nordischen sage unter ihm zugleich seine
höchste blüte erreichte. ursprünglich aber gehörte ganz gewis nicht
nur der sieg über die Headobearden vor allem dem Hrodgar an,
sondern auch das herliche hofleben zu Heorot-Hleidr.

Mit der späteren ausbildung der dänischen sage muss auch
eine andere bedeutende abweichung derselben von der angelsächsischen darstellung zusammenhängen: im ganzen norden besteht später kein zweifel darüber dass Hrolf Kraki der stiefsohn
des königs Adils von Schweden gewesen sei, entweder so dass
Adils die Yrsa heiratet. nachdem sie vorher ihrem vater Helgi
den Hrolf geboren hat, oder auch (nach Snorri Yngl. s. c. 33) so,
dass Helgi dem Adils die Yrsa raubt und diese ihm nun den
grossen sohn gebiert, aber nach kurzem zusammenleben durch
ihre mutter über ihre herkunft aufgeklärt wird und zu ihrem
ersten gemahl zurückkehrt. dies verhältnis des Hrodulf zu Adils
ist aber nach der angelsächsichen überlieferung ganz unmöglich.
wenn Adils der Eadgils (sohn des Ohthere) ist, der durch Beovulf
oder doch erst mit hülfe der Geaten nach Hygelacs tode auf den
schwedischen thron kam, indem er den Onela stürzte. die nordischen erinnerungen reichen hier wieder in dieselbe zeit zurück
wie die angelsächsischen (die nordische sage weiss ja auch noch
von dem kampfe zwischen Onela und Eadgils s. o. s. 20f.), aber die
ganzen verhältnisse, die den Angelsachsen noch klarer und historisch
treuer vorschwebten, sind in der dänischen sage stark verschoben.
wie das gekommen ist, lässt sich auch noch aus dem angelsächsischen epos einigermassen abnehmen. man hat im norden
den alten *Anganþér* (Ongenþeov), den vater des Onela und Ohthere,
ganz vergessen, ebenso die frühere selbständigkeit der Geaten
und ihre einwirkung auf die schwedischen angelegenheiten. die
grosse lücke, die durch diesen ausfall der Geaten und Ongenþeovs
entstand, ist von der nordisch-dänischen sage einfach übersprungen:
Adils ist ihr schlechthin der könig, der als zeitgenosse der Half-
daniden in Schweden regierte. sie duldet neben ihm nicht einmal

den Ali (Oli = Onela) in Schweden, sondern verschiebt ihn nach
Uppland im südlichen Norwegen. Onela (oder Ongenþeov) aber
war nach v. 62 (s. o.) der schwiegersohn des Hrodgar. Adils ist
also, wenn er die Yrsa zur frau hat, in ein ähnliches verhältnis
zu dem dänischen königshause gesetzt wie der ältere Onela (oder
Ongenþeov); raubt Helgi aber dem Adils die frau, so tritt er an
die stelle des Hædcyn und Hygelac und Adils fällt mit Ongenþeov
zusammen: und wenn Hrolf Kraki seinen stiefvater gegen Ali von
Uppland unterstützt, so ist er als der ruhmreichste nordische könig
auch nur an die stelle der in vergessenheit geratenen Geatenkönige
getreten: vermittels derartiger verschiebungen und vertretungen
ist jedesfalls Hrolf Kraki allein zum stiefsohn des Adils geworden.

Wenn nun aber auch nicht zu bezweifeln ist dass der Beovulf
von dem alten dänischen liede, das die angelsächsische und dänische
überlieferung voraussetzen, die genauere nachbildung bietet und
uns den geschichtlichen ereignissen näher bringt als die nordischen sagen, so ist doch andererseits auch zuzugeben dass er
von dem verlauf der fehde und all den grossen begebenheiten
während derselben noch keineswegs ein geschichtlich treues bild
giebt: in der nordischen sage trat schon die neigung hervor die
ereignisse und begebenheiten eines längeren zeitraums mehr und
mehr zusammenzufassen und an einem jüngeren namen haften zu
lassen, als nach dem geschichtlichen zusammenhang berechtigt ist;
derselbe vorgang kann sich aber auch schon in der angelsächsischen sage vollzogen haben. Hrodgar wollte nach dem Beovulf
mit der verheiratung seiner tochter an Ingeld eine langdauernde
fehde beider völker beendigen; wenn er aber auch wirklich damit
den abschluss des kampfes durch vertreibung oder vernichtung
der Heruler auf Seeland herbeiführte, so brauchen wir deswegen
doch noch nicht anzunehmen dass er auch der urheber des krieges
oder der einzige kämpfer auf dänischer seite gewesen sei. vielmehr ist es sehr wahrscheinlich dass die kämpfe, die c. 470 oder
480 endigten, eine längere dauer hatten und schon von Hrodgars
vater, 'dem hohen Halfdan,' der ersten historischen person, deren
die dänische sage sich erinnert, begonnen und von Hrodgars
bruder Heorogar fortgesetzt wurden. den bau der halle, wenn er
im eigentlichen sinne wirklich vorkam* und nicht blos ein bild-

* [Müllenhoff hat nach einer flüchtigen bemerkung, einem 'notbehelf' vom
juni 1883, zuletzt wenigstens zeitweilig das gegenteil angenommen; da die
erwähnte bemerkung aber ganz vereinzelt steht, habe ich geglaubt sie im text

licher ausdruck für die errichtung des königsreichs Dänemark ist,
wird man wohl auf alle fälle am richtigsten nach dem siege über
die Headobearden setzen und mit dem gedichte Hrodgar zuschreiben:
ist er nur sinnbildlich zu nehmen, so würde auch hier der ruhm
des Healfdene und Heorogar teilweis auf ihren nachfolger übergegangen sein.

Mit den bisher besprochenen herschern ist nun aber die reihe
der im Beovulf genannten Dänenkönige noch nicht abgeschlossen:
zwei zusätze des interpolators B (v. 898—913 und v. 1709—1722)
handeln von einem alten könige Heremod, der einmal über die
Dänen geherscht haben soll (über die ersten, besonders schlecht erzählten verse s. 119), und es erhebt sich nun die frage, in welchem
verhältnis dieser und andere Dänenkönige, von denen später die rede
sein wird, zu den Halfdaningen stehen. ich nehme an dass in
v. 1709 f. in den worten *Ne vearð Heremód sva eaforum Ecg-*
velan. Âr-Scyldingum das wort *eaforum* aus *eafora* verderbt und
von dem schreiber fälschlich zu dem folgenden *Âr-Scyldingum* gezogen ist statt zu dem vorhergehenden Heremod, denn dass die
Dänen hier, wo vielmehr die abkunft des eben ganz unvermittelt
genannten Heremod zu bestimmen war, mit einem male ganz un-
motiviert nachkommen des Ecgvela genannt sein sollten, ist ganz
unglaublich; es wird auch sonst im angelsächsischen epos niemals
ein volk in dieser weise nach einer person benannt. Ecgvela
soll also der vater des Heremod geheissen haben. dieser name
ist ebenso merkwürdig wegen seiner bedeutung 'schwertreichtum'
wie wegen seiner bildung mit dem schwachen, in componierten
eigennamen sonst ganz unbekannten substantivum *vela* 'opes,
divitiae*. ich halte die benennung für ein ganz mythisches
epitheton, und ebenso sehe ich in dem sohn des Ecgvela, dem
Heremod, nichts anderes als eine personification der kriegerischen
gesinnung. die sich als kriegerischer mut, aber auch in schlimmer
weise als kriegerische wildheit und grausamkeit offenbaren kann.
der name einer örtlichkeit 'Hermodes þorn' (Kemble III append.
nr. 174) macht es wahrscheinlich dass die sage von Heremod bei
den Angelsachsen populär war: der name erscheint auch als letztes
glied der ersten am weitesten von Voden abliegenden reihe der
vorfahren Vodens in den angelsächsischen königslisten für den sohn

übergehen zu müssen, ebenso wie eine stelle älteren datums, die im ms. selbst
steht, worin die bedeutung Hrolfs zu gunsten Hrodgars noch mehr in zweifel
gezogen wird, als es schon oben geschehen ist. L.]

eines Itermon oder Itermod, dessen name dem altn. *ármôðr*
entspricht und einen edelen, hochgesinnten oder hochgeborenen
oder einen mann von schönem stattlichen aussehen bezeichnet;
wahrscheinlich liegt derselbe noch heute in dem westfälschen
eigennamen Ittermann vor (vgl. Grimm Myth.¹ 3, 392). nur in
dem guten sinne des worts als den personificierten kriegerischen
mut kennt auch die nordische mythologie den *Hermôðr* als sohn
(oder diener) des Odin, der nach Baldrs tod auf Odins ross auf
den ungeheuren weg hinab zu Hel gesandt wird um den bruder
zurückzuholen. er trägt den beinamen 'enn hrati' ('acer, alacer')
und Helgi enn hvassi wird mit ihm verglichen (Fornald. s. 1, 373)
als mit dem bestgemuten unter den göttern: *hann* (Helgi) *var
Hermôðr, er bazt var hugaðr*, nach Hyndlul. str. 2 hat Odin
selbst ihn mit brünne und helm beschenkt und nach Hakonarm. 14
führt er mit Bragi die ausgezeichneten helden in Valholl ein. so
war nach dem Beovulf auch Heremod von jugend auf ein grosser
held mit trefflichen eigenschaften und namentlich mit grosser
körperkraft ausgestattet und keiner der helden kam ihm an
grossen taten und ruhm gleich; aber finsteren, grausamen
gemüts. ward er dem eigenen volke zu einer furchtbaren plage.
ein karger, blutgieriger tyrann, der seine eigenen leute mordete,
keinen durch gaben erfreute und so endlich von allen ge-
mieden sein trauriges langes leben einsam hinbrachte. der
blosse kriegerische mut, der alle und jeden schlägt, ist im friedens-
zustande gewissermassen ein übler herr. wegen dieses anderen,
entgegengesetzten characters konnte er ein sohn des Ecgvela
heissen und andererseits auch ein sohn des Itermon oder Itermod.
ich sehe hier, ähnlich wie bei der Prydo (s. 78), nur einen
charactertypus episch ausgebildet, und zumal da die dänische und
nordische tradition nichts von einem solchen alten könige *Hermôðr*
weiss, halte ich das Dänentum des Heremod lediglich für eine
fiction oder einbildung des interpolators B. man darf aus seinen
angaben durchaus nicht schliessen dass die sage ein älteres dänisches königtum vor Healfdene und Hrodgar anerkannt habe.
auch in der einleitung hat derselbe interpolator nicht nur Scild,
sondern auch Sceaf und Beova (Beovulf) zu Dänen gemacht und
nach Scadinavien versetzt. die vorstellung von der grossen macht
der Dänen war dem interpolator B völlig angewachsen; hat er doch
auch in dem eingelegten liede von der fehde der Hocinge mit den
Friesen (v. 1066—1160) den könig Finn den Dänen zugeteilt.

4*

Ebenso unsicher wie das königtum des Heremod ist übrigens das der im Vidsid genannten Dänenkönige Sigehere und Alevih. v. 28 heisst es: 'Sigehere am längsten über die Seedänen waltete', und ein alter könig *Sigarr* war im norden von alters her wohlbekannt, ja sogar mehrere (Fra Forn. c. 2, s. 9 f.) und darunter, wie es scheint (z. b. nach Gudrunarkv. 2, 16), mindestens ein seekönig. der bekannteste und berühmteste war zuletzt jedenfalls der Sigarr, an den sich die berühmteste tragische liebesgeschichte des nordens, eine art von Sophokleischer Antigone, knüpft, der den geliebten seiner tochter Signy, den seehelden Hagbard, den bruder des grossen seekönigs Haki, henken liess und damit sich selbst zu grunde richtete (s. PEMüller not. ub. zu s. 347 [Saxo 2, 198] und besonders Grundtvig Dan. g. folkev 1, 258 ff., 3, 791 ff.). diese sage wird als eine eigentlich altdänische angesehen und sehr alte ortsnamen in der umgebung von Ringsted auf Seeland setzen sie voraus: aber auf dieselbe weise ist sie, wie ortsnamen beweisen, früh und unläugbar nicht erst durch das in mancher fassung erhaltene dänische volkslied von den ehedem, im mittelalter wenigstens, dänischen, neben Schonen belegenen landschaften Blekingen und Halland an namentlich an der ganzen westküste von Scadinavien bis hinauf nach Haligoland (Norrland in Norwegen) verbreitet und localisiert (Grundtvig s. 270 und vorher). von den dänischen geschichtsquellen lassen die Annal. Lund. den Hiarward, den schwager und nachfolger Rolf Krakes durch Haki, den bruder des Hagbarth, umkommen, sie können danach den vater der Signy nicht wohl als dänischen könig gedacht haben, bei Snorri (Yngl. s. c. 25 – 28) sind Haki und Hagbard seekönige, Haki wird könig von Schweden. erst die jüngsten königslisten, die der Saxonischen gruppe, schalten spät und zwar erst nach dem headobeardischen Ingeld und einigen anderen nach und nach den Sigar und ein, wie es scheint, mit einem Yngwi (Ungu, Ungvinus) neu anhebendes geschlecht der Sieglinge (Siklinge) ein, deren namen stark an die angelsächsische genealogie von Deira erinnern: (Sewald in c), Siwald, Sigar, Siwald — alle diese namen allerdings nur in c, e, f, S. darauf soll dann wieder eine zeit der anarchie, eine pentarchie, in Dänemark gefolgt sein. in dem chronologischen system der dänischen urgeschichte hat also die sage erst sehr spät eine stelle und nur eine sehr ungewisse gefunden und es wird das richtigste sein die schöne rührende geschichte und ihren königlichen träger Sigarr = Sigehere für

ein ururaltes, aber eben darum schon völlig zeitloses, märchen-
haftes sagengebilde zu halten, auf dessen besitz die Dänen
allerdings den ersten und besten anspruch machen können, dessen
ursprung und herkunft aber über ihr historisches königstum zu Hleidr
und Hringstadr hinausreicht. der vers des Vidsid deutet, meine
ich, auf jeden fall nur auf dänische sage als quelle: die sage von
dem alten könige Sigehere war als dänische bekannt und deshalb
wurde Sigehere als dänischer urkönig und seekönig, in demselben
sinne wie die späteren historischen könige, angesehen.

Einen zweiten dänischen könig von derselben art wie Sigehere nennt v. 35 in Alevih, der als der mutigste aller männer
dem Offa von Angeln entgegengesetzt wird, aber selbst keine herschaft begründete. ich habe ihn früher als im norden später unbekannt bezeichnet und wahr ist dass Saxo einen Alverus oder
Olverus (altn. *Olvér*), wie er bei ihm heissen müsste, nicht kennt.
aber nimmt man den Sigehere v. 28 für den dänischen Sigar. so
könnte Alevih derselben sage angehört haben: könig Sigar hatte
nach Saxo (s. 334) zwei söhne, Alf und Algerus, beide ausgezeichnete
seekönige, besonders Alf, der liebhaber der Alvilda. an den sich
eine liebesgeschichte anderer art knüpft als an den namen seiner
schwester Signy (Grundtvig Udsigt) und neben dem der zweite,
Algerus, völlig zurücktritt. aber hier könnte ein namenswechsel
oder eine namensumbildung vor sich gegangen sein; die möglichkeit dass Alevih ehedem eben dieser sage angehört habe ist nicht
abzuweisen. Alevih muss. wie es sich damit auch verhalte. ebenso
wie Sigehere, als mächtiger könig oder held in der sage anerkannt
gewesen sein und wurde eben deshalb mit Offa in conflict gebracht
um dessen überlegenheit auch nach dieser seite hin darzustellen,
wie sie schon nach einer seite hin sein zweikampf am Fifeldor (der
Eider) zeigte: die anknüpfung dient nur zur verherlichung des alten
sagenhaften königs der Angeln im heimatlande jenseit der Eider;
es kann aber von Alevih ebensowenig als von Heremod und Sigehere geschlossen werden dass das königtum der Dänen in Lethra
oder zu Heorot über Halfdan und sein geschlecht hinaufreiche.

3. DIE ANGELN UND SACHSEN.

Weder Angeln noch Sachsen erscheinen an den im Beovulf
geschilderten begebenheiten irgendwie beteiligt. weder Angeln noch
Sachsen werden in dem gedichte überhaupt mit namen genannt,

obwohl es an einer gelegenheit dazu nicht fehlte; und doch ist das gedicht, wie es uns vorliegt, ihr eigentum, ihr werk und bei ihnen aus lebendiger mündlicher tradition entstanden.

Diese ansicht ist freilich, selbst in letzter zeit, nicht allgemein anerkannt worden. Thorkelin bezeichnete 1815 das gedicht als poema danicum dialecto anglosaxonica und noch neuerdings haben sich Jessen Undersøgelser til nordisk oldhistorie s. 47 ff. und Bugge in der Tidskrift for philol. 8, 287 wesentlich auf denselben standpunkt gestellt, wenn sie, ohne auf sagenkritik und sagengeschichte sich einzulassen, ohne zu fragen, wie ist der stoff geworden, behaupten, die sagen seien von Dänemark aus durch Dänen oder Jüten nach England hinübergebracht, nach Jessen nicht vor dem siebenten jh., ja eher später. aber so einfach ist die sache doch nicht. wahr ist dass die spätere nordisch-dänische tradition. soweit sie sich mit dem inhalt des Beovulf beschäftigt, wesentlich dieselben historischen elemente voraussetzt, die im Beovulf enthalten sind, namentlich soweit es sich um die Dänen handelt: ja noch weiter: die historische erinnerung taucht auch auf beiden seiten gleich plötzlich mit Halfdan aus dem mythus hervor und bricht auf beiden seiten gleich plötzlich mit Hrolf Kraki wieder ab*. es ragen diese historischen erinnerungen aus dem sie rings umgebenden dunkel empor gleichsam wie eine nach allen seiten jäh abstürzende felseninsel aus dem meere. diese erscheinung ist an sich freilich nicht so auffällig, dasselbe wiederholt sich überall im epos und in der heldensage: auf einige bedeutende ereignisse und personen fällt ein helles licht, entsprechend dem eindruck. den sie auf die mitlebenden gemacht und im gedächtnis der epigonen hinterlassen haben. werden sie von dem glanz der sage getroffen und beleuchtet; ringsum aber bleibt alles dunkel. die sage von der ankunft der Sachsen und der zerstörung des thüringischen reiches (c. 534) z. b. steht ganz isoliert und abgerissen da; die heldensage rückt Ermenrich, Attila und Dietrich zusammen, aber keine zusammenhängende weitere tradition verknüpft diese masse mit der vorzeit und der nachwelt. auffallend bleibt aber in unserem falle dass die angelsächsische

---

* Rörik, den Sven Ägesen als sohn des Rolf anführt, gehört schwerlich noch zu den Halfdaningen (so dass Rörik der Hredric des Beovulf wäre), denn alle andern listen wissen nichts von einem sohn des Rolf und machen versuche den abgerissenen faden der überlieferung auf andere weise wieder anzuknüpfen und weiter zu spinnen.

erinnerung genau dieselbe epoche umfasst, dieselben vorgänge behandelt, mit denselben personen anfängt und abbricht wie die
einheimische dänische, ausserdem gehen auch die übereinstimmungen
im einzelnen sehr weit. aus allen diesen gründen können
wir nicht wohl umhin zuzugeben dass dieser geschichtliche stoff,
soweit er von den Dänen handelt, einmal von Dänemark oder dem
norden aus zu den Angelsachsen gekommen ist; nur dürfen wir
den zeitpunkt dieser stoffübertragung nicht zu spät setzen. beinahe scheint es sogar, als ob der urangelsächsische mythus vom
kampf des Beovulf mit Grendel und seiner mutter im Beovulf
erst nachträglich an die stelle einer dänischen sage getreten und
erst dadurch nach Heorot verlegt worden sei. die nordische sage
nemlich berichtet von einem kampfe des ersten haupthelden Hrolf
Krakis, des Bǫdvar Bjarki, mit einem gefährlichen fliegenden
untiere, das nach der Hrolfssaga cap. 35 ein paar winter hintereinander in der julzeit nach Hleidr gekommen sei und das vieh
geraubt habe, ohne dass ihm jemand hätte etwas anhaben können.
Hrolf habe seinen helden befohlen sich ruhig zu verhalten, weil
er lieber das vieh als seine helden verlieren wollte. aber Bǫdvar
macht sich heimlich in der nacht auf und erlegt das untier mit
seinem wunderbaren schwerte. Bǫdvar heisst in der Hrolfss.
cap. 34 mit schmeichelnamen Bǫkki (oder Bokki?). diese hypoko-
ristische form könnte auf Beova, Beovulf geführt und die anknüpfung wesentlich erleichtert haben; man müsste dann freilich
weiter annehmen dass Bǫdvar nicht von allem anfang ein held
des Hrolf gewesen, dass er einmal für einen Gauten gegolten und
dass so die anknüpfung an Hygelac zu stande gekommen sei: man
müsste also mehrere recht unsichere annahmen machen. ja, es
ist sogar zweifelhaft, ob wir die sage von Bǫdvar überhaupt zeit-
lich so weit zurücksetzen dürfen, wie die eben angestellten erwägungen verlangen: dem zusammenhang der sage nach hat das
abenteuer in der Hrolfss. nur den zweck aus dem feigling Hǫtt
den zweitgrössten haupthelden des königs zu machen. den Hjalti
hinn hugprúði ('den hochgemuten') dadurch dass Bǫdvar ihn von dem
blute des untiers trinken lässt. dies könnte ja allerdings eine
spätere veränderung einer alten fabel sein; aber Saxo nennt s. 87
statt des fliegenden untieres nur einen ungeheuren bären, den sie zufällig auf der jagd treffen, und die sehr junge saga strebt überhaupt
dem späteren romantischen geschmacke gemäss nach einer wunderbaren, abenteuerlich-ungeheuerlichen darstellung. das macht es

doch einigermassen bedenklich der sage ein so hohes alter zuzuschreiben. möglich bleibt es freilich immer dass wesentlich
dieselbe geschichte ursprünglich von einem helden des Hroar
(Hrodgar) erzählt worden und den Angelsachsen bekannt geworden
ist und die übertragung von Beavs kampf mit Grendel und seiner
mutter nach Hleidr (Heorot) zur folge gehabt hat. aber auch
wenn diese blosse möglichkeit sich beweisen liesse, so würde doch
daraus nur folgen dass wir kein recht hatten dem helden des
Hygelac, dem Geaten Beovulf, für dessen existenz wir auch oben
keinen unbedingt sicheren beweis erbringen konnten, den wir aber
annehmen zu müssen glaubten, einen historischen character zuzuschreiben: der mythus von Beovulf und was daran hängt d. h.
also der hauptinhalt des gedichts, würde darum doch noch immer
angelsächsischen, nicht dänischen ursprungs sein. auch die kunde
von der niederlage des Geaten Hygelac, die doch schliesslich den
anstoss zu der ausbildung des historischen teiles gegeben hat,
stammt den Angelsachsen weder direct noch indirect aus Dänemark und was das gedicht sonst aus der schwedischen geschichte
berichtet kann wenigstens nicht erst so spät, wie die nordischen
forscher annehmen, aus Dänemark zu ihnen gekommen sein, denn
in der nordischen sage findet sich kaum noch eine spur von dem
könige oder gar von seinem heereszug an die Rheinmündungen,
und dass sich die erinnerung daran so ganz verwischt haben
sollte. wenn die Nordländer noch so spät den Angelsachsen davon
hätten berichten können. ist doch kaum anzunehmen. ein hervor-
ragendes interesse für den Geatenkönig konnten die Dänen ja überhaupt nicht haben. und die Gauten selbst werden die niederlage ihres
königs gewiss nicht verherlicht haben. die nachricht von dieser
begebenheit — und von den Geaten und Schweden überhaupt —
ist den Angelsachsen zweifellos von den bei der sache am meisten
beteiligten deutschen, nicht von den nordischen anwohnern der Nordsee gekommen (s. 105 f.): dass sein erscheinen auf die Franken
und Friesen einen tiefen eindruck gemacht und eine deutliche erinnerung mit richtigem localen halt hinterlassen hatte. ist ja schon
dargetan und ebenso, dass das angelsächsische gedicht den zug noch
in völliger übereinstimmung mit der geschichtlichen wirklichkeit, mit
richtiger anschauung des schauplatzes und, von Beovulf abgesehen,
ohne viel sagenhafte ausschmückungen und zutaten schildert.

Dass man die übertragung der dänischen und scadinavischen
sagen in eine frühere zeit hinaufrücken muss als die nordischen

forscher zugeben wollen, ergiebt sich auch aus der art der darstellung im Beovulf: diese geschichtlichen begebenheiten werden keineswegs in pragmatischer weise vorgetragen, wie vor leuten die man erst darüber unterrichten will, sondern im gegenteil sehr aphoristisch erwähnt, z. t. nur hin- und andeutend, also wie vor leuten die schon eher und öfter davon gehört haben und mehr davon wissen als gerade augenblicklich erzählt wird; es wird das ja auch ausdrücklich in den ersten versen des Beovulf ausgesprochen und nirgend ist die darstellung im gedicht dunkler und abgerissener als gerade an den historischen stellen. so weit diese vom interpolator B herrühren, mag das z. t. von wirklich unvollkommener erinnerung herrühren, auch durch unbeholfenheit verschuldet sein, z. t. mag es auf der herkömmlichen epischen darstellungsweise beruhen: der sänger kann sich den anschein gegeben haben, als wüste er und seine zuhörer mehr als in der tat der fall war. aber auch in den echten, ältesten partien ist die darstellung so. auch da wird manches stillschweigend als bekannt vorausgesetzt und da wir keine veranlassung haben anzunehmen dass die zusätze und erweiterungen aus einer andern quelle geschöpft seien als die alten historischen stellen und dass zwischen der entstehung dieser und jener etwa ein irgend bedeutender neuer zufluss nordischen sagenstoffes von Dänemark her stattgefunden habe, so kann man unbedenklich die bekanntschaft der Angelsachsen mit diesem ganzen sagenmateriale schon für die alten historischen stellen des gedichts voraussetzen. der Beovulf hat nun jedesfalls seine jetzige gestalt im wesentlichen schon gehabt, ehe die plünderungs- und eroberungszüge der Dänen nach England begannen; denn nach deren anfang hätte man die Dänen schwerlich noch so wohlwollend angesehen und so hoch gepriesen, wie es im Beovulf, wo doch von ihren taten nur wenig die rede ist, geschieht. er muss also schon sicher vor dem neunten jh. in seiner jetzigen gestalt fertig gewesen sein. die ältesten bestandteile des gedichts gehören unzweifelhaft zu den ältesten stücken der angelsächsischen poesie überhaupt und wir müssen sie noch in das siebente jh. setzen. vor die abdankung der Merowinger scheint nach v. 2921 auch die tätigkeit des jüngeren interpolators B zu fallen: zwingend ist der schluss jedoch nicht. die historischen ereignisse, auf die sich der Beovulf bezieht, fallen nach den bisherigen erörterungen etwa in die zeit von der mitte des fünften bis zur mitte des sechsten jhs. oder bei etwas engerer

begrenzung des spielraumes zwischen die jahre 470 und 530. ist
das gedicht 100—150 jahre später entstanden, so müssen die alten
sagen gegen 600 etwa nach England verpflanzt sein und sich in einzelnen liedern und einer sich daran anschliessenden mündlichen tradition bis in die zweite hälfte des siebenten jhs. erhalten haben. um
diese zeit entstanden neue lieder, die hauptsächlich die grossen mythischen teile, die kämpfe des Beovulf mit Grendel und seiner mutter
und den drachenkampf behandelten; in diese haben dann die
erweiterer und interpolatoren namentlich die historischen elemente
auf grund der eigentlich schon halb verklungenen lieder und sagen
nachgetragen.

Wir haben bei diesen erwägungen bisher die anscheinend
nächstliegende möglichkeit, dass die Angeln und Sachsen als zuschauer dieser ereignisse die sagen aus der alten heimat mit nach
England hinübergenommen haben könnten, gar nicht in betracht
gezogen. ob mit recht, wird sich nur dadurch entscheiden lassen
dass wir den ganzen bestand der einheimischen überlieferungen
über die älteste zeit des volkes durchgehen. wir werden dabei
zugleich auch gelegenheit haben das, was uns der Beovulf über
die geschichte desselben mitteilt, näher kennen zu lernen.

Die Angeln und Sachsen werden uns zuerst genannt als bewohner der sogenannten cimbrischen halbinsel. Germania cap. 40
nennt Tacitus die Langobarden*, deren geographische lage so fest
steht wie nur irgend eines altgermanischen volkes, als östlich von
den zwischen der untern Weser und Elbe sitzenden Chauken und
nördlich über den Cheruskern, also im nordöstlichen Hannover
bis zur Elbe, in der gegend, die auch später noch der Bardengau
genannt wird, mit den alten städten Bardewik und Lüneburg.
nach den Langobarden kommen die Reudigni, deren name vielleicht nur 'renter, ausroder' bedeutet. diese gehören, da Tacitus
in seiner aufzählung der völker bis cap. 41 der richtung des
Rheinlaufes folgt, nach Holstein. auf diese folgen, im äussersten
westen an der Nordsee, die Aviones d. h. 'inselbewohner' auf
Nordseeinseln. Ditmarschen und Eiderstedt: Ditmarschen galt

---

* im gebiete der Langobarden stand im jahre 5 n. Chr. Tiberius an der
Elbe (Velleius Paterculus 2, 106), als die römische flotte aus dem Kattegat
zurückkam. wie weit die flotte gelangte, geht daraus hervor dass Ptolemaeus
die lage der drei inseln Samsö, Fünen und Seeland, die er Skandia nennt, nach
graden der länge und breite verzeichnet, von der übrigen Ostsee aber so gut
wie gar keine vorstellung hat.

im altertum und noch im vierzehnten jh. als inselland. nach den Aviones nennt Tacitus die Anglii. diese sind ihm also die bewohner des schleswigschen festlandes. Ptolemaeus nennt statt der Reudigni und Aviones den einen namen der Σάξονες, die er ἐπὶ τὸν αὐχένα τῆς Κιμβρικῆς χερσονήσον und auf drei inseln im westen davon setzt, statt der Angeln führt er z. t. verderbte specialnamen auf; aber der damalige wohnsitz der Angeln wird dadurch nicht im mindesten zweifelhaft. Schleswig wird auch durch die spätere angelsächsische tradition, wie wir sehen werden, unzweideutig als heimat des volkes anerkannt. für einen teil von Schleswig hat sich ja überdies der name Angeln bis auf den heutigen tag erhalten.

Später finden wir in England südlich von der linie, die durch die Stour (ags. Stúreá) und den hafen von Harwich im osten, durch die untere Severn im westen bestimmt wird, die Sachsen. nördlich von ihr und namentlich nordöstlich die Angeln angesiedelt. von den sächsischen gebieten lagen Essex und das kleine Middlesex nördlich der Themse, südlich derselben Kent, Sussex und Wessex; von den anglischen Ostangeln (Suthfolk) und Mercia südlich vom Humber bis zur oberen Themse und untern Severn. Northumberland, d. i. Deira (York) und Bernicien, nördlich davon. dieser einteilung des landes entspricht auch die verteilung der dialecte und sicher ist demnach die eroberung des landes und die verbreitung der germanischen bevölkerung hauptsächlich von zwei seiten her erfolgt; aber man kann nicht einfach sagen, die Angeln seien von Schleswig, die Sachsen von Holstein aus nach England hinübergesiedelt, die ersten direct in den nördlichen, die zweiten direct in den südlichen teil des landes. schon bei Ptolemaeus ist Σάξονες ein collectivname, und als die seezüge der Germanen an der Nordsee seit dem ende des dritten jhs. beginnen und Gallien und Britannien bedrohen, da heissen die Seegermanen bei den Römern insgemein immer Saxones. der name der Angeln taucht erst wieder in England auf und das erste mal, wo sie wieder genannt werden (um das jahr 540?), bei Procop, dessen nachrichten wahrscheinlich aus dem munde gallischer provincialen stammen (BG. 4. 20), da heissen die neben ihnen und den Briten in Britannien ansässigen Germanen nicht Sachsen, sondern Φρίσσονες, und das ist begreiflich; denn es ist gewis dass die englischen Sachsen ihrer ab- und herkunft nach den Friesen näher stehen als den Niedersachsen in Norddeutschland.

Welchen verlauf die eroberung und besiedelung Britanniens
durch die Angeln und Sachsen genommen hat, lässt sich im
einzelnen nicht mehr genau feststellen. es fehlen alle zusammen-
hängenden nachrichten darüber. unsere einzigen quellen sind
1) die wenigen abgerissenen bemerkungen aus dem altertume,
2) einzelne britische schriftsteller, wie Gildas aus dem sechsten
jh. (Liber querolus) und Nennius (Historia Britonum) wahrscheinlich aus der zweiten hälfte des neunten, und wallisische lieder,
3) die stammtafeln der angelsächsischen könige, die ältesten einheimischen geschichtsquellen des volkes (vgl. Grimm Mythol. anhang
und Lappenberg Gesch. v. England I), die zwar äusserst dürftig,
aber doch sehr wichtig und von den historikern keineswegs aus-
gebeutet sind. sie sind für uns noch von ganz besonderer bedeutung, weil sie den vorrat und bestand der heimischen angelsächsischen tradition übersehen lassen; denn das ist gerade das,
worauf es uns hier ankommt.

Im jahre 404. wo Alarich Rom bedrohte, verliessen die Römer
Britannien und bis etwa 411 hatten sie die provinz völlig aufge-
geben. ohne innern halt und der waffen entwöhnt, war die britische bevölkerung den angriffen ihrer räuberischen stammesgenossen,
der Picten und Scoten, und denen der Germanen preisgegeben.
nach der britischen, nicht eigentlich angelsächsischen tradition
haben zuerst die Sachsen festen fuss auf britischem boden gefasst
und zwar zunächst auf der kleinen insel Thanet an der ostspitze
von Kent, die jetzt landfest ist. dem Hengest und Horsa soll die
insel von einem britischen könige, Vortigern, abgetreten worden
sein mit der verpflichtung das land zu verteidigen. sie verstärkten
sich dann aus ihrer heimat her und endlich mächtig genug, be-
mächtigten sie sich des landes und errichteten ein eigenes königtum. ein gleichzeitiger römischer chronist, Tiro (Zeuss 492), setzt
den zeitpunkt, wo das von vielen schlägen und unglücksfällen zer-
fleischte Britannien endlich ganz an die Sachsen gefallen sei, in
das jahr 441. nach unsichern ansätzen und berechnungen der
Angelsachsen selbst (Lappenberg Geschichte von England 1, 73 ff.)
fällt selbst die ankunft des Hengest erst einige jahre später. es
ist unmöglich Hengest und seinen bruder Hors oder Horsa, was
man gleichwohl versucht hat. zu mythischen personen zu machen.
die namen sind allerdings merkwürdig, aber der erstere wenigstens ist auch sonst nicht unerhört, der zweite ist mit namen wie
Hrosmuot zusammenzustellen. schon der Cosmographus Ravennas

meldet 5, 31 von der insula Britannia, 'ubi olim gens Saxonum
veniens ('ab antiqua Saxonia' ist wohl zusatz) cum principe suo
nomine Anschis* (*Anschis* bei Porcheron und Gronovius) modo
habitare videtur'. und man sollte denken dass Ädelberht, der erste
christliche könig von Kent, der nach Beda 2, 5 von 560 bis 616 regierte
und dessen gemahlin eine fränkische princessin von jenseits des
Kanals war, doch noch den namen seines ururgrossvaters gewusst
haben werde, zumal dieser auf keinen fall gleich nach seiner ankunft gestorben sein wird; er soll sogar bis 488 gelebt haben.

So ganz unanfechtbar ist dieser letzte grund freilich nicht:
als sohn des Hengest nennt Beda 2, 5 Oeric (das ist northum-
brische schreibung für *Aeric* oder *Eoric?*), der Oisc (d. i. Äsc) zu-
benannt gewesen — die Sachsenchronik nennt ihn einfach *Esc*.
nach ihm hiefse (nach Beda) das geschlecht des Hengest Oiscingas
(d. i. *Äscingas*). die letzte mitteilung ist sehr seltsam und mag
auf späterer und falscher annahme beruhen, möglich wäre auch
dass eine directe descendenz von Hengest in dem geschlecht gar
nicht stattgefunden hätte; aber die anknüpfung der kentischen
könige, mögen sie Äscingas heissen woher sie wollen, an Hengest
ist jedenfalls sehr alt, schon aus der heidnischen zeit, und wohl
auch begründet. über Hengest hinaus führt die kentische genealogie mit drei allitterierenden namen Vihtgils, Vitta und Vecta
(= *Vehta*) schon auf Voden, d. h. weiter hinauf wuste man
das geschlecht schlechterdings nicht zu verfolgen. nach einer in
der nähe von Edinburgh gefundenen steininschrift (Hübner Inscrip-
tiones Britanniae christian. nr. 211), welche lautet: 'in oc tumulo
iacit Vetta f(ilius) Victi', könnte man versucht sein schon den
angeblichen sohn und enkel Vodens für historische personen zu
halten, wenn nicht der zufall oft seltsam spielte und die inschrift auch
eine andere deutung zuliesse (vgl. Hübner). ja die namen der inschrift scheinen mit demselben rechte für keltische wie für
deutsche in anspruch genommen werden zu können**. der unter der
inschrift begrabene braucht also nicht einmal ein Germane gewesen zu sein. den vater Hengests, den Vihtgils, dürfen wir vielleicht eher für historisch hinnehmen. die namen *Vitta* und *Vecto*
verhalten sich zu *Vihtgils* wie etwa ahd. *Atto* zu *Adalberht* und
Theodo zu *Theodeberht*, sind also blosse koseformen desselben. ein

---

* die entstellung des namens weist auf eine griechische aufzeichnung als
quelle (Anschis aus Ἄγχις).

** Über keltisch *vect* siehe Glück Keltische namen bei Caesar s. 88 ff.

abbas Vitta kommt in einer urkunde vom jahre 704, ein abbas
Vecta in einer vom jahre 706 vor. Kemble cod. diplom. nr. 50 und
58; in nr. 56 und 58 stehen sogar Vecta und Vada als zeugen,
wie im Vidsid v. 22 Vitta als könig der Svaefen und Vada als der
der Hälsinge, neben einander, indess die urkunden nr. 56 und 58
sind unecht und das zusammentreffen zufällig.

Zunächst nach der gründung des kentischen königreiches soll,
nach der Sachsenchronik im jahre 477, Älle mit seinen drei
söhnen die kleine landschaft Sussex unterhalb des Andredeswaldes
an der südküste neben Kent in der gegend von Brighton besetzt
haben. 491 soll die alte römische feste Andredesceaster in ihre
hand gefallen sein. eine genealogie aber fehlt aus Sussex.

Im jahre 494 soll dann Cerdic (oder Certic) mit seinem sohne
Cynric nach England gekommen sein. auch er soll, wie Hengest
und Älle, noch 40 jahre lang in England gelebt und in fortwäh-
renden kämpfen, durch manchen zuzug verstärkt, Wessex erobert
haben. bis zur untern Severn soll schon unter ihm das reich
ausgedehnt worden sein. sein name, den auch ein britischer
könig zu anfang des siebenten jhs. (Lappenberg 1, 145) trägt, ist
entschieden undeutsch. nach Nennius Hist. Brit. c. 37 (MB. 1,
65) wäre Certic gleich interpres (vgl. Gr. celt.² s. 874); vgl. auch
Ceredigiawn -- Cardigan im westlichen Wales. der name beweist
dass mindestens der vater des Cerdic schon mit Kelten in berührung gekommen ist. wenn ferner ein späterer zuzügler vom jahre
501, von dem Portsmouth benannt sein soll, den undeutschen
namen Port führt, so deutet das auf verkehr mit Romanen. eine
berührung dieser Germanen mit Kelten und Romanen kann nur
auf der andern seite des Kanales, im nördlichen Gallien, stattgefunden haben; hier sitzen noch im sechsten jh. und später in der
gegend von Bayeux die Saxones Bajocassini und besonders im
fünften jh. hatten sich hier die Sachsen an der Loire festgesetzt
(Zeuss s. 385 f.). die eroberer von Wessex sind also wohl über den
Kanal nach England gekommen, ein feststehendes ereignis aus den
kämpfen mit den Sachsen ist, wie es scheint, ihre grosse niederlage am mons Badonicus (d. i. wahrscheinlich nicht Bath, sondern
der berg Badon südlich der mittleren Themse in Berkshire) a. 516
(Gildas cap. 26: Lappenberg 1. 104). drei jahre später sollen sie
bei Cerdicesford etwas südlich von Salisbury einen hauptsieg
über die Briten errungen haben, infolge dessen Cerdic und Cynric
den königstitel annahmen. diese schlacht wurde später als ent-

scheidend für die ganze übersiedelung angesehen (Heinrich von
Huntingdon Mon. hist. Brit. 1, 712: Lappenberg 1, 115). das geschlecht des Cerdic setzte sich in mehreren verzweigungen fort
bis auf Alfred den grossen und weiter (die stammtafel mit belegen
s. bei Lappenberg 1, hauptsächlich nach Florentius und der
Sachsenchronik). der erste christliche könig aus diesem hause war
Cynegils. der 635 die taufe empfing. in den namen der abkömmlinge des Cerdic zeigt sich auch in den ältesten gliedern kein reflex
der vorhergehenden genealogie, keine zurückdeutung auf die
paarweise stabreimenden namen der acht ahnen des geschlechts, die
die alte stammtafel zu nennen weiss. daraus ist wohl zu entnehmen
dass Cerdic selbst ein emporkömmling war, der gar kein altes geschlecht aufzuweisen hatte, und dass ihm die vornehme abkunft
erst nachträglich angedichtet ist. über ihn hinaus gerät die genealogie auch, wie es scheint, sofort in den mythus. auf Voden
folgen Bäldäg und Brand, Freodogar und Freavine, Vig und
Gevis, Esla und Elesa. Bäldäg und Brand folgen auch in der
bernicischen genealogie unmittelbar auf Voden als sohn und enkel,
sie stammen also ohne zweifel aus der mythologie. Grimm Mythologie anhang XI erinnerte bei ihnen an den lichtgott Balder
und die vermutung dass beide blosse doppelgänger dieses gottes
seien findet einen anhalt darin dass der angelsächsische chronist
Ethelwerd (Mon. hist. Brit. 1, 512) statt des namens *Bäldäg* geradezu *Balder* aufweist. die folgenden beiden Fridogar und Freavine vergleichen sich den dänischen Fridleif und Frodi (vgl. *Freys
einr*). der sohn des Freavine heisst Vig*, der sohn des Vig
Gevis. der letztere ist der eponymus des ganzen volkes: denn die
Westsachsen nannten sich in England Gevisse d. h. 'socii' (vgl. got.
gaviss 'verbindung', *usviss* 'ungebunden, eitel' und *vidan* 'binden').
der vater dieser verbündeten heisst dann ganz passend Vig (d. i.
'kampf'); denn kampf war jedesfalls der zweck, zu dem sie sich
verbündet hatten. auch die namen von Cerdics grossvater und
vater sind schwerlich historisch: der des ersteren, Esla, ist identisch mit dem eines gotischen urkönigs Ansila (vgl. got. *ans*, altn.
áss), den des letzteren, Elesa oder Elsa, trägt im Vidsid v. 117 ein
neben Eadvine gestellter held Ermenrichs und setzt das noch im

---

* Frovinus und Vigo sind bei Saxo und in dänischen königslisten die namen
eines schleswigschen häuptlings und seines einen sohnes, vgl. s. 162ff. und
PEMüller Kritisk undersögelse s. 50.

dreizehnten jh. in der deutschen heldensage fortlebende geschlecht
der Hisunge voraus.

Noch ein viertes eigenes kleines reich bestand im süden der
Themse in Suthrige (= Surrey, vgl. Lappenberg I, stammtafel von
Essex), doch über seine bildung fehlt die tradition.

Später als die reiche südlich der Themse, an denen entlang
noch im elften jh. der seeweg nach England führte, sollen Essex,
die landschaft oberhalb der Themsemündung, und Middlesex gegründet worden sein. in Essex hat nach Florentius und Heinrich
von Huntingdon (Mon. hist. Brit. 1, 629. 712) ein Äscvin (oder
Erchenvin), der sohn eines Offa, das königtum 527 errichtet und
eine dynastie begründet. sein enkel Sæbyrht nahm 604 das
christentum an und seine nachkommen lassen sich bis zu dem Offa.
der 709 abdankte und als mönch in Rom starb, und über ihn
hinaus verfolgen (vgl. Florentius Mon. hist. Brit. s. 629 und Lappenberg I. stammtafel von Essex). für die namengebung der späteren
glieder dieser dynastie ist zwar die namenreihe, die den begründer mit Voden verknüpft, durchaus massgebend gewesen, was bei
den bisher besprochenen dynastien gar nicht der fall war; aber
diese namenreihe, die mit dem sächsischen kriegsgotte Seaxneat
beginnt, ist trotzdem, wie schon erwähnt, nichts weiter als eine
ganz mythisch-dichterische genealogie, die in ihren einzelnen
gliedern, Geseeg, Andseeg, Sveppa (bei Florentius *Swæppa*, unter
der descendenz Svæfred), Sigefugel, Hedca und Bedeca, die verschiedenen momente einer schlacht personificiert und als nachkommen des kriegsgottes darstellt. die zurückbeziehung der spätern
namen auf diese genealogie beweist jedoch dass sie sehr alt ist
und wenigstens seit Äscvins sohne Sledda anerkannt war. schon
zur zeit des Sæbyrht hatte sich die dynastie auch der herschaft
über Middlesex d. h. London und dessen nächste umgebung bemächtigt, über dessen occupation sich merkwürdiger weise keine
kunde erhalten hat.

Später als alle sächsischen reiche sollen die anglischen reiche
gegründet worden sein. diese angabe kann sich aber nur auf das
emporkommen der anglischen dynastien beziehen; denn es fehlt
nicht an spuren, die auf ältere germanische niederlassungen in
anglischem gebiete deuten. nach Nennius § 38 (MB. 1, 66), also
nach keltischer tradition, soll schon Hengest seinen sohn (enkel)
Octa und seinen neffen Ebisa (auch Ebusa oder Abisa) zur verteidigung des Pictenwalles im norden herbeigerufen haben und diese

sollen dann im norden und nordosten von Schottland mehrere
landschaften in besitz genommen haben (Lappenberg 1, 120); auch
soll schon im jahre 500 Eboracum (d. i. York) in Deira von den
Sachsen erobert worden sein und vollends entscheidet dass Procop BG. 4, 20 schon Angeln und Friesen in grosser stärke in
Britannien kennt. er berichtet dass von dort im jahre 540 eine
anglische königstochter mit hunderttausend streitbaren männern in
vierhundert schiffen nach der Rheinmündung herübergekommen
sei um den schimpf zu rächen, den ihr der könig der Warnen
(Thüringe) Radiger dadurch angetan dass er ihre hand verschmäht,
das verlöbnis gebrochen hatte.

Procop, der 562 starb, schöpfte unläugbar aus fränkisch-
gallischen berichten, die schon sagenhaft gestaltet waren. er
weiss sonst nicht viel merkwürdiges über die Angeln zu berichten;
nur von ihrer seetüchtigkeit und fertigkeit im reiten spricht er.
doch geht auf alle fälle das aus seinen angaben hervor dass sie
in der ersten hälfte des sechsten jhs. schon sehr zahlreich in
England waren. allein auch das älteste anglische königshaus lässt
sich nicht soweit zurückverfolgen.

Am höchsten hinauf reicht noch das königsgeschlecht von
Bernicia d. h. dem nördlichsten uferstrich zwischen den beiden
alten Römerwällen oder zwischen dem Firth of Forth und dem
Tyne, von Edinburgh bis Newcastle am Tyne und wohl noch etwas
südlicher bis zum Tees. Ida, der 547 könig geworden, soll das
königsgeschlecht begründet haben. bis dahin soll nach einer notiz
zweifelhafter herkunft das land von neun kentischen lehnsleuten
beherscht worden sein (Lappenberg 1, 121). der stammbaum ist
erhalten in zwei jüngeren handschriften der Sachsenchronik, B
und C (aus dem zehnten und elften jh.) zum jahre 547, bei Nennius § 57 und doppelt bei Florentius, in seiner chronik selbst
und in der angehängten prosapia regum. nach der Sachsenchronik
beginnt er, wie der wessexische, mit Voden, Bäldäg und Brand,
dann folgen die seltsam fremdartig klingenden namen Benoc (so! und
so auch Florentius in der chronik Mon. hist. Brit. 1, 525) und
Aloc, darauf Angenvit, Ingvi, Esa, Eoppa, Ida; von ihnen erinnert
Ingvi an den stammvater der Ingvæones, Esa an Esla von Wessex.
dagegen nennt Florentius († 1118) in der prosapia (MB. 1, 631)
nach Brand die namen Beorn und Beornd. Wægbrand und Inge-
brand, Alusa (oder Elusa), Angengeat, Ingengeat (oder nach einer
hs. umgekehrt: Ingengeat, Angengeat), Æthelbryht, Oesa (nordhum-

brische schreibung) und Eoppa, es gehen also nicht acht, sondern
zwölf nachkommen Vodens dem Ida vorauf. Alusa (Elusa) erinnert an den wessexischen Elesa und überhaupt ist alter mythus
und alte poesie in dieser namenreihe unverkennbar; nur wird das
alter derselben dadurch verdächtig dass die namen Beorn und
Beornd auf den landesnamen Bernicia zu deuten scheinen, ja statt
Beorn und Beornd hat Nennius § 57 (MB. 1, 74), der sonst im
wesentlichen mit Florentius übereinstimmt, *Beornec*, was geradezu
'einwohner von Bernicia' heisst (Nennius: Woden, Beldeg, Beornec, Gechbrond, Aluson, Inguec. Ædibrith, Ossa, Eobba, Ida). in
den namen der späteren glieder des geschlechts (s. Lappenberg I.
stammt.) gehen die zurückdeutungen auf die vorfahren über Äthel-
byrht und Esa nicht hinaus; Äthel- und namentlich Os- begegnen
mehrfach als erste compositionsglieder.

In Deira, dem südlichen teile von Northumbrien, zwischen
Tyne oder Tees und Humber, soll 560 Älle, der sohn des Yffe,
könig geworden sein. die genealogie der Sachsenchronik B und C
zählt zwischen Voden und Yffe neun glieder, die des Florentius,
in der chronik (s. 525) wie in der prosapia (s. 631), elf, die entweder
paarweise oder zu je drei alliterieren. der vater des Yffe heisst
in der Sachsenchronik Usefrea oder Uxfrea, bei Florentius mehr
angelsächsisch Wuscfrea oder Wyscfrea, er alliteriert also mit dem
ihm voraufgehenden Wilgels (oder Wilgisl) und dessen vater
Westerfalca (so!). *Vuscfreá* ('Wunschfrô, wunschherr') erinnert an
Odins beinamen Oski und nordische zusammensetzungen mit *Ósk-*,
die andeuten dass das durch das wort bezeichnete zu Odin in beziehung steht, vgl. *óskmeyjar, óskmegir, óskríf, óskasynir*. der
name, der später für einen enkel des Älle noch einmal vorkommt
(† c. 635, vgl. Lappenberg I, stammt.), ist höchst merkwürdig, weil
er als compositum auf -*freá* wohl einzig dasteht. er ist ursprünglich ohne zweifel rein mythologisch und auch der angebliche grossvater des Älle ist daher vielleicht schon eine mythische person.
der name seines vaters ist mit Vuscfrea ziemlich gleichbedeutend:
Vilgils heisst wörtlich 'optatum pignus', das will sagen 'optatus
puer'. *Vesterfalca* (wofür bei Florentius *Westorwalena*, bei Grimm
entstellt *Vesterfalena*) klingt fast zu sehr an *Westfalah* an als
dass man wegen sprachlicher schwierigkeit den zusammenhang
beider worte entschieden läugnen möchte. bestände der zusammenhang, so wäre der angelsächsische name von hohem interesse; in Deutschland werden 'Westfalen' erst im achten jh.

genannt. dem Vesterfalca gehen bei Florentius voraus Seomel,
Suearta, Sæfugol, bei Nennius § 61 anders geordnet und entstellt
Zegulf (statt *Sæfugel*). *Soemil*, *Sguerthing*: in der Chron. statt
dessen mit auslassung der beiden ersten nur Sæfugel. Lappenberg
1, 120 überschätzt jedenfalls die aufzeichnung des Nennius. Grimm
Mythologie anhang IX würdigt sie richtig. dass Soemil zuerst Deira und Bernicia getrennt haben soll, ist eine ganz unver-
ständliche angabe des Nennius: sie lässt sich wenigstens mit der
sonstigen tradition nicht vereinbaren. der seltsame name *Seomel*
(oder *Soemil*) könnte, wenn nicht ein compositum dahinter steckt,
mit ags: *seomjan* ('liegen, gebunden liegen, vor anker liegen')
zusammenhangen. *Searta* und *Sguerthing* lassen es möglich erscheinen dass auch die sächsischen *Suertinge*, die in die dänische
sage von Frothi und Ingjald verwickelt sind (vgl. s. 42f.), aus sehr
alter überlieferung stammen. Sæfugel ist jedenfalls, wie Sigefugel
in der essexischen genealogie, eine ganz mythische benennung und
vermutlich mit seinem vorgänger Sæbald zu paaren, wenn sich auch
die bedeutung des mythus nicht mehr erkennen lässt. es folgen
danach in aufsteigender linie in der Sachsenchronik und bei Florentius ausser *Woden* noch *Sigegeat*, *Swebdäg* (oder *Swæbdäg*?),
Sigeuar, *Wægdäg* (oder *Vægdäg*?), die abwechselnd correspon-
dieren, der erste mit dem dritten, der zweite mit dem vierten,
und alle auf den sieggott und Geat (den nordischen *Sæfnir*) d. h. auf
Voden hinweisen, zu dem sich Vægdäg ebenso verhält wie Bäldäg in den genealogien von Wessex und Bernicia; Nennius hat
sogar hinter Voden geradezu Beldeg und Brond an stelle des
Vægdäg, doch ist Nennius für die genealogie von Deira überhaupt
nicht zuverlässig, da bei ihm gänzlich die namen Svebdäg,
Sigegeat und Vesterfalca fehlen. die poetische gliederung dieser
geschlechtstafel tritt in der überlieferung des Florentius noch
deutlich zu tage und sicherlich ist uns in den vorfahren des Älle
ein stück angelsächsischer dichtung erhalten. nicht angelsächsischer
geschichte.

Zehn bis funfzehn jahre später als Deira, also etwa 571/75,
soll Ostangeln d. h. das land zwischen Wash und Stour (Norfolk
und Suffolk)* seinen ersten könig erhalten haben. der name desselben, *Vuffa* (so!), nach welchem das historische königsgeschlecht
Vuffingas hiess (Beda 2, 15). ist wie ahd. *Woffo* ein hypocoristi-

---

* [Müllenhoff wollte hier auch etwas über die Gyrwas bemerken, was, vermag ich nicht mit sicherheit zu sagen. L.]

cum von einem mit *Vulf-* beginnenden namen. an Voden ist die stammtafel angeknüpft durch einen Casera, d. i. etwa 'Caesario'; jedoch welche beziehung zum römischen kaiser (ags. *cásere: 'Cisere reald Creácum'*. Vids.) damit ausgedrückt sein soll, muss dahingestellt bleiben. die mittelglieder zwischen Casera und Vuffa sind nur bei Florentius (Mon. hist. Brit. 1, 628) und bei Nennius § 59 (MB. 1, 74), hier aber entstellter, überliefert. sie allitterieren paarweise: Tytmon, Trygils, Hrothmund, Hryp (Hripa?), Wilhelm (so, nicht Quichelm ist des stabreimes (Wehha) wegen zu lesen), Wevva (oder Wehha). der letzte heisst auch bei Nennius *Guecha* und er, nicht Vuffa, hat nach Nennius zuerst über die Ostangeln in Britannien geherscht. der sohn des Vuffa heisst bei Beda 2, 15 *Tytili*, bei Florentius *Tytla* (Nennius *Tidil*), der name weist also entschieden zurück auf Tytmon; bei den namen der späteren könige kommen aber keine zurückdeutungen mehr vor. auch diese genealogie trägt unläugbar einen ganz poetischen charakter, wenn uns auch die namen grossenteils unverständlich sind. ob sie aber rein fingiert und gleich mit dem emporkommen der dynastie des Vuffa zurechtgemacht, oder erst späteren datums und teilweise historisch ist, wage ich nicht zu entscheiden.

Einen anglischen stammbaum, der nur bei Florentius überliefert ist, und zwar als genealogia Lindisfarorum, hat Grimm Mythologie anhang XI nach der kleinen insel *Lindisfarena eú* bei Berwick ganz im norden von Northumberland verlegt. aber auf dieser insel bestand von altersher nur ein berühmtes kloster (daher der jetzige name 'Holy Island') und keine dynastie, der jener stammbaum angehören könnte. dieser ist also sicher einer anderen gegend zuzuweisen. der name der bewohner jener insel, *Lindisfaran*, latinisiert *Lindisfari*, wird nun öfter, z. b. Florentius z. j. 655 und auch Kemble Saxons 1, 81, gebraucht um die einwohner der kleinen küstenlandschaft Lindisse (oder *Lindissi* d. i. *Lindisíg* = Lindsey) zwischen dem Wash und Humber mit der hauptstadt Lincoln (Lindum colonia) zu bezeichnen. *Lindisfaran* ist also mit *Lindisvare* (oder allenfalls sogar schwach flectiertem *Lindisvaran*) verwechselt; denn *Lindisvare* müssen nach analogie von *Centvare* ('Cantuarii'), *Rómvare* ('Romani'), Bajuvarii, Angrivarii usw. die bewohner von Lindisse geheissen haben und haben sie auch geheissen, wie Kemble und Lappenberg angeben und die chronik a. 678 beweist. die genealogia, Lindisfarorum' des Florentius gehört also dem herscherhause von Lindisse zu. in der genealogie kommt freilich

ein Biscop vor, aber dieser ist, wie Grimm schon gezeigt hat, eine
historische person aus der ersten hälfte des siebenten jhs. ebenso
ist sein vater Baduca, der bei Florentius Beda heisst, historisch
und, da er mit den beiden allitteriert, darf man wohl auch Bubba
ohne bedenken dafür ansehen. nach Biscop, Beda, Bubba kommen
drei mit C anlautende namen Ceadbed (*Caedbaed* geschrieben),
Queldgils (= abendsohn?), Cretta, dann Vinta, Voden. Ceadbed ist
ein entschieden undeutscher, britisch-keltischer name, also auch der
vater des Bubba mag noch historisch sein. Cretta und Vinta sind
deutlich verkürzte namen und sehen trotz ihrer göttlichen abkunft
sehr wenig poetisch oder mythisch aus. die genealogie von Lindisse ist die allerdürftigste; die ganze dynastie ist niemals zu besonderer bedeutung gelangt. hauptsächlich über diese kleine
küstenlandschaft aber müssen die Angeln südwestwärts am Trent
hinauf nicht nur in das zunächst dahinter liegende eigentliche
Mercien und weiterhin nach Mittelangeln (um Derby), sondern allmählich auch noch weiter zu beiden seiten der Severn vorgedrungen sein, an deren ufern später die Hviccas — links vom
fluss um Worcester und Gloucester — und die Mægsæten und
Hecan — rechts um Hereford (Kemble Saxons 1, 80; Lappenberg
1, 115) — sassen; alle diese landschaften zusammen bilden das
mächtige reich Mercien (*Myrcna rice*). man muss sich das vordringen der Angeln in diese gegenden als eine eroberung denken,
bei der die masse der alten britischen einwohnerschaft, die nach
dem abzuge der Römer in sich keinen festen anhalt wiederfinden
konnte, in das verhältnis von hörigen und untertanen geriet und
dann allmählich germanisiert wurde; die eroberung und besetzung
des ganzen gebietes wird nicht auf einen schlag und, wie früh
sie auch begonnen hat, unläugbar später erfolgt sein als die
der küstenlandschaften im osten und süden: das mercische königtum ist das jüngste von allen, das mercische herscherhaus ist zu
allerletzt emporgekommen.

Der erste mercische könig von bedeutung war der gewaltige,
energische ('strenuissimus') Penda, der erst als fünfzigjähriger 626
zum könige von Mercien sich aufschwang, indem er, gestützt auf
einen britischen fürsten Ceadvalla in Nordwales, seine unabhängigkeit
von dem grossen friedensfürsten Eadvine von Nordhumbrien, dem
erbauer von Edinburgh, erkämpfte (Lappenberg 1, 150 f.). bis 655
machte er sich dann als letzter starker hort des anglischen heiden-
tumes allen übrigen angelsächsischen reichen ringsum furchtbar.

er ist. da er 626 schon 50 jahre alt war, 576 geboren und war
der sohn eines Pybba (so, nicht Wybba, lautet der name Sachsen-
chr. s. 42 B C, s. 86 in allen drei texten und auch bei Florentius
s. 630, Pibba s. 528 und Pubba bei Nennius § 60). Pybba, der nach
Lappenbergs stammtafeln bis 596 gelebt haben soll (Henr. Hunt. MB
1, 714), war der sohn des Creoda (Chron. s. 42 u. 86, Florentius
s. 630; dagegen Crida gleich *Crŷda* Flor. s. 528). nach Lappenberg
(1, 116 und stammtaf.) soll dieser Creoda der erste könig der Mercier
gewesen sein und von 585 bis 593 regiert haben. aber diese ansätze sind höchst unsicher: sie stützen sich nur auf eine notiz in
den älteren angaben des Florentius, die aber in keiner hs. steht
und erst durch eine bemerkung des Heinrich von Huntingdon
— eine blosse vermutung, wie er selbst eingesteht: 'Regnum
Merce . . . . Crida, ut ex scriptis conjicere possumus, primus obti-
nuit' (s. 714) — veranlasst wurde, und auf eine notiz der Sachsenchronik zum jahre 593, die meldet dass ein Crida zugleich mit
den beiden Westsachsen Ceaulin und Cuichelm umgekommen sei.
ob dieser Crida aber der Creoda der mercischen stammtafel oder
überhaupt nur ein Mercier war, ist durchaus unsicher. derselbe
name kommt auch in der wessexischen stammtafel für den zweiten
sohn des Cerdic vor, dessen älterer sohn und enkel (sohn des
Creoda) einen ähnlichen namen — Cynric — tragen wie der vater
des mercischen Creoda, Cynevald. woher diese namensverwandt-
schaft kommt, ist nicht abzusehen; vielleicht wurde sie ursprünglich durch alte heldensage veranlasst, vielleicht wie die namens-
verwandtschaft der späteren glieder beider geschlechter durch
verschwägerung beider häuser. dass schon Creoda und Pybba über
einen kleinen teil von Mercien geherscht haben, ist durchaus
nicht unwahrscheinlich; und insofern konnte Beda 2, 20 wohl mit
recht von Penda sagen, er sei 'de regio genere Merciorum' gewesen. mit demselben recht wie er auch Ceorl, den schwiegervater
des Eadvine, einen 'rex Merciorum' nennt (Beda 2, 14). wie es
sich aber auch mit der vorgeschichte des herschergeschlechts verhalten mag. daran ist nicht zu zweifeln dass es das jüngste von
allen und das von ihm beherschte gebiet im inneren des landes am
spätesten occupiert worden ist. trotzdem aber reicht allem anscheine
nach kein geschlecht weiter und tiefer in die geschichte des anglischen volkes zurück als gerade dieses: die mercische genealogie
unterscheidet sich wesentlich von allen übrigen durch ihren bedeutenden historischen. wenn auch sagenmässig umgestalteten gehalt.

Die Sachsenchronik s. 42 und 86 führt das geschlecht Pendas durch 10 vorfahren auf Voden zurück: *Woden, Wihtlæg, Wermund, Offa, Angelþeow, Eomær, Icel, Cnebba, Cynewald, Creoda, Pybba*. die allitteration ergiebt die gruppen, in die die reihe zerfällt. wesentlich eben so verzeichnet sie der chronist Ethelwerd (c. 1000) 2, 19 (MB. 1, 508), der jüngere Florentius (s. 528. 630) weicht von der Sachsenchronik durch die namensformen *Weremund* (*Wermund*) und *Angengeat* ab und weist ausserdem zwischen *Woden* und *Wightleag* zwei in den beiden anderen quellen gar nicht vorhandene namen auf: *Wothelgeat* und *Waga*, und da der älteste zeuge, Nennius § 60, der übrigens ebenfalls nicht *Angeltheor*, sondern *Ongen* schreibt, damit übereinstimmt — er nennt als Vodens sohn und enkel *Guedolgeat* und *Gueagon* —, so muss man wohl annehmen dass die chronik sie übersprungen hat. die unmittelbare anknüpfung des Vihtläg an Voden ist überhaupt wenig passend; denn Vihtläg scheint bereits eine historische person zu sein. dagegen ist an der mythischen bedeutung der namen Vothelgeat und Vaga gar nicht zu zweifeln. JGrimm hat Haupts zs. 1, 577 unter den bauernamen der spätern (unechten) Neidhartslieder den namen *Getel-* und häufiger *Wüetelgôz* nachgewiesen, der, wie seine nebenform *wuotegôz*, auch als appellativ gebraucht wird in dem sinne von 'wütender, stürmischer, leidenschaftlicher mensch' ('ein *wütegôz unreiner*', vgl. Haupt zu Neidh. 19, 6; Mhd. wb. 1, 542: 3. 557 und Lexer 3. 983). dieser name scheint von vorne herein identisch mit *Wothelgeat*: doch sollte er, ins angelsächsische übertragen, eigentlich *Vôdelgeát* oder *Vôdelgeát*, nicht *Vôthelgeát*, lauten und Grimm verlangte danach in unserer genealogie *Vôdelgeát*. eine feste stütze würde das überlieferte *Wothelgeát* (mit *th*) in den genau entsprechenden althochdeutschen *Wodilbert, Wodilbald, Wodalgart* usw. (Förstemann 1, 1333) finden, wenn diese wirklich als *Wuodalberht* usw. aufzufassen und nicht etwa nur für *Uodalberht* usw. verschrieben oder verlesen sind. indessen ist das verhältnis mhd. *t*: ahd. *d*: germ. *đ* ja nicht unerhört (Haupts zs. 10. 161), vgl. z. b. mhd. *Botelung*, ahd. *Podal*, (altn. *buðlungr*). auf jeden fall zweifele ich nicht an der identität der namen, und es liesse sich das wort nicht nur so verstehen, wie es im mhd. verstanden und angewendet wurde, sondern auch so wie Grimm Myth. 120 und Schmeller 4. 202 (2², 1057) meinen, nach denen es auch einen fruchtbaren ahnen und erzeuger oder auch einen üppigen triebfähigen sprössling bezeichnen kann. in beiden fällen liesse sich Vaga (vgl. *wagôu*, ags. *wagjan* 'sich bewegen') sehr wohl in zusammenhang mit ihm denken.

Mit dem namen Vihtläg, scheint, wie schon erwähnt, die historische erinnerung einzusetzen. in den meisten aufzeichnungen der dänischen königslisten beginnt die zwischen die Halfdaninge und die Headobearden eingeschobene. bereits als jütisch-anglisch bezeichnete gruppe mit dem namen Viglet (Vithlefi oder Wiklek, Wiglath, Vinglet oder dgl.) und an der identität dieses mit dem mercischen Vihtläg lässt sich nicht zweifeln. da auf ihn in den dänischen listen und der mercischen genealogie dieselben namen, Vermund und Offa (Uffo), folgen. die altn. listen kennen nur den Vermundr (*Vermundr hinn ritri, Vëmundr*). als seinen vater nennen sie einen Frodi. als seinen sohn statt Uffi (ags. Offa) *Ólafr hinn lítilláti* (gegensatz: (*Danr hinn*) *mikilláti* oder *störláti*) und auch Saxo hat diesen namen in gewissen aufzeichnungen genannt gefunden und sagt daher s. 174. Uffo werde von manchen Olavus genannt ('atque ... Mansueti cognomine donatus'). woher diese verschiedenheit kommt, kann hier nicht entschieden werden. die einfachste erklärung wäre wohl dass man *Uffi* für eine verkürzung des namens *Ólafr* gehalten hätte; möglich aber ist auch dass Olaf durch verschiebung an diese stelle geraten; ein Olaf kommt nemlich in den dänischen verzeichnissen als sohn des Ingeld vor. die anknüpfung der drei könige an die vorhergehende reihe ist durchaus unsicher. die altnordischen listen kennen Viglek, wie gesagt. gar nicht und auch Sven Ágesen nennt statt seiner einen Frothi h. frokni als vater des Wermundus prudens und macht diesen zu einem sohn des Rokil Slaghenback; als den sohn eben dieses Rorik (altn. *Hrórekr Sløngvanbaugi*) aber bezeichnen die dänischen listen *a*, *c*, *d* und *e* den Viglek (Vithlefi usw.), während er nach *b* der *mäg* ('schwiegervater', 'schwager' oder 'schwiegersohn') des Rodrik (wenn nicht gar des Ambluthe[*] oder Hamlet) gewesen sein soll; Saxo lässt (s. 160) ihn plötzlich, ohne zu sagen, woher er stammt, als könig auf Röricus folgen und spricht sich auch über sein verhältnis zu Amleths mutter so rätselhaft aus dass PEMüller meint, die stelle sei verderbt.

Aber damit noch nicht genug: zwei an Vermund, Viglets sohn, geknüpfte erzählungen bei Saxo, von denen die eine auch von

---

[*] [die letztere auffassung ist doch wohl nicht gut möglich; vgl. den absatz derselben liste über Rolf. *hans* geht in beiden fällen auf den könig. L.]

Sven Agesen, *b* und *j* berichtet wird, vermehren die verwirrung
noch bedeutend. die eine ist die kurze, aber schöne altertümliche
erzählung (s. 163 f.) von dem Folco, der dem könige Vermund zu
Jellinge auf Jütland den einfall des Schweden Athislus meldet
und, für die botschaft mit einem goldenen becher belohnt, in der
freude verheisst, er werde das geschenk mit einem trunke seines
eigenen blutes vergelten, ehe er wieder zu dem könig zurückkehre.
die andere erzählung handelt von den beiden söhnen des häuptlings Frovin von Schleswig. Keto und Vigo (*b: Göte or Vihi*
[= *Vigi*, das im norden nur als hundename vorkommt nach Cleasby-
Vigfusson], *Fröthvins synir*), die, zwei gegen einen kämpfend, den
tod ihres **vaters** an dem **könige Athisl** (*b: Atisl*) rächen. beide
erzählungen setzen Wermund in die zeit Athisls, des zeitgenossen
der Halfdaninge, namentlich des Rolf, wodurch sich die unge-
heuerlichsten verwandtschaftsverhältnisse ergeben. Saxo hält
freilich diesen Athislus für eine andere person als den stiefvater
des Rolf, aber ganz gewis ist das ein irrtum; Sven giebt überhaupt keine namen für den Schwedenkönig und seine mörder.
diese schwankungen und widersprüche beweisen ohne zweifel dass
Viglek, Vermund und **Uffi** alle drei erst nachträglich und verhältnismässig spät in die liste der dänischen könige hinein-
geschoben sind. man könnte nun geneigt sein der darstellung
der volkssage, in der die drei ältesten königsgeschlechter der
dänischen stammtafeln, die Halfdaninge, Vigletinge und die heado-
'beardische königsreihe, als gleichzeitig neben einander regierend
gedacht sind, eine tiefere bedeutung und besonderen historischen
wert beizumessen: man könnte annehmen dass darin noch eine
gewisse einheimische erinnerung an eine allen dreien gemeinsame
grosse epische epoche festgehalten sei, in der die taten der ersten
und dritten reihe auf Seeland und den dänischen inseln, die der
zweiten aber in Jütland und Schleswig, der alten heimat der
Angeln, die erst später dänisch wurde, sich abspielten. es fragt
sich aber doch, **ob die altanglischen** tradititionen sich ununterbrochen auf der halbinsel fortgepflanzt und auf die Dänen vererbt
haben, oder ob sie nicht vielmehr erst nachmals, etwa im elften
jh., wo die **Dänen in England herschten**, oder auch früher, aus
der neuen heimat der Angeln, wohin diese sie mitgenommen,
wieder zurückverpflanzt sind.

Dass die **Angelsachsen** in England noch von einem alten
könig Offa, der in der früheren heimat der Angeln geherscht habe,

erzählten, sehen wir aus mehreren zeugnissen. im Vidsid heisst
es v. 35- 44: 'Offa herschte über die Angeln, Alevih über die
Dänen; dieser war damals der mutigste aller männer, aber nicht
gewann er über Offa die oberhand. Offa erkämpfte, noch fast ein
knabe (cniht resende, Beov. 535), das grösste königreich; kein
ihm ebenalter hat ein grösseres heldenwerk im kampfe vollbracht:
einzig mit dem schwerte (d. h. wohl durch zweikampf) bestimmte
er die grenze am Fifeldor gegen die Myrginge, die seitdem Angeln und Sueben behielten, wie sie Offa erkämpfte'. das Fifeldor
ist unzweifelhaft die Eider (Egidora), wie Grimm Mythologie [2] 219
nachgewiesen. das reich des Offa liegt demnach für den Vidsid
noch in Schleswig. auch im Beovulf wird Offa v. 1949 ff. erwähnt,
aber ohne dass gesagt wird, wo er geherscht habe, was jedesfalls
beweist dass Offa da, wo das lied oder diese stelle desselben
entstanden ist, und das war wohl Mercien (vgl. Haupts zs. 14, 243),
eine sehr berühmte und bekannte gestalt war. der Beovulf preist
ihn als den vortrefflichsten aller männer und fürsten der welt;
wegen seiner gaben und seiner siegreichen kämpfe sei er weithin
berühmt gewesen und mit weisheit habe er seines landes gewaltet;
von ihm sei Eomær (hs. geomor) entsprossen, der nefa ('enkel' oder
'neffe') Garmunds, der mæg des Hemming. Hemming, dessen mæg
(vermutlich 'schwager' oder 'schwiegervater', wiewohl ags. mæg
schon eine sehr unbestimmte bedeutung hat) v. 1944 auch Offa
selbst genannt wird, lässt sich sonst nicht nachweisen, die beiden
andern namen aber finden wir wieder in der genealogie von
Mercia; nur lautet der name seines vaters da noch Værmund und
Eomær ist erst der enkel Offas. der in der genealogie angeführte
sohn des Offa, Angelþeov (oder Angengeat), ist also im Beovulf
übersprungen; wenigstens ist das das wahrscheinlichste, da eher
ein ausfall als hinzudichtung eines namens anzunehmen ist.

   Mehr als von Offa selbst erzählt der Beovulf von seiner gemahlin Þryðo (der name bedeutet 'kraft, stärke' und besagt etwa
so viel wie virago, vgl. die valkyrie Þrúðr und Gerdrud Grimm
Mythologie [2] 392 ff.). sie sei, heisst es zuerst v. 1931 ff., eine überaus grausame frau gewesen. kein mann aus der umgebung des
königs, ihres gemahles, habe sie mit augen anblicken dürfen, ohne
sofort gefesselt zu werden und seine kühnheit mit dem leben
zu büssen. jedoch wurde im kreise der zechenden (ealodrincende)
auch anders erzählt. nach v. 1945—1954 soll sie wenige untaten
d. h. keine) verübt haben, nachdem sie, die hochgeborene, dem jungen

kämpen vermählt worden **und das haus des** Offa nach der **anweisung**
ihres vaters über **die** fahle flut (**das** graue meer) aufgesucht **hatte**;
sie soll vielmehr rühmlich auf dem **herscherstuhle** reich an gut (**d. h.**
an spenden, **also** freigebig) ihr **leben vollbracht** und dem **könige**
ihre hohe liebe bewahrt haben. diese zweite relation. nach der
sie als jungfrau hochmütig und grausam, **nachher aber,** nachdem
sie den rechten würdigen **gemahl** gefunden, **das** vortrefflichste
weib gewesen sei, ist ohne zweifel die richtigere, **der alten sage**
gemässe; denn sie entspricht nicht nur **andern** sagen — **wenn man**
auch die von Brünhild in unsern Nibelungen nicht zum vergleich
heranziehen darf, da deren character in der ältesten sage noch
von ganz anderer art und ihr verhalten ganz anders **motiviert**
war — sondern es erklärt sich auch aus ihr sehr leicht **die ent-**
stehung der anderen abweichenden darstellung, nemlich einfach
dadurch dass die characteränderung der frau vergessen wurde.

Einen weiteren einblick **in die sage** und ihre geschichte **er-**
halten wir auf einem eigentümlichen **umwege** durch die geschichte.
im jahre 757 **gelangte nach der vertreibung eines usurpators**
Beornred **ein namensvetter des ersten** Offa. der ururenkel eines
bruders des **Penda**, **in Mercien zur herschaft, nicht** ohne vieles
blutvergiessen. 'Offa Beornredo fugato regnum Merciorum sangui-
nolento quaesivit gladio', **sagt eine gleichzeitige** nordhumbrische (?)
notiz im **anhang zu Beda MB. 1. 289** von ihm. er nahm mit der
zeit eine solche stellung unter den englischen königen ein **wie vor**
ihm keiner: **er** brachte **alle** übrigen in abhängigkeit, drängte die
Briten ganz **ins** gebirge zurück und errichtete gegen sie wall **und**
landwehr, den '*Offan díc*', der noch heute **die** grenze von Wales
und England bildet. 'rex Merciorum **simulque** nationum in cir-
cuitu' **nennt** er sich **selbst** (Kemble cod. diplom. **nr. 139. 140.**
142 a. 780) und Karl der grosse, **der mit** ihm mehrfach. wenn
auch nicht **immer** freundlich. in berührung kam. betitelt ihn 'den
mächtigsten herscher des westens' (Lappenberg 1. 227). auch als
regent und gesetzgeber **hat er sich** verdient gemacht. aber 'wie
er sie begonnen, **so beschloss er** auch seine herschaft', sagt der
Nordhumbrier Alcuin, **der zu** ihm und seinem hause in naher beziehung stand. in einem gleichzeitigen briefe: 'nam, sicut scis
optime, quam multum sanguinis effudit pater eius ut filio regnum
confirmaret' (Opera Alcuini ed. Jaffé nr 79, s. 350). eine seiner
letzten namhaften taten — er starb am 26. juli 796 — war die
treulose enthauptung des später als heilig verehrten königs

Adelberht von Ostangeln 792 3, der gekommen war sich mit der
tochter Offas, Ädeldryd, zu vermählen. Offas II gemahlin hiess
Cynedryd d. i. 'virago regia'. sie kommt von 770 an neben
ihrem sohne Ecgfrid, der schon december 796 starb, unter urkunden vor (Kemble nr. 118) und noch 788 hat sie die urkunde nr.
152 bei Kemble mit unterzeichnet; die urkunden, nach denen sie
Offa überlebt zu haben scheint (Kemble nr. 172. 173 a. 796),
sind unecht. ihr giebt, wie es scheint, die legende schuld dass
sie den Offa zu jener untat an Ädelberht überredet habe
(Florentius zum jahre 793 s. 546). ihre herschsucht und ihren
hochfahrenden sinn glaubt Lappenberg 1, 231 auch darin zu erkennen dass sie, wie sonst keine angelsächsische königin, münzen
mit ihrem bilde habe schlagen lassen von ihrer und Offas tochter
Eadburg, die 787 (Sachsenchronik) mit dem wessexischen könige
Beorhtric vermählt wurde, erzählt Asser Gesta Ælfr. (Mon. hist.
Brit. 1, 471) dass sie, auf die liebe des königs gestützt, sofort
fast die ganze gewalt an sich gerissen und nach art ihres vaters
tyrannisch geherscht habe. jeden, den Beorhtric geliebt, habe sie
gehasst, bei ihm verklagt und um leben oder stellung gebracht
und wenn der könig ihr nicht zu willen gewesen sei, habe sie
sich des giftes bedient. so habe sie auch einmal einen beim
könig besonders beliebten jungen mann bei seite geschafft und
der könig selbst habe etwas von dem gifte abbekommen und sei
daran gestorben. da hätten die Sachsen sie nicht länger geduldet
und mit unermesslichen schätzen habe sie sich über die see zu
Karl dem grossen begeben. der habe ihr erst höhnisch freigestellt
ihm oder seinem sohn zum gemahl zu wählen und sie darauf zur
äbtissin eines grossen klosters gemacht. von da sei sie aber
ihrer unzucht wegen fortgejagt worden und schliesslich in Pavia
elendiglich als bettlerin auf der strasse gestorben. aus diesem
bilde, das man in der zweiten hälfte des neunten jhs. von der
Eadburg entwarf, kann man sich das von ihren eltern vervoll-
ständigen: das verhältnis der Cynedryd zu Offa II erscheint darnach wie ein reflex des verhältnisses der Þryðo zu ihrem gatten
Offa I. wie dies im Beovulf v. 1931 f. dargestellt ist und die
spätere zeit verquickte. veranlasst durch die zweifache namens-
gleichheit oder doch ähnlichkeit und die anderen übereinstimmungen,
die vorstellung von dem mercischen Offa derartig mit der von
dem alten Offa dass sich die alten sagen schliesslich mehr und
mehr auf die historischen personen des achten jhs. übertrugen.

das zeigt deutlich eine andere ebenfalls englische tradition. das
berühmte kloster St. Albans bei London soll von Offa I gelobt,
von Offa II gestiftet sein (s. die falschen urkunden bei Kemble
nr. 161. 162. 163. 172. 173) und in diesem kloster gab es zu
ende des zwölften jhs. zwei von einem verfasser herrührende
vitae Offae, die eine von Offa I, die andere von Offa II, die
zwischen 1195 und 1214 eben da in einer grösseren chronik benutzt worden sind (vgl. Paul u. Braune Beiträge 4, 507) und gedruckt stehen hinter dem Matthaeus Parisiensis von Watts,
London 1640. in diesen vitis wird der zweikampf des Offa zweimal, sowohl von dem älteren als von dem jüngeren Offa erzählt.
der schauplatz desselben ist aber nicht mehr die Eidergegend:
auch der ältere Offa ist nach England verpflanzt. sein vater
Varmund soll bereits über die Westangeln d. h. die Hviccas und
Mægsætan an der Severn geherscht und Warwick am Avon gegründet haben, wo Offa II bis 757 ealdorman oder subregulus
war (Kemble nr. 102 und not. ub. zu Saxo s. 138 f.). Offa, Var-
munds sohn, war nach der einen vita von seiner geburt an bis
zum siebenten jahre blind und bis zum dreissigsten stumm, obgleich gross von gestalt, und schien daher unfähig zur nachfolge.
infolge dessen verlangt einer der grossen übermütig von dem
alten könig dass er ihm das reich abtrete und sammelt, abge-
wiesen, ein grosses heer. da, als der könig die seinen zur bera-
tung berufen hat, ergreift der stumme Offa plötzlich das wort
und redet. der alte könig umgürtet ihn feierlich mit dem schwerte,
stellt ihn an die spitze eines heeres und mit diesem zieht er dem
empörer entgegen und erlegt mit eigener hand die zwei söhne
desselben. nach der anderen vita war auch Offa II in seiner
jugend stumm und blind, obendrein noch gelähmt (Lappenberg
1, 222), aber er gewinnt den gebrauch seiner glieder, sprache und
gesicht wieder, als der usurpator Beornred seine eltern verfolgt
und sein vaterland bedrückt.

Ebenso ist auch was die sage über die Prydo, die gemahlin
des älteren Offa, überliefert später an den jüngeren Offa geknüpft,
doch ist hier die geschichte nicht auch am namen des älteren
Offa haften geblieben. von diesem erzählt vielmehr seine vita
dass er einmal auf der jagd tief im walde ein wunderschönes
mädchen gefunden habe, die ihr vater habe aussetzen lassen, weil
sie seinem unnatürlichen verlangen nicht habe willfahren wollen.
Offa nimmt sie mit sich und heiratet sie und es folgt nun eine

Genovefengeschichte. man erkennt sofort dass man hier nur eine
variante des bei vielen völkern und auch in der mittelalterlichen
litteratur weitverbreiteten märchens vom mädchen ohne hände vor
sich hat (Grimm Kinder- und hausmärchen nr. 31 (mit anm.); Schles-
wig-holsteinsche sagen nr. 3 und Suchier bei Paul und Braune 4,
513 ff.). dies märchen hat ohne zweifel eine gewisse ähnlichkeit
und verwandtschaft mit der alten sage von der königin Pryðo. der
gemahlin des älteren Offa und ist deshalb in einer legendenhaften
fassung an die stelle derselben gesetzt um ein gelöbnis des königs
und damit zugleich die stiftung der klosters St. Albans einzuleiten.
die alte sage dagegen, die es verdrängt hat, finden wir ganz begreiflicher weise übertragen auf Offa II. in dessen vita sie wie
folgt erzählt wird: eine vornehme Fränkin von grosser schönheit,
aber grausamer sinnesart, eine verwandte Karls des grossen, wird
wegen eines argen verbrechens in einem steuerlosen schifflein mit
wenig nahrungsmitteln wind und wellen preisgegeben. so gelangt
sie nach langer fahrt bleich und abgehärmt — also, wie es im Beovulf
v. 1950 heisst, über die fahle flut — in das reich des Offa; sie
nennt sich Drida (also Pryðo), wird von Offa aufgenommen, ver-
pflegt und, da sie bald ihre frühere schönheit wiedergewinnt, geheiratet. nach der vermählung heisst sie Quendrida (d. h. 'königin
Drida', ist aber offenbar nur entstellt aus Cynedryd) und ausserdem
— man muss ergänzen, mit ihrem wahren namen — Petronilla,
mit ihrer schönheit gewinnt sie aber auch ihre frühere bosheit
wieder. sie zeigt sich ihrer abstammung von Karl dem grossen
gemäss hochmütig, herschsüchtig und grausam. sie ist es auch,
die Offas geliebten schwiegersohn umbringen lässt. als aber der
könig in tiefer trauer darüber drei tage lang speise und trank
von sich weist, ergreift sie die angst vor seinem zorn und um einer
schimpflichen strafe (d. h. der ertränkung im moore, vgl. Tacitus
Germania cap. 12: 'ignavos et imbelles et corpore infames caeno ac
palude iniecta insuper crate mergunt') zu entgehen, stürzt sie sich in
einen brunnen (nach Lappenberg 1, 231 hätten sie räuber in den
brunnen geworfen). hier ist also die vorstellung von der königin (d. h.
nach dem oben gesagten von der alten königin Pryðo) wiederum
die, welche der ersten schilderung des Beovulf v. 1931 ff. zu grunde
liegt und dem bilde entspricht, das man sich im neunten jh. von
der Cynedryd machte. soviel von der englischen überlieferung!

Die dänische sage stimmt in dem, was sie von Offa und Vermund erzählt, im wesentlichen mit der englischen überein. von

Vermund weiss auch sie wenig zu sagen. woher er den beinamen
des weisen, klugen (*hinn vitri* 'prudens') hat, ist nicht mehr zu erkennen: seine auseinandersetzung über die vier arten von kriegern
bei Saxo s. 165 f. ist zu absurd und unwesentlich als dass sie
ihm denselben eingetragen haben könnte. er wird als ein alter,
bejahrter könig gedacht und soll zuletzt erblindet sein (daher der
beiname *hinn blindi*). sonst weiss man von ihm eigentlich nichts
weiter zu erzählen als dass er in hohem alter einen einzigen
sohn, den Uffi (Uffo), erzeugt habe. dieser nun soll zwar gross
und stark, aber stumpfsinnig und stumm gewesen sein, bis reich
und thron seines vaters von den übermütigen Sachsen oder
Deutschen, die zins und unterwerfung oder zweikampf forderten,
bedroht worden sei. da habe Uffi mit einem male ähnlich wie
der sohn des Krösus bei Herodot 1, 85 die sprache wieder erlangt und auf der Eiderinsel siegreich einen zweikampf mit
dem deutschen königs- oder kaisersohne und zugleich mit dem
auserlesensten deutschen kämpfer bestanden. Sven Ägesen und
Saxo erzählen die begebenheit gleich ausführlich mit dem le-
bendigsten und schönsten epischen detail: Uhland nahm aus dieser
erzählung den stoff zu seinem gedicht Der blinde könig. die
Eiderinsel, auf der der zweikampf stattfand, soll und muss die gewesen sein, auf der die altstadt von Rendsburg liegt, auf der
grenze von Holstein und Schleswig. das sagt Saxo 12, 604 ganz
ausdrücklich. spätere chronisten verlegen den zweikampf weniger
gut auf den königskamp in der nähe der stadt (Langebek 1,
152). wenn nun Sven Ägesen erzählt dass Uffi bis zum dreissigsten jahre stumm gewesen sei und zum ersten male in der ver-
sammlung der grossen des reichs, die Vermund in seiner bedräng-
nis berufen, gesprochen habe, so ist das eine sehr auffallende
übereinstimmung mit der darstellung der vita Offae I, und wenn die
Annales Ryenses (Langebek 1, 152) den Uffi gerade vom siebenten
bis zum dreissigsten jahre nicht sprechen lassen, so sieht es beinahe aus, als hätte der dänische autor die vita Offae I, die die
blindheit des königs bis zum siebenten, seine stummheit bis zum
dreissigsten jahre dauern lässt, benutzt und ihre angaben miss-
verstanden oder verdreht. allein fälle von solchen übereinstimmungen in einzelnen zügen kommen in der sagengeschichte
so oft vor dass sie eigentlich gar nichts überraschendes haben:
solche übereinstimmungen brauchen gar nicht immer durch das
hervortreten alter traditionen erklärt zu werden, sie können ganz

zufällig sein: und so können auch Sven Agesen und der autor der
Ann. Ryens. weit eher auf diese art zu ihren ansätzen gekommen
sein als durch gelehrte lectüre. wie man es für das wahrscheinlichste halten kann dass die Dänen diesen einen zug aus der darstellung der englischen legende oder geschichte entnommen hätten,
wie das noch neulich geschehen ist (Paul u. Braune Beiträge 4,
505), und gar, dass die vita Offae I von Sven, dessen darstellung im übrigen, namentlich in bezug auf den schauplatz der
handlung, so stark von der vita abweicht, benutzt sei, ist mir unverständlich.

Ehe durch Conybeare (1826) und durch Kemble der Vidsið
bekannt wurde, konnte man viel eher geneigt sein anzunehmen
dass die Engländer aus der reicheren dänischen überlieferung geschöpft hätten, als der alten meinung (des Hans Gram, gest. 1748)
beizustimmen dass diese sagen durch englische priester unter Knud
dem grossen im elften jh. nach Dänemark gebracht sein (über den
streit s. Dahlmann Forschungen 1, 234 und PEMüller not. ub.
zu Saxo [s. 174] s. 137). Müller, dem der Vidsið noch unbekannt blieb, wies die hypothese vom angelsächsischen ursprung
der sage entschieden zurück und nahm sie nachdrücklich als eine
uralt dänische in anspruch, die beweise dass die Eider schon
im vierten jh. die grenze zwischen Dänen und Deutschen gewesen
sei. sein hauptsächlicher oder eigentlich einziger grund für diese
annahme war aber nur die lebhaftigkeit und ausführlichkeit der
darstellung bei Sven und Saxo. schon damals hatte aber Dahlmann aao. s. 235 sinn- und taktvoll die vermutung hingestellt
dass die sage einerseits von den Angeln im 5/6 jh. mit nach Britannien hinübergenommen, andererseits durch die Jüten (oder
Schleswiger) in die dänische königsgeschichte übergegangen sei;
und jetzt kann darüber dass die sagen lange vor der zeit in der
die Dänen nach England kamen und von allem anfang an eigentum des anglischen stammes gewesen, mit den Angeln nach England hinübergewandert und erst von dort wieder in verhältnismässig später zeit in die heimat zurückgekommen seien, ein zweifel
überhaupt nicht mehr bestehen: wie nemlich schon Dahlmann aao.
s. 235 bemerkt, scheint zunächst Uffi gar kein dänischer name zu sein,
sondern nur eine umbildung aus dem ags. Offa. man wird einen
zweiten beleg dieser verkürzten namensform im ganzen norden
kaum auftreiben können; daher auch wahrscheinlich in den nordischen aufzeichnungen der dänischen königslisten der versuch den

geläufigeren und nordischen namen *Ólafr* dafür einzusetzen. auch
der name von Offas vater, *Vermundr*, ist offenbar nur eine nicht
einmal lautgesetzliche nachbildung des ags. *Vermund*, ahd. *Wär-
munt* ('schirm, schutz der treue, des bundes'); *Vermundr* war kein
gebräuchlicher name im norden und wurde daher auch in Fra
Forn. cap. 6 durch *Vémundr* ersetzt. mit Vermund und Uffi
stehen ferner in verbindung der schleswigsche praefectus Frovinus
mit seinen söhnen Vigi und Keto, oder besser (nach Ser. run.
II) Gote (d. i. altn. *Gauti*, ags. *Geáta*), und auch diese sind angelsächsischer herkunft sehr verdächtig, weil auch in der wessexischen
genealogie Freavine und Vig unmittelbar auf einander folgen;
dass die Angelsachsen von dem bruder des Vig etwas gewust
hätten, kann man allerdings nicht behaupten. Vigi scheint ausserdem kein nordischer personenname zu sein, wie schon bemerkt —
auch durch die von Dieterich Runenschatz s. 33 angeführten namen
Vikir, Vikki, Vikar wird er nicht erwiesen — als hundename kommt
er vor für den hund des königs Olaf Tryggvason; *Keto* könnte allenfalls auch aus *Kjøtri*, das Haraldsm. str. 7 sich findet, entstellt sein.
ebensowenig als diese personen ist aber Viglet dänischen ursprungs;
aus seinem namen allein lässt sich das allerdings nicht erschliessen,
obwohl die mannigfachen formen desselben in den listen, *Viglet,
Vithlefi, Wiglath, Vinglet, Wiklek, Vithlek, Vithleth*, darauf hinzuweisen scheinen dass der könig ursprünglich nicht den seltenen
nordischen namen *Vigleikr*, dän. *Viglek* (Fornm. s. 8, 35; 10,
126), sondern den angelsächsischen *Vihtlæg* getragen habe. der
ausschlaggebende grund ist ein anderer: Viglet ist, wenn man von
seiner verknüpfung mit der jütischen Amlethsage absieht, ein
ganz leerer genealogischer name; nur durch die verbindung mit
dieser sage erlangt er einiges leben. die sage aber spielt nicht
nur, wie sie Saxo allein erzählt, zu beiden seiten der Nordsee und
setzt ganz entschieden die zeiten der Dänen in England voraus;
sondern der letzte teil der sage, der sich erst mit Viglet beschäftigt, hat geradezu eine englische sage aus dem sagenkreis des
königs Offa aufgenommen: die oben eingehend besprochene sage
von der königin Þrydo. Saxos darstellung entspricht im allgemeinen noch ganz der zweiten Beovulfstelle (v. 1945 ff. s. 74 f.),
wonach die Þrydo nach der vermählung mit Offa ihre sinnesart
ganz verändert haben soll; er berichtet nemlich folgendes:

Der Däne Amleth hat bei einem aufenthalte in England sich
die tochter eines englischen königs zur frau erworben. bei einem

zweiten besuche dort bekommt er von seinem schwiegervater den
auftrag für ihn um die keusche, aber **übermütige** und grausame
königin **von Schottland**, die schöne Hermuthruda, zu werben, **die**
jeden freier, der um sie zu werben kommt, töten lässt. der könig
erwartet dass Amleth dasselbe schicksal ereilen wird; die böse
schöne aber wirft sich dem Amleth, als er sich ihr vorstellt, sofort an den hals und er macht **sie** zu seiner zweiten frau, die er
aufs zärtlichste liebt. sie ihrerseits schwört ihn auch im tode nicht
zu verlassen; als aber Amleth im kampfe fällt, heiratet sie sofort
den sieger Viglet. dieser **soll** darauf lange regiert haben und
schliesslich an **einer** krankheit gestorben sein. **nach den Ann.**
Ryens. (Langebek 1, 152), welche ohne zweifel die ansicht **der**
jüngeren tradition **richtig** wiedergeben, **wäre** Wichlethus könig von
Norwegen und der 'vitricus' (stiefvater) des Ambletus gewesen; **er**
habe den Amblet **in** einer schlacht am Oresund besiegt und getötet und dann seine gattin geheiratet, seine eigene frau aber, die
doch wohl Amblets **mutter war (?)**, habe er verstossen. die vermutung Suchiers (Paul **und Braune** Beitr. 4, 510) dass die Hermuthruda eigentlich nur mit **Viglet, nicht mit** Amleth, vermählt
gewesen sei. der schon eine frau besessen habe und in dessen geschichte sie keinerlei rolle spielt, ist haltlos: Hermuthruda ver-
schwindet im gegenteil sofort völlig vom schauplatz, sobald
sie Viglets gemahlin geworden ist, und nach den Ann. Ryens. hat
ja auch Viglet schon eine frau besessen. also wohl **umgekehrt:**
Hermuthruda **hat** eigentlich nur Amleths und gar nicht Viglets
frau zu werden; und so lange sie sich wirklich nur mit Amleth
vermählte, entsprach sie durchaus der alten echten Prydo, sie war
ebenso wie diese ursprünglich nichts weiter als das in epischer
weise zum **typus** ausgestaltete **ideale** bild einer echten germanischen jungfrau, **die** ihre jungfräuliche reinheit in aller strenge und
hoheit und mit aller kraft behauptet, **bis** sie den ihrer **würdigen**
gemahl findet, dem sie sich in ihrem stolze und in ihrer **sprödig-**
keit beugt und dessen liebendes weib sie wird. dies bild ist nur
entstellt — man kann aber sagen, weniger entstellt als in der
einen version **der** angelsächsischen **sage** (Beov. 1931 ff.) — **durch**
die zweite vermählung der Hermuthruda mit Viglet; denken wir
uns diese fort. so entsprechen sich die beiden gestalten bis auf
den namen ganz genau. der **name** Hermuthruda aber ist schliesslich nichts anders als eine **erweiterung** des namens **Prydo:** *Her-*
muthruda wäre altn. *Jormunpruđr*, ags. *Eormendryđ*, eigentlich 'die

grosse Þrud (virago), die von keiner andern übertroffen wird'. der
name enthält also nur eine verstärkung des begriffes, der in dem
blossen Þrydo liegt. der name ist ausserdem gar nicht einmal
nordisch; namen mit *jǫrmun*- sind, abgesehen von dem gotischen
Jǫrmunrekr im altnordischen überhaupt unerhört, während ags.
Eormenðryð gar nichts auffallendes hat und ahd. *Irmindrud* sogar recht häufig ist (vgl. Förstemann 1, 794 f.). hiernach kann
es wohl als ausgemacht gelten dass die Hermuthruda kein ge-
bilde der dänischen sage, sondern aus der angelsächsischen sage
entlehnt und erst nachträglich in die jütische Amlethsage aufgenommen ist. wenn Viglet aber nur durch seine verknüpfung mit
dieser sage und zwar gerade mit dem ursprünglich angelsächsischen
teile derselben zu einiger bedeutung gelangt ist, so können wir
daraus mit sicherheit schliessen dass auch er angelsächsischen
ursprungs sei. wir haben schon gesehen dass er erst verhältnismässig spät in die liste der dänischen könige eingereiht ist: die
älteren zeugen wissen auch noch nichts von ihm: wir können jetzt
unbedenklich annehmen dass er erst zugleich mit der Amlethsage
eine stelle in der dänischen überlieferung erhalten hat d. h. zu den
zeiten der Dänen in England. vermutlich hat ein gelehrter Däne
des elften jhs. zunächst aus zerstreuten und zum teil recht
albernen elementen die Amlethsage, wie sie bei Saxo endlich in
wortreicher breite vorgetragen wird (vgl. PEMüller not. ub. [zu
s. 161] s. 132), zusammengebaut und sie dann mit Viglet verbunden, den er wohl erst aus der mercischen genealogie als vater
des Vermund und grossvater des Uffi kennen gelernt; und nachdem er diese arbeit zu stande gebracht, hat er dann auch Viglet
samt der Amlethsage in die dänische königsreihe eingeschoben.
die spur gelehrter arbeit ist in der anknüpfung und einschaltung
unverkennbar. die angelsächsischen genealogien konnten im elften
jh. ja mindestens eben so leicht einem Dänen bekannt sein wie
einem Isländer (vgl. Grimm Mythol. anh. s. XX = 396) und noch
viel mehr die angelsächsichen sagen. die Dänen, die sich seit dem
neunten jh. in England aufhielten und niederliessen, seit dem
elften jh. dort herschten, hatten gelegenheit genug die sagen dort
kennen zu lernen.

Die aufnahme des Viglet setzt voraus dass die sagen von
Vermund und Uffi sich schon früher bei Jüten und Dänen ein-
gebürgert hatten und zwar, wie man annehmen muss, noch in ihrer
alten, vollständigen gestalt, ehe sie in England selbst, wie in den

6*

vitae aus dem zwölften jh., localisiert wurden. sie konnten sich
ihrer dann scheinbar mit dem besten rechte als ihres eigen-
tums bemächtigen, sie in ihrem nationalen interesse hegen und
pflegen und selbst weiter im detail ausbilden; sehr detailliert muss
aber nach den spuren in den vitis auch die alte angelsächsische
sage schon gewesen sein. die Isländer und Norweger, die nordischen poeten namentlich, berichten nichts von diesen dänischen
sagen, auch die Ann. Lundenses nicht, und trotz dem grossen
nationalen interesse, das Sven, Saxo und andere bei der erwähnung derselben zeigen, trotz der ausserordentlichen lebendig-
keit und ausführlichkeit, mit der sie sie behandeln, fand Saxo
doch nur freie sage, kein altes dänisches lied vor; er hätte dies
sonst gewis lateinisch nachgebildet. hieraus dürfen wir schliessen
dass auch diese sagen erst verhältnismässig spät von England
nach Dänemark zurückverpflanzt sind: etwa zu der zeit in der
man Angul zu einem bruder des Dan machte.

Dieses ergebnis ist von wichtigkeit für die bestimmung der
zeit, in der die drei herscher gelebt haben, und weiterhin auch
für die chronologie der ganzen ersten zeit des mercischen reiches.
sind die könige wirklich anglische und die sagen von ihnen altes,
ununterbrochen von geschlecht zu geschlecht überliefertes volks-
eigentum der Angeln, das erst von ihnen zu den Dänen gelangt
ist, so haben wir uns bei der feststellung der chronologie auch
nur um die anglischen angaben zu kümmern und können die
dänischen, die Offa und Vermund zu zeitgenossen oder unmittelbaren nachfolgern der Halfdaninge machen, getrost unberücksichtigt
lassen. das königsgeschlecht der Mercier in England behauptete, wie
wir sahen, der mercischen genealogie zufolge direct von Offa, dem
alten sagenberühmten könige in der festländischen heimat zwischen
Nord- und Ostsee (be sǽm tvéónum 'zwischen den meeren') über dem
Fifeldor abzustammen, ob mit recht, lässt sich weder beweisen noch
ohne weiteres in abrede stellen. nur das steht, wie schon erwähnt,
fest dass die mercischen könige von einem sehr alten, hochange-
sehenen geschlechte stammten; dass Beda 2,20 dem Penda ein
'regium genus' beilegt, will freilich nicht viel sagen; aber eine
bedeutende, hervorragende stellung muss er unter den Merciern
auch schon eingenommen haben, ehe er sich zum könig und alleinherscher aufschwang. Nennius nennt § 65 (MH. 1,76) auch
Eoua, Pendas bruder, 'rex Merciorum'; und den schon erwähnten
Cearl (Ceorl), den Beda 2,14 gleichfalls 'rex Merciorum' nennt

und dessen tochter Quænburg Acdvini (Ead-) von Nordhumbrien
heiratete, bezeichnet Heinrich von Huntingdon z. j. 597 (MB.
1, 714) als 'non filius, sed consanguineus' des Pybba, des vaters
des Penda. als ein bruder Pendas wird auch ein Cenvalh genannt und ebenso hiess ein wessexischer könig, der eine tochter
Pendas zur frau gehabt haben soll, und noch viel frühere ver-
schwägerungen beider häuser sind gar nicht unwahrscheinlich, wie
schon früher erwähnt ist. Penda gehörte also unzweifelhaft einer
alten angesehenen anglischen familie an. hieraus folgt nun freilich nicht dass die familie wirklich von Offa abstamme; und ebensowenig lässt sich dies aus der genealogie selbst erschliessen: die
namen der späteren glieder der familie deuten durchaus nicht auf
die früheren sagenhaften glieder zurück, nur Offas name kehrt
wieder. trotzdem aber kann ja der behauptete zusammenhang
sehr wohl vorhanden gewesen sein; und wir haben jedesfalls kein
recht die ansicht, die bei den Merciern und übrigen Angeln glauben
und anerkennung fand, geradezu für falsch zu halten. lassen wir
sie als berechtigt gelten, so lässt sich aus der genealogie das un-
gefähre zeitalter des Offa leicht berechnen.

Der 576 geborene Penda ist nach der genealogie der achte
nachfolger des Offa, Offa II der ururenkel von Pendas bruder Eova
(Eava). da nun zwischen dem regierungsantritt dieses Offa a. 757
und dem des Penda a. 626 eine zeit von ungefähr 130 jahren liegt,
so nahm PEMüller (not. ub. s. 137f. und schon Critisk underso-
gelse s. 47) für den doppelt so viele herscher umfassenden zeitraum
von Offa I bis Penda eine dauer von 260 jahren an, subtrahierte
diese von 626 und kam so auf das jahr 365'6 als das jahr des
regierungsantritts des ersten Offa, auf das jahr 336 etwa als sein
geburtsjahr. natürlich ist diese berechnung unsicher und auch
methodisch nicht unbedenklich; aber wenn wir für jede generation
die gewöhnliche natürliche durchschnittszahl von 30 jahren rechnen,
also annehmen, dass die geburt eines sohnes durchschnittlich in
die kraft- und blütezeit seines erzeugers falle und dass sich die
abweichungen von diesem ansatze im laufe mehrerer generationen
ungefähr ausgleichen, so kommen wir zu gar keinem anderen ergebnis als Müller; durch subtraction von 8×30 jahren gelangen
auch wir vom geburtsjahre Pendas 575 6 auf das jahr 335 6 als
geburtsjahr Offas. der alte sagenberühmte könig hätte demnach im
vierten jh. gelebt, also ungefähr gleichzeitig mit dem Gotenkönig
Ermenrich, aber nicht mit Adils von Schweden und den Halfdaningen.

und dieser ansatz gewinnt noch an **wahrscheinlichkeit. nach Offa,**
der jedesfalls im gedächtnis des anglischen volkes als der mächtigste,
ruhmvollste und beliebteste könig aus der zeit **vor** der übersiedelung
nach England feststand, kommen in der stammtafel zunächst Angel-
þeov, Eomær und Icel, von denen nach der hervorhebung im Beo-
vulf Offas enkel (oder **sohn**) Eomær besonders sagenberühmt und
in liedern gefeiert gewesen **zu sein** scheint. offenbar haben **wir**
diese drei vocalisch **anlautenden,** mit Offa allitterierenden namen*
als eine engverbundene **gruppe** aufzufassen. **auf sie folgt un-**
mittelbar eine andere gruppe von drei namen, die mit C anfangen
und sowohl ihrer bildung wegen als auch, weil ihre träger die unmittelbaren **vorfahren Pendas sind,** den grössten anspruch auf
historische **glaubwürdigkeit haben.** wir haben also hinter Icel, **in**
der **mitte der reihe Offa-Penda,** einen deutlich erkennbaren ein-
schnitt. **berechnen wir nun, in welcher zeit** diese unterbrechung
der **namenreihe eingetreten ist. so** ergiebt sich das jedenfalls sehr
bemerkenswerte **resultat dass sie gerade** in das jahr 455 fällt
(= 4 × 30 jahre nach Offas mutmasslichem geburtsjahr 335), **also**
gerade in die zeit, wo die Sachsen mit Hengest zuerst in Eng-
land festen fuss gefasst hatten und ein massenhafterer, stärkerer
einbruch bevorstand oder schon begonnen hatte. **Icel** stand nach
unserer berechnung damals im besten **mannesalter. die** lebenszeit
seiner nachfolger Cnebba, Cynevald und Creoda würde mehr oder
weniger genau **mit der zeit der sehr langlebigen** Westsachsen
Cerdic und **Cynric (und Creoda) zusammenfallen,** die namen haben
uns ja sogar schon zusammenhang und **verwandtschaft** mit diesen
vermuten lassen; **und da die übersiedelung der** Angeln nach s. 64f.
der hauptmasse nach nicht viel **später** als die der Sachsen
erfolgt sein muss, so wird **sie zu** Icels zeiten ihren anfang genommen haben, es werden sich an ihr nach und nach auch
sprösslinge des alten einheimischen königshauses. wenn auch vielleicht **nur jüngere söhne,** oder abkömmlinge einer nebenlinie.

---

* **die deutung der beiden namen** Eomær **und Icel ist** sehr schwierig.
Eomær kommt auch in einem englischen ortsnamen vor, *Eomeres mædee,* Kemble
cod. dipl. nr. 570 a. 972. *Icel* ist wohl mit as. *Iko, Ikiko,* ahd. *Icho* zusammen-
zubringen. auf mythischen ursprung oder erfindung scheinen die namen jedenfalls nicht hinzuweisen. eher schon der erste: *Angelþeór,* ahd. *Angildeo* (= 'kind
von Angeln'), ist als **name für den ersten nachfolger des** anglischen urkönigs
immerhin verdächtig: **wäre er** fingiert, so hätten wir Offa zu früh angesetzt.
dies würde aber an den **oben** gegebenen auseinandersetzungen nicht viel ändern.

beteiligt haben. selbstverständlich als führer, und solche führer
werden wir gewis in Cnebba und besonders in Cynevald und
Creoda suchen dürfen. sie waren vermutlich die hervorragend-
sten häuptlinge, wenn auch nicht die einzigen, unter denen die
Angeln, da sie die küsten bereits besetzt fanden, tiefer ins innere von England eindrangen und unter denen die letzte grössere
einwanderung geschah. freilich, da das mercische königshaus anfangs schwach gewesen und erst spät emporgekommen sein soll,
nicht die stärkste einwanderung.

Mögen die mit den überlieferten daten vorgenommenen com-
binationen immerhin im einzelnen öfters unsicher sein, die resultate, auf die es hier ankommt, sind jedesfalls sicher. diese
resultate sind: 1) die eroberung und besiedelung Englands durch
die Angeln und Sachsen fällt ungefähr in dieselbe zeit, in dasselbe
jh. (im wesentlichen 450—550) wie die dänischen und scadinavischen begebenheiten. die den vornehmsten historischen inhalt des
Beovulf bilden. 2) von den einzelheiten der übersiedelung, von den
vielfältigen zügen, die zur eroberung des landes führten, von ihren
eigenen taten und erfolgen in jener grossen zeit haben die Angelsachsen, obgleich nach dem zeugnis der genealogien das ganze leben
damals von poesie durchdrungen und begleitet gewesen sein muss,
nur unsichere oder dürftige erinnerungen bewahrt. es ist also sehr
erklärlich dass auch der Beovulf aus dieser zeit garnichts berichtet. 3) Garmund, Offa und Eomær, die einzigen personen aus
der angelsächsischen geschichte, die im Beovulf genannt werden,
gehören der vorenglischen epoche der Angeln an und sind seit
dieser epoche ununterbrochen bei den Angelsachsen selbst bis zur
abfassung des Beovulf bekannt geblieben.

Aus diesen ergebnissen erklärt sich die ganz ausserordent-
liche teilnahme, die, nach dem Beovulf zu urteilen, die Angelsachsen den dänischen und scadinavischen angelegenheiten und
begebenheiten entgegen brachten. dieser lebhafte anteil bedurfte in
gewisser weise einer erklärung, denn nach dem Beovulf sieht es
fast so aus, als hätten sich die Angelsachsen mehr um die schick-
sale fremder völker bekümmert als um ihre eigenen angelegenheiten. man könnte ja allerdings sagen, dies sei nichts ausser-
gewöhnliches, derselbe vorgang wiederhole sich ja mehrfach in der
geschichte unseres epos: geradeso wie die Angeln und Sachsen
den nordischen begebenheiten standen die Franken dem unter-
gange der Burgunden im jahre 437 und später 453 dem ende des

Attila auch nur als nicht unmittelbar beteiligte zeugen und zuschauer gegenüber und doch haben sie die Nibelungensage und
namentlich den zweiten teil derselben ausgedichtet, während die
fränkische Dietrichssage (von Hug- und Wolfdietrich) keineswegs bei
den Franken selbst ausgebildet worden ist; ebenso haben für die sage
von Dietrich von Bern und Ermenrich die Goten selbst nur die
elemente hergegeben; und obendrein haben wir ja schon gefunden
dass die Angelsachsen einen grossen teil des historischen materials
ihres epos erst nachträglich von den Dänen selbst bekommen
haben müssen. aber bei den Angeln und Sachsen, die in so un-
ruhiger bewegung waren dass sie sich ihrer eigenen erlebnisse
aus jener zeit nur mangelhaft erinnerten, war eine derartige teilnahme an dem geschick eines fremden volkes doch keineswegs so
erklärlich wie bei den Franken, die beim fall der Burgunden
als ruhige zuschauer dastanden. selbst die aufnahme und aneig-
nung dieses materiales war bei ihnen nur möglich, wenn ein
hohes interesse für dasselbe schon vorhanden war. waren sie
aber von ihrer festländischen heimat aus so lange zuschauer der
dänischen bewegungen und wurden sie davon unmittelbar oder
mittelbar mitbetroffen, so erscheint es ganz natürlich dass sie
den dänischen angelegenheiten auch noch nach der übersiedelung
ein lebhaftes interesse bewahrten, weniger natürlich allerdings die
sympathie, anerkennung und verehrung, die der Beovulf ihnen
entgegenbringt. diese ausserordentlich wohlwollende gesinnung
kann nicht bloss aus der ehemaligen nachbarschaft erwachsen
sein. sie muss noch eine andere positive voraussetzung haben;
aber diese kennen wir nicht. nur zu der negativen voraussetzung
sind wir berechtigt dass die Angeln sicher nicht erst durch das
vordringen der Dänen gezwungen worden sind das feld zu räumen
und nach England auszuwandern. wäre dies geschehen, so würde
sich sicher eine üble feindselige stimmung gegen die bedränger
bei den auswanderern festgesetzt haben. einzelne kämpfe mögen
sich zwischen den beiden völkern abgespielt haben, wie das
ja der Vidsið v. 35 ff. mit der gegenüberstellung des Alevih
und Offa andeutet; eine ernstliche lange feindschaft kann in der
letzten zeit vor der anglischen übersiedelung unmöglich bestanden
haben.

Unser drittes ergebnis veranlasst uns nun zu der weiteren
frage, wie weit die festländischen vorstellungen, die der Beovulf
und die angelsächsische epische poesie sonst aufzuweisen hat, gleich-

falls aus jener alten epoche, der zeit des Offa und seiner nächsten
nachfolger, stammen und mit dem volke selbst nach England hinübergewandert sind, und auf welchem wege, durch welche vermittelung
etwa jüngere vorstellungen den Angelsachsen zugegangen sind.

Selbstverständlich hatten die Angeln und Sachsen vor der
übersiedelung eine vorstellung von dem platze, den sie inmitten
der übrigen völker einnahmen, und von der umgebung, aus der sie
durch die übersiedelung nach England ausschieden, und es ist von
vorne herein anzunehmen dass ihnen dieses bild nicht sofort,
sobald sie den britischen boden betraten, abhanden gekommen
sei. züge dieses alten bildes sind auch im Beovulf noch sichtbar.
so heisst es v. 519 dass Breca im schwimmwettkampfe mit Beovulf
bei den *Heaðoreámas* — so ist ohne zweifel zu lesen — ans land ge-
stiegen sei, d. h. bei den kriegerischen *Raumar*, den bewohnern von
Raumaríki im südlichen Norwegen, und v. 580, dass Beovulf selbst
das land der Finnen d. h. Finnmarken, Lappland im höchsten
norden von Norwegen, erreicht habe. dagegen ist es ganz gewis
nicht richtig, wenn man im norden seit Grundtvig annimmt dass
auch ein teil der jütischen halbinsel im Beovulf erwähnt sei, indem
man darauf besteht dass Vulfgar, der *Vendla leód*, der nach v. 348
im hofdienste Hrodgars steht, ein herr oder königlich-dänischer
amtmann im Vendsyssel im nördlichsten Jütland gewesen sei d. h.
der landschaft *Vendill* (bei Saxo: *Wendala*, *Wendila*) über dem
Limfjord bis zum *Vendilskagi*, deren einwohner bei Saxo s. 588
einmal *Wandali*, sonst (s. 807. 908) *Wendilenses*, altn. *Vandils-
byggjar*, *Vendilfolk* heissen. diese annahme setzt zunächst mehr
voraus, als wir voraussetzen dürfen, dass nemlich die landschaft
schon seit uralter zeit diesen namen getragen oder doch schon
durch die Jüten bekommen und auch schon zum dänischen reiche
gehört hätte, ehe die Angelsachsen abzogen. aber auch wenn
man diese voraussetzungen als berechtigt anerkennt, so ist es an
sich durchaus unwahrscheinlich dass Vulfgar, der held am hofe
des Hrodgar, im Beovulf als amtmann des Vendsyssel bezeichnet
sein sollte, selbst wenn er weiter nichts gewesen wäre: dergleichen
specialisierungen, mitteilungen aus der sogenannten reichsstatistik,
sind nicht im sinne und stile des epos. diesem wird man weit
mehr gerecht, wenn man sich den Vulfgar *Vendla leód* als einen
helden denkt, der von fern her den hof des Hrodgar aufgesucht
hat und dort zu einer ansehnlichen stellung gelangt ist: dadurch wird vielmehr die vorstellung, nicht sowohl von der macht,

als von der herlichkeit des dänischen königtumes geweckt. als
einen 'princeps Vandalorum' haben wir den Vulfgar also aufzufassen und das nicht in dem sinne wie sich noch heute der
könig von Dänemark 'rex Vandalorum Gothorumque' d. h. zu
deutsch 'könig der Wenden und Goten' nennt, sondern in dem
alten sinne als einen fürsten der germanischen Wandalen, mit
denen sicherlich auch die Vids. v. 59 erwähnten *Venlas* zusammenfallen. bei dieser deutung bezeugt das '*Vendla leód*' zwar keine
erinnerung an Jütland, aber doch eine an das alte Germanien.
die Wandalen stellt sich noch die langobardische sage des sechsten
bis siebenten jhs. (Paulus Diaconus 1. 7—10) fern im osten auf
der südseite der Ostsee vor und dafür dass dieselbe vorstellung
hier im Beovulf zu grunde liegt, spricht ganz entschieden dass
v. 2494 auch die *Gifdas*, die im Vids. v. 60 gleich hinter den
Venlas und neben den *Vinedas* (Wenden) stehen, mit den Dänen
und Schweden zusammen unzweifelhaft noch im umkreise der
Ostsee gedacht werden und dass das gedicht auch die Goten
allem anscheine nach noch in ihre ältesten sitze an der Weichsel
versetzt, wenn es v. 460—472 berichtet dass Hrodgar das wergeld
für den von Ecgtheov erschlagenen Headolaf 'über des wassers
rücken' zu den Vylfingen gesendet habe, die man nach allen
sonstigen spuren, auch nach der deutschen heldensage von den
Wulfingen, für ein gotisches oder den Goten nahe stehendes volk
oder geschlecht im süden der Ostsee halten muss (vgl. Haupts
zs. 11, 282. 23, 170). zu der annahme dass diese nicht nur im
Beovulf* zu findende vorstellung nicht schon von den Angelsachsen
mit nach England hinübergenommen, sondern ihnen erst nachge-
bracht worden sei fordert nichts heraus, weder der inhalt des
Beovulf selbst noch irgend eine sonstige überlieferung.

— · —

* in einer notiz. die sich in ganz späten aufzeichnungen der angelsächsischen
genealogien erhalten hat (vgl. Kemble Stammtafeln der Westsachsen s. 18 f.),
werden die eponymi der Goten, Wandalen und vielleicht auch der *Gejdi* (= *Gifdas*,
d. i. Gepiden: in den hss. *Gethus. Ehecius* = Ghetius?) neben denen der Jüten,
Dänen, Schweden, Norwegern und Gauten (Geathus, Geatte) genannt und diese
alle als die 'novem gentes septentrionalem inhabitantes' bezeichnet, die mit den
Sachsen, Angeln und Friesen einst Britannien erobert haben sollen. schon
Haupts zs. 7, 415 f. ist darauf hingewiesen dass dies verzeichnis, durch
mehrere mittelglieder natürlich, aus einer sehr frühen zeit herstammen könne,
in der noch dieselbe epische überlieferung und politische weltanschauung
galt, die wir bruchstückweise im Beovulf, vollständig noch im Vidsid finden.

Ausser diesen wenigen abgerissenen angaben findet sich aber im Beovulf nichts, was auf erinnerung an die alte heimat schliessen liesse. will man eine genauere vorstellung von den geographisch-politischen anschauungen der eroberer Englands haben, so muss man sich an den Vidsið halten, in dem die alte überlieferung noch sehr viel besser erhalten ist.

Es ist hier nicht der ort auf die kritik und den ganzen in-halt des Vids. genauer einzugehen. ein kritischer versuch über denselben ist schon im ersten bande der Nordalbingischen studien. ein zweiter Haupts zs. 11, 275—294 von mir unternommen worden, einen neuen hat HMöller Das altenglische volksepos in der ursprünglichen strophischen form, Kiel 1883, s. 1—39 geliefert. das lied bedarf der kritischen säuberung sehr und die ersten not-wendigen schritte der kritik sind einfach. es besteht deutlich aus drei hauptteilen. nach einer einleitung finden wir zunächst 1) v. 14 (oder 18) —49 einen katalog von sagenberühmten alten volkskönigen der Germanen und ihrer nachbarn. von diesen versen enthalten v. 18—35 fast regelmässig in je einem halbverse den namen eines königs und den seines volkes; von diesem schema weichen ab die verse 14—17 und 36—49. v. 14—17, in denen von Hvala, der sonst nur als vorfahr Vodens vorkommt, und von Alexandreas d. i. Alexander dem grossen die rede ist, sind ohne frage unecht, schon weil sie das mass überschreiten und doch nicht einmal einen volksnamen nennen. auch die merkwürdigen oft erwähnten verse 45—49 von Hrodvulfs und Hrodgars kampf mit den Headobearden auf Heorot muss man mit Möller für einen jüngeren zusatz halten. Möller erklärt (s. 25; vgl. s. 31 anm.) die vorhergehenden verse (36—44) von Offa und Alevih ebenfalls für jünger und nimmt an dass diese verse, zugleich mit dem (vielleicht aus demselben gedichte herrührenden) von Hrodvulf und Hrodgar handelnden stück, im neunten jh. angefügt sein, aber kaum mit recht: die verse 45—49 scheinen jedesfalls die von Offa han-delnden schon als vorhanden vorauszusetzen. darauf folgt 2) nach einigen überleitenden versen mit v. 57 beginnend ein katalog von völkern, die der sänger besucht haben will. hier sind die verse 75—87 entschieden ein später gelehrter zusatz, sie handeln haupt-sächlich von fremden, namentlich biblischen völkern, Saracenen, Seren, Juden, Aegyptern, Assyrern, Medern, Persern usw., deren namen z. t. in den wunderlichsten entstellungen erscheinen: nach ausscheidung dieses zusatzes nennt der zweite katalog bis auf die

Vinedas (Slaven) und die *Rümralas* (oder *Rümeare*) lauter germanische völker. 3) der dritte hauptteil v. 109 ff. erzählt vom besuche des sängers bei dem Gotenkönige Ermenrich und giebt eine
aufzählung der helden des Ermenrich.

In den drei hauptteilen erkennt Möller mit recht drei ursprünglich unverbundene lieder dreier dichter. natürlich fehlt es
im einzelnen nicht an verwirrungen, aber ohne willkür und mit
einiger sicherheit ist die ordnung nicht wiederherzustellen: das
eigentum eines jeden dieser dichter lässt sich wohl gegen das der
beiden andern abgrenzen, aber nicht gegen das des verbinders
der drei lieder oder das späterer interpolatoren. indes selbst auf
die abgrenzung der drei hauptlieder, der drei kataloge im stile
der eddischen memorialpoesie, käme hier nicht gar so viel an;
denn wenn auch der erste sänger offenbar eine archaistische tendenz verfolgt und sein stück auch wohl in der tat älter ist als die
beiden anderen, der zweite sich einer späteren, vielleicht selbst
seiner eigenen zeit zuwendet und der dritte wieder einen älteren
stoff behandelt, so gehen doch alle drei unläugbar von derselben
gesammtanschauung des alten Germaniens aus und alle drei gehören auch ungefähr derselben zeit an, wenigstens einem und
demselben jh., und dies jh. deckt sich schwerlich vollkommen mit
dem siebenten unserer zeitrechnung, es fällt vielmehr gewis z. t.
noch in die zweite hälfte des sechsten, da selbst die zusätze
ausser dem v. 75—87 dem abschlusse des Beovulfgedichtes voraus
zu liegen scheinen (vgl. Haupts zs. 10, 176): wenn der erste
dichter die im Beovulf vorkommenden personen ausser Ongenþeov
(v. 31*) gar nicht erwähnt, so könnte man sagen, der grund hierfür
sei eben der dass er vorzog möglichst alte könige der sage
hervorzuheben, obwohl v. 24 der fränkische Theoderich, unter
dessen regierung Hygelac seinen unglücklichen zug unternahm,
genannt ist; wenn aber v. 45—49 von Hrodvulf und Hrodgar
reden, als ob es sich von selbst verstünde dass dies dänische herscher und Heorot ihre königshalle sei, und des helden Beovulf
doch nirgend erwähnung geschieht, so folgt daraus unbedingt
dass das Beovulfepos, so wie es uns vorliegt, zur zeit, wo diese
verse gedichtet wurden, noch nicht existiert hat. die sage selbst
braucht darum dem dichter jener verse keineswegs ganz unbekannt

---

* die Schweden stören v. 31 die geographische ordnung der völker und
Möller hält sie daher für einen späteren zusatz. dasselbe moment lässt sich
gegen die Seedänen v. 28 geltend machen.

gewesen zu sein, im gegenteil, es ist anzunehmen dass sie ihm bekannt war, wenn sie auch wohl in seinem kreise und zu seiner zeit noch nicht die bedeutung hatte, die sie später durch das gedicht erlangte. sicher lagen die schliesslich im Beovulf vereinigten mythischen und historischen elemente damals noch mehr oder weniger unvermengt neben einander. die sagen von Hrodvulf und Hrodgar müssen aber schon damals grosse popularität besessen haben; das ergiebt sich eben daraus dass gar keine andeutung darüber vorkommt dass sie Dänen seien.

Dass andererseits die **gestaltung** des Vidsid zu dem uns vorliegenden liede nicht mehr dem sechsten, sondern erst dem siebenten jh. angehört, **ist** schon deshalb wahrscheinlich, weil sich als terminus **a quo aus** dem gedichte selbst das jahr 568 ergiebt. der fingierte **sänger des liedes, der weitgereiste** Vidsid, **will nach** v. 70 *on Eatule mid Älfvine* gewesen sein, den er v. 74 als sohn Eadvines bezeichnet. statt *on Eatule* ist ohne zweifel *on Eotule* zu lesen und das heisst 'in Italien'; *Eotolvare* sind ags., z. b. Beda 2, 4, die Italici. Älfvine, der sohn Eadvines, ist Albuin, der sohn des Auduin, der Langobarde, und der zog nach Italien bekanntlich erst 568. sein ruhm und seine freigebigkeit wird hier schon mit denselben worten gepriesen wie nach Paulus Diaconus 1, 27 in liedern der Baiern, Sachsen und anderer deutscher völker im achten jh.

Die vorstellung, die die Vidsid-dichter von dem alten Germanien haben, entspricht noch im ganzen dem bilde, das uns die alten Römer und Griechen aus den ersten jahrhunderten unserer zeitrechnung überliefert haben. Germanien hat für sie eine ausdehnung vom Rhein bis zur Weichsel und etwa von der Donau bis hinauf nach Scadinavien; im norden wohnten die Finnas, im osten die Vinedas, im süden die Rumvalas und Creacas unter dem 'Casere'. dieses bild, diese vorstellung von dem alten Germanien kann, wenn sie einmal zerstört und verloren war, nicht hinterher auf gelehrtem **wege oder gar durch** zufällige anhäufung wiederhergestellt **sein: sie muss auf irgend eine weise** traditionell erhalten **sein und der alten heimat diesseit der** Nordsee **entstammen, sei es dass sie schon von den** auswandernden **selbst mit** hinübergenommen **und bewahrt ist, oder dass** sie sich diesseit der Nordsee erhalten hat **und ihnen** nachmals fertig hinübergebracht **ist.** daran zu zweifeln dass in der hauptsache das erstere der fall gewesen ist, **liegt** aber **gar** kein grund **vor.** wenn **in** dieses bild

dann später **auch** andere züge hineingezeichnet sind, die sich mit
dem ganzen **eigentlich nicht** recht vertragen, **so ist** das durchaus
im stile des **volksepos. die epische** dichtung **will** geschichtliche
erzählende poesie sein und **geht von** der verherlichung der gegen-
wart aus. aber sie vermag die chronologie der begebenheiten nicht
fest zu halten und ebensowenig **ist** sie im stande geschichte und
mythus zu unterscheiden. jedem zeitalter fällt alsbald die ganze
ungeschiedene masse der vorhandenen überlieferungen der ver-
gangenheit zusammen unter den einen begriff der heldenzeit:
in diesen idealen rahmen **rücken** unterschiedslos alle älteren überlieferungen und bilden ein gesammtbild des heldentums. räumliche
veränderungen bleiben dabei **ganz** unbeachtet: die Goten z. b. und
ihre nächsten stammesverwandten haben schon seit dem dritten
jh. ihre **sitze an der unteren** Weichsel **verlassen**, im Vidsið aber
sitzen sie noch dort und herscht dort Ermenrich, nicht über dem
Pontus: **von** den grossen veränderungen, die durch die sogenannte
völkerwanderung herbeigeführt wurden, wird ganz abgesehen. **auf**
demselben **boden steht auch der** Beovulf, wenn er die Gepiden und
Wandalen **und andere noch an der Ostsee** denkt.

Aus der grossen masse der daten erwähne ich, als für den
Beovulf besonders wichtig, zunächst die angaben über die Dänen,
Geaten und **Schweden: alle drei** völker werden in dem liede genannt, alle drei (Schweden, Geaten und Süddänen) zusammen in
v. **58**; bei den **Schweden (s. o.) kennt das gedicht (v.** 31) aber
nur den alten könig Ongenþeov, **nicht Ohthere, Onela oder Eadgils;**
bei den Geaten geschicht überhaupt keines namhaften mannes erwähnung; **nur der mythische jugend**liche schwimmwettkämpfer des
Beovulf, Breoca, der fürst der Brondinge, wird v. 25, aber nicht
in verbindung mit **den Geaten,** angeführt. bei den Dänen nennt,
wie wir schon **gesehen haben,** v. **28** den Sigehere, v. **35** den Alevih.
auch die **im Beovulf** genannten gegner des Geatenkönigs Hygelac
finden wir wieder: v. **24** erwähnt die Franken und als ihren könig
den **Þeodric,** v. **33 die** Hätveren unter Hun. Franken **und**
Friesen stehen v. **68** gepaart, **wie in Beovulf** v. 2912 (vgl. 1207 u.
1210). in v. **29 werden** erwähnt die Vylfinge und als ihr könig Helm,
wahrscheinlich **der** eponymus des geschlechts, dem nach dem Beovulf v. **620** die gemahlin Hrodgars entstammte, v. 63 die Heado-
reamas. dass die Goten, Wandalen und Gepiden genannt werden
und zwar noch in ihren alten sitzen im umkreise der Ostsee, ist
bereits angeführt. ebenso setzt v. 19 die Burgunden unter Gifica

noch in ihrer alten heimat zwischen Oder und Weichsel voraus:
und v. 32 rechnet die Langobarden, über die Sceafa herscht, noch
zum nächsten kreise der seeumwohnenden völker; es muss also
auch ihre alte heimat an der unteren Elbe dem sänger noch wohl
bekannt gewesen sein, während die Langobarden selbst im sechsten
jh. nach ihrer ankunft in Italien sie so gut wie ganz vergessen hatten. die mit ihnen gepaarten Ymbre müssen wir als
nicht gut bestimmbar bei seite lassen; mit den Ambri, Ambrones
können sie nicht zusammengestellt werden. neben den Wandalen
und Warnen (v. 59) und in verbindung mit Hrodvulf und Hrodgar
(v. 45—49) werden Vicinge genannt (nicht auch v. 80: die hier
genannten Lidvicingas sind die bewohner von Armorica an der
nordgallischen küste, die alten Letovici); was darunter zu verstehen ist, ist aber nicht ohne weiteres klar: das nordische vikings-
wesen erlangte seine ungeheure ausdehnung erst im neunten und
zehnten jh. und später: die ganze südgermanische und romanische
welt lernte damals die nordischen vikinge kennen; jeder junge
mann aus guter familie begab sich, sobald er heranwuchs, und oft
noch als knabe im gefolge vornehmer oder sich selbst genossen
suchend als 'víkingr' auf die 'víking', um des erwerbes willen, wie
ausdrücklich ausgesprochen wird, d. h. um zu rauben und plündern,
wo er konnte, und um sich berühmt zu machen, sich als krieger
auszubilden und zur anerkennung zu bringen. das gehörte zu
seiner ausbildung, fast wie heutzutage das reisen, und jeder
machte das durch, bevor er sich ansiedelte und einen eigenen
hausstand gründete. diese sitte war aber keineswegs neu: 'latro-
cinia nullam habent infamiam quae extra fines cujusque civitatis
fiunt,' sagt schon Tacitus von den Germanen überhaupt; durch
solche raubzüge bildete sich von je her die germanische jugend,
namentlich die vornehme, für den krieg aus und erwarb sich einen
berühmten namen (Germania c. 14). so wurde auch seeräuberei
von allen seeanwohnenden stämmen frühzeitig getrieben, s. Plinius
16 § 203 über die 'Germani praedones', deren 30 je ein schiff-
baum fasste, und Tac. Ann. 11, 18; über die seeräuberei der
Sachsen und Heruler ist schon in anderem zusammenhange gesprochen, auch Hygelacs zug ist hier zu erwähnen. dass im fünften
und sechsten jh. in der Ostsee piraterei getrieben wurde, berichtet
auch könig Rudolf von Drontheim bei Jord. c. 3: es heisst hier
dass die küste des südlichen Schweden flach und daher den 'in-
cursionibus aliarum nationum' ausgesetzt sei. die sitte ist also

alt und allgemein germanisch — wegen der seeräuber ist auch
im Beovulf v. 229 ff. die uferwache ausgestellt, damit kein feind
(*laðra nænig*) ins land komme — und wie die sache, so wird denn
auch wohl der name sehr alt sein. aber die beschränkung der
termini '*riking*' und '*rikingr*' auf seeräuberei und freibeuterei
scheint speciell nordisch zu sein. man leitet sie gewöhnlich ab
von altn. *rik* 'seebucht, bai;' *rikingr* soll einer sein, der die seebuchten als schlupfwinkel aufsucht, und *riking* wäre also eigentlich
das lagern in den seebuchten. diese erklärung ist aber wenig
wahrscheinlich, schon weil die fjordenreichen buchten ausser in
Norwegen und etwa Schottland sich nicht überall fanden. denkbar wäre ja allerdings dass die nordischen vikinge zuerst eben
nach jenen norwegischen buchten benannt wären, aber auch das
ist nicht anzunehmen; der ausdruck ist auch nicht einfach von
rikja weichen abzuleiten, etwa im sinne von 'ausser landes gehen,
sich auf die fahrt begeben', so dass *rikingr* etwa 'exul' bedeuten
würde. das wort ist im norden allerdings technisch in dem ange-
gebenen sinne, aber es ist gar nicht ausschliesslich nordisch: die
ältesten belege finden sich im gegenteil im ags. und deutschen und
hier ist die bedeutung nicht so eingeschränkt wie im nordischen:
in der ags. Exodus v. 333 heissen auch die Juden, indem sie durch
das rote meer marschieren, *sævicinge* (so! nicht —*as*); und dass
dies gedicht, das in einer fülle der pompösesten und altertüm-
lichsten epischen formeln schwelgt, nach dem achten jh. entstanden
ist, soll erst bewiesen werden. in Deutschland ist der name
Wiking, Wihhing, Wihhung (Förstemann 1, 1293) schon im achten
und neunten jh. nachzuweisen (Dronke a. 752), schon ehe sich die
nordischen vikinge furchtbar machten, und zu einer besondern
kriegerischen bedeutung muss das wort schon gelangt sein, ehe
es zum eigennamen wurde. nun bedeutet im ags. *vicjan* nicht
bloss 'wohnen, weilen', sondern auch 'sich lagern, castra metari'
(Elene v. 38. 65) und in der Exodus v. 65 *ymbvicjan* 'um-
lagern, belagern', *vicsteal* (v. 92) 'lagerstelle'. danach ist *vicin-
gas* etwa mit 'lagerer' zu übersetzen und Bugge (Studien 1881
s. 6) meint mit recht dass die nordleute das wort erst von
den Angelsachsen entlehnt haben, die so die bei ihnen ein-
brechenden und in festen lagern sich einnistenden feinde benannten.
Hygelacs einfall und befestigung giebt dafür ein altes beispiel.
die ältesten sprachlichen belege für das wort aber ergeben eben
die beiden stellen des Vidsid. *Vicinga cynn* (v. 47) ist gar nicht

eigentlich als nomen proprium und volksname zu nehmen und
ebensowenig *Vicingum* an der anderen stelle, v. 59: *Mid Venlum
and Värnum and mid Vicingum*, obwohl es hier noch viel mehr
wie ein wirklicher volksname aussieht. es ist hier, wie öfter im
Vids. — vgl. v. 19: *Becca Baningum* . . . . v. 22: *Vada Halsingum* . . .,
v. 24: . . . *Pyle Rondingum*, v. 30: *Vald Vöingum* . . . . v. 34: *Hring-
veald* . . *Herefarena cyning*. aus dem zweiten catalog v. 62:
(*Mid Seaxum and Sycgum*) *and mid Sveordverum*, v. 68: (*Mid
Froncum and Frysum*) *and mid Frumtingum* — ein fingierter volksname oder besser ein bedeutsames appellativum als nomen proprium gebraucht. nur um zu den daneben genannten wirklichen
völkern ein epitheton ornans hinzuzufügen. die erwähnung der
wikinge ergiebt einen wichtigen, bedeutenden zug mehr zu dem
bilde, das den sängern von dem leben an und in der Ost- und
Nordsee vorschwebte.

Über die lage von Ongel, der heimat der Engle (Angli). über
dem Fifeldor lassen die verse 8 und 35—44 keinen zweifel — ob
diese verse alt oder später eingeschoben sind, ist gleichgültig.
als ihre grenznachbarn werden in alter, oder· schon veralteter
weise im ersten (v. 44) und im zweiten catalog (v. 61) die Svæ-
fas (und die unbekannten Ænenas) betrachtet.

Gleich nach den Angeln werden v. 62 die Sachsen mit den
Sycgen und Sveordveren zusammen genannt und vorher schon bezeichnet v. 31 Sæferd als fürsten der Sycgen. welches volk unter
den Sycgen zu verstehen ist, ist unsicher. Sæferd und der im
fragment vom überfalle auf Finnsburg v. 24 als *Secgena leód* er-
scheinende Sigeferd erinnern vereint sehr stark an die mythische
genealogie von Deira (vgl. oben s. 66 f.). ich habe erst kürzlich
(Zs. 23, 117 und besonders 155 f.) die Sycgen oder Secgen mit
den rheinfränkischen Siggen in verbindung zu bringen gesucht;
aber sprachlich ist diese ansicht nicht gut zu rechtfertigen.
ebensowenig lässt sich eine vermutung halten, auf die auch Möller
aao. 153 f. gekommen ist, dass nemlich den Seaxen, dem nach dem
seax, dem kurzen schwerte, benannten volke. in den Secgen wie in
den Sveordveren, den 'schwertmäunern', nur poetische, erdichtete
genossen beigesellt worden seien, die nach der *secg* ('klinge',
'schneide') benannt wären wie die anderen nach dem *sveord*: bei
dieser annahme bleibt die form Sycgen unerklärt. wegen der
Franken sei auf Zs. 23, 124 verwiesen. mit ihnen zusammen
werden, wie erwähnt, v. 68 die Friesen genannt, die bereits v. 27

als träger der grossen und schönen, aber leider unvollständig erhaltenen sage von ihrem urkönig Finn Folcvalding vorkommen (über
Finn Folcvalding in den angelsächsischen genealogien s. Grimm
Myth. anh. XII ff.). als teilnehmer an der fehde Finns mit seinem
schwager Hnäf, dem Hocing (oder sohn des Hoc. v. 29), die mit dem
untergang beider geschlechter endigte, nannte die sage, wie es
scheint, fast alle völker diesseit der Nordsee. ausser Sæferd bei
den Sycgen und Hnäf selbst standen diesem kreise wahrscheinlich
auch Osvine bei den Eowum (Eárum? = Aviones?) v. 26 und Gefvulf
bei den Ŷtum nahe (vgl. Zs. 11, 281 f.). das letzte namentlich
wäre von bedeutung, wenn mit Ŷtum die Jüten gemeint wären
oder richtiger wenn mit den Jüten, die nach Beda schon unter
Hengest nach Kent hinübergefahren sein sollen und sich bald neben
den Westsachsen auf Wight und in Hamptonshire angesiedelt
haben sollen, nicht Jüten, sondern Ŷtas gemeint wären (auch altn.
Jótar ist verschieden von ýtar (seefahrer?), das in gewissen denk-
mälern poetisch für 'menschen, männer' vorkommt). hätte Beda mit
seinen Jüten recht, so müsste man wohl annehmen dass sich die
Jüten schon zeitig von Norwegen herab kommend des nordens der
cimbrischen halbinsel. oberhalb der Angeln, bemächtigt hätten, wo
die Römer sie allerdings nicht kennen und wo sie frühstens 540 bis
550, und zwar als ein besonderes volk neben den Dänen, genannt
werden (vgl. Zeuss aao. 501), und sie könnten dann wohl zum
kreise der Hocingsage gehört haben. ich habe aber schon früher
ausgesprochen dass die einwanderung der Jüten unter Hengest
nicht wohl glaublich ist, da die Kenter von je her einen zwar
eigentümlichen, aber rein angelsächsischen dialekt reden; die
'Jüten' auf Wight können eher ursprünglich echte Jüten gewesen
sein, die dann von den Westsachsen ausgerottet oder assimiliert
sein müssten (vgl. Jessen Undersøgelser s. 55 anm.). durchaus möglich aber wäre dass die angeblichen Jüten des Hengest tatsächlich
deutsche Ŷtas von der Nordseeküste gewesen wären, ein teil des
ingvaeonischen stammes: welcher teil, muss freilich trotz Möller
aao. s. 88 unentschieden bleiben.

    Mehrfach ist in dem liede von den Myrgingen die rede. der
weit gereiste sänger Vidsid war nach v. 4—5 selbst ein Myrging von
geburt: nach v. 93—108 hat er mit einem anderen sänger namens
Scilling in dienste des myrgingischen königs Eadgils gestanden
und nach v. 5—9 soll er mit dessen gemahlin Ealhhild, die v.
98 eine tochter Eadvines genannt wird, die weite reise ostwärts

von Ongel zu dem bösen, treulosen Gotenkönig Eormenric gemacht
haben. nach den oft angeführten versen 40—45 kämpfte Offa am
Fifeldor gegen die Myrginge und erstritt durch seinen sieg die
grenze, die seitdem Engle und Svæfe festhielten, wie er sie erkämpfte. hier werden also die Svæfe (Suebi) geradezu für die
Myrginge gesetzt und es fragt sich nun, in welchem verhältnis
die beiden namen zu einander stehen, ob die Myrginge mit
unter die Svæfe einbegriffen sind als ein einzelnes gauvolk
oder ob die begriffe Svæfe und Myrginge sich decken (vgl. Zs.
11, 279). aus dem Vidsið allein lässt sich die frage nicht be-
antworten; im ersten catalog (v. 22—23) wird zwar unter den
königen des ostens neben Vada bei den Hälsingen ein Vitta bei
den Svæfen und neben Mearchealf bei den sicher in den osten
gehörenden Hundingen ein Meaca (besser Meara*) bei den
Myrgingen genannt, aber diese stelle kann so wenig wie die
schon erwähnten mit sicherheit für eine der beiden möglichkeiten
entscheiden; wir müssen uns daher nach andern nachrichten über
das Myrgingenland und die gegend, wo es zu suchen ist, umsehen.
das gebiet, auf dem es gelegen haben kann, ist ziemlich um-
fangreich.

Cassiodor, der geheimschreiber Theoderichs des grossen und
der geschichtschreiber der Goten, dessen werk wir im auszug des
Jordanes besitzen, betrachtete nach Jordanes c. 5 noch die Weichsel
als grenze von Germanien gegen 'Scythien', wie er Osteuropa
nennt. gegen südwesten und süden lässt er Scythien begrenzt
sein durch eine linie, die erst gerade südwärts von den Weichsel-
quellen geht, nacheinander die beiden grossen winkel der Donau
trifft und dann dem laufe des flusses folgt. dies Scythien ist im
allgemeinen das grosse gebiet der Venethae (Slaveni und Antes)
namentlich nach der Weichsel zu. er scheint also nur die alte
ansicht der Römer und Griechen zu wiederholen, von der Tacitus
allein abweicht um der tendenz seiner schrift gemäss Germanien
eine fast unendliche ausdehnung zu geben; namentlich hat auch
Ptolemäus genau dieselbe grenzlinie für Sarmatien und im wesentlichen wird sie auch schon von Agrippa so angegeben (Germ. ant.
s. 49 f.): längs der Donau, dann gegen Germanien die Weichsel.

---

* mit der schon Nordalb. Stud. 1, 152 f. vermuteten namensform *Medra* ist
der könig der eponymus der Myrginge; *Meaca* = altn. *maki*, ags. *gemaca* ('con-
sors', 'socius') ist ebenso unmöglich wie Ettmüllers *Medea* = ahd. *Mauhho*.

diese schematische grenzlinie hat auch **Cassiodor** gewiss aus seiner
gelehrsamkeit entnommen, aber er kann sie doch nur beibehalten
haben, weil sie im wesentlichen noch der wirklichkeit und der
bei den Goten seiner zeit herschenden ansicht entsprach. Procop
z. b. erzählt BG. 2, 15 dass die Herulerschar, die um 512 von
der unteren Theiss aufbrach um nach norden zu ziehen, zunächst
d. h. in der umgebung der karpatischen gebirge alle völker der
Slavenen, dann viel ödes land (ἔρημον χώραν πολλήν) passierte
und dann die nach Procop BG. 4, 20 bis zum Ocean d. i. Nord-
und Ostsee wohnenden deutschen Warnen und darauf die Dänen
erreichte. aus diesen angaben allein erführen wir aber über das
volk der Myrgingen selbst nichts, wenn wir nicht andere nachrichten
über diesen damals entvölkerten osten Germaniens hätten. beim
Cosmographus Ravennas aber, der für seine darstellung des ganzen
nordwestlichen Europas bis zur Weichsel ein unter Theoderich
dem grossen gesammeltes und z. t. gewis griechisch aufgezeichnetes
material benutzt hat, lesen wir 1, 11 (vgl. 4, 13. 14) dass südlich
von den Dänen (und Nordmännern) sich die patria Albis Maurungani (-γανη?) befinde und südlich d. h. südöstlich von dieser
Dacia prima et secunda, d. i. das römische Siebenbürgen, das
Karpatenland; und noch specieller sagt er 4, 17. 18. 19, zwischen
der Saxonia an der Ems und Lippe (also Westfalen) und den
Dänen im norden, auf der anderen seite — im süden — oberhalb der
beiden Pannonien (d. i. Westungarn bis zur Donau nebst einem
teile von Österreich) befinde sich eine 'spatiosissima terra', die
'patria quae dicitur Albis ungani' (zweifellos = Maurungani), die
'montuosa per longum quasi (ὡς?) ad orientem multum extenditur,
cuius aliqua pars Baias dicitur', d. i. *Βαιάς*, Baiahaim. und weiter
heisst es: 'non modica habet flumina, inter cetera fluvius grandis
qui dicitur Albis et Bisigibilias* (et) sexaginta quae in Oceano

---

* aus dem wunderlichen namen *Bisigibilias* erhält man ohne schwierigkeit,
schreibt man ihn nur mit griechischen buchstaben, also ΒΙΣΙΓΙΒΙΛΙΑΣ, mit er-
gänzung und leichter änderung erstens ΒΙΣΙΛΑ (statt ΒΙΣΙΓΙ), den alten richtigen
namen der Weichsel, römisch *Visula* für *Visla*, ags. *Visle* (Ammianus aus Antiochien
22, 8, 38: *Bisula*) und zweitens ΒΙΛΥΑΣ oder ΒΙΛΔΥΑΣ, *Οὐιαδούας*. das ist der echte
alte und germanische name der Oder, den ich auch bei Ptolemaeus (Germania
antiqua s. 124. 127, Haupts zs. 9, 252) hergestellt habe und den ausser Ptolemaeus und dem cosmographen niemand nennt. es sei noch bemerkt dass der
abschnitt, der das zunächst an Germanien ostwärts anstossende land behandelt,
vom cosmographen durch combination von material, das er teils einer römischen

funduntur'. nach den angaben des cosmographen erstreckte sich
also die patria Albis Maurungani, d. i. Maurunga- oder Mauringa-
land, ags. *Myrginga land*, von der Elbe und weiter westwärts an
bis zur Weichsel und von Böhmen bis zum meere über den ganzen
entvölkerten osten Germaniens. zu diesem, man kann sagen,
gotischen zeugnisse kommt ein langobardisches in der Origo
gentis Langobardorum (aus dem siebenten jahrhundert) MG. SS. rr.
Langob. 1878 s. 2 ff. und vollständiger bei Paulus Diaconus
1. 7 ff. dass auch dies zeugnis aus derselben zeit stammt wie die
angelsächsische tradition und die anschauungsweise und den
sprachgebrauch des sechsten jhs. überliefert, unterliegt keinem
zweifel. die langobardische sage und dichtung kann erst ausgebildet sein, als die Langobarden nach dem sturze des rugischen
reiches 487/8 unabhängig und selbstständig wurden und die mittlere Donau erreichten. erst nach dieser zeit beginnt ihre historische tradition mit dem könige Claffo und Tato, der um 510 die
Heruler besiegte. auf diesem punkte hatten sie dann alle veranlassung sich ihre urgeschichte zu reconstruieren und zwar mit
der bestimmten tendenz das anwachsen ihres volkes darzustellen:
die anschauung ihrer alten heimat, des norddeutschen flachlandes,
war bei ihnen ja damals noch lebendig. wie man aus dem durch-
gehenden stabreim sieht, liegt dem berichte ein lied zu grunde,
z. t. von der katalogisierenden art des Vidsid. wie nach und
nach alle deutschen völker. die gewandert sind, wollen auch sie
in einer urzeit aus der grossen und vermeintlich sehr volkreichen
'insel' des nordens Scadanan (l. Scadanau = Scadinavia) gekommen sein unter Jbor und Ajo. zunächst gelangen sie nach Scoringa (d. h. -land), natürlich im süden der Ostsee. *Scoringaland*
heisst aber weiter nichts als 'uferlandschaft'. vgl. ags. *score*, engl.
shore, ndd. *schore*. *schare*. hier treffen sie (der alten anschauung
gemäss) auf Wandalen mit Ambri und Assi und besiegen sie. von
Scoringa gelangen sie dann nach Mauringa, das in diesem zusammenhange also nur als ein teil des landes zwischen Elbe und
Weichsel erscheint. aber wohl nur durch eine poetische namen-

---

weltkarte. teils dem Jordanes entnahm. zu stande gebracht und bloss deshalb
eingelegt ist um den überflüssigen raum gegen norden auszufüllen. lediglich
deshalb erscheint bei ihm 4, 4 die 'insula Scanza' und der 'fluvius maximus
Vistula, qui nimis undosus in Oceano vergitur' vgl. Jordanes c. 3: 'in con-
spectu Scandzae septentrionali Oceano trisulcus illabitur', so dass der fluss bei
ihm also zweimal als *Bisila* und als *Vistula* vorkommt: s DA. 2. 575.

häufung* eine einschränkung erfahren hat. es folgen nemlich noch
andere, z. t. ganz sicher poetisch fingierte namen, die, ebenso wie
Scoringa, wohl nur als specialisierungen von Mauringa, als benennungen einzelner besonderer landschaften aufzufassen sind. zunächst Golaida (für *Gôlhaida*: *Golanda* bei Paulus ist nur mis-
verständlich dafür gesetzt), das mit got. *goljan* ('begrüssen, will-
kommenheissen'), ahd. *urguol* ('insignis') zu verbinden ist, dann
Antaib, Bantaib (Origo: *Baynaib*) und Burgundaib (gebildet wie
Wetareiba, *Wingarteiba*). Antaib und Bantaib sind unverständlich,
aber sicher fingiert, Burgundaib freilich deutet gewis auf die
älteste heimat der Burgunden zwischen der Oder und Weichsel
(vgl. Vidsid v. 19). jedesfalls spricht aber auch dies zeugnis
dafür dass der name Myrgingaland sich nicht nur auf eine an der
Eider wohnende abteilung der *Searfe* bezog. es kann hiernach
kein zweifel sein dass im sechsten jh. bei den Germanen das von
ihnen bereits grösstenteils verlassene, wüste land sowohl an der
Elbe wie zu beiden seiten der Oder bis zur Weichsel Mau-
runga-, ags. Myrgingaland** hiess und immer noch als ein teil
Germaniens, nicht als besitz eines fremden volksstammes betrachtet wurde. aber dies ganze gebiet kann unmöglich der
'*frea Myrginga*' Eadgils beherscht haben sollen, sein reich kann
nur ein teil davon gewesen sein, sei es in Holstein, wo ja die von
Offa handelnden verse des Vidsid die Myrginge kennen, oder an
der Mittelelbe. Eadgils lässt sich nicht als historisch nachweisen,
aber verdacht poetischer fiction kann andererseits nur die zu-
sammenstellung von Eadgils und Eadvine erregen. ist er historisch und war er durch die Ealhhild wirklich mit Albuin ver-
schwägert oder überhaupt ein zeitgenosse des Albuin, so lässt sich
vielleicht wahrscheinlich machen dass sein reich an der Mittelelbe
lag. als Albuin nach Italien ziehen wollte, sandte er, sagt Paulus
Diaconus 2, 6, zu 'seinen alten freunden', den Sachsen, um hilfe
und 20000 Sachsen folgten ihm mit weibern und kindern im
jahre 568 nach Italien; aber nicht nur Sachsen, auch Suavi zogen
nach Paulus Diaconus mit ihm dahin und zwar ohne zweifel
Suavi von der Ober- oder Mittelelbe; denn Gregor 5, 15 und

———

* solche poetische namenhäufung findet sich auch in den Eddaliedern, z. b.
Helgakvida Hundingsbana I, 8.

** was der name bedeutet, wissen wir nicht mehr; dass er nichts mit ags.
mor, ahd. *muor* zu tun hat, ist selbstverständlich, s. DA. 2, 97.

nach ihm Paulus 2. 6 erzählt weiter, als Albuin nach Italien gezogen, habe Sigibert von Austrasien, dessen schwester Chlotsind
Albuin zur frau hatte (Gregor 4, 3), die 'Suavos aliasque gentes'
d. h. unzweifelhaft die überreste der Sueben von jenseit der Elbe
aufgenommen und sie in die von den Sachsen verlassenen sitze
verpflanzt. aus diesen hätten sie die zurückkehrenden Sachsen
nachmals verdrängen wollen, aber sie hätten sich kräftig behauptet.
die Schwaben, von denen hier die rede ist, sind die Nordschwaben
an der Bode, zwischen der unteren Bode und der Saale und dem
Harz (Zeuss s. 363 f. Zs. 17, 57), die 'Saxones Transbadani' des
Widukind 1. 14 (nach W. mit eigenen gesetzen), neben denen rechts
südlich der Wipper im spätern Mansfeldischen bis gegen Merseburg
ein Hassago ('Hessengau'?) mit Frisonoveld, so wie links um Halber-
stadt und gegen den Harz ein Hardago sich findet. was wahrscheinlich gar nicht 'Harzgau' bedeutet, sondern 'Harudorum pagus'
(vgl. Ann. Fuld. a. 852 und Trad. Corb. s. 45 'in pago Hardega').
auf jeden fall scheint es sicher dass mehrere völkerreste und
unter ihnen suebische hier beisammenwohnen: sind diese wirklich
von Sigibert 568 9 von jenseits der Elbe hierher verpflanzt und
ist Eadgils eine historische person. so ist es sehr wahrscheinlich
dass wir in diesen Suavi die überreste seines Myrgingenvolkes zu
sehen haben, die in der alten heimat zurückblieben. während
der hauptstock des volkes und vermutlich er selbst mit seinem
schwager Albuin nach Italien zog. nachdem ein angriff der Awaren.
mit denen auch Sigibert zweimal zu kämpfen hatte, ihre macht
gebrochen hatte (s. DA. 2. 100 ff.). von solchem ende der herschaft seines königs erzählt freilich Vidsið nichts; auch der
Awaren und der entvölkerung des deutschen ostens geschieht keine
erwähnung. wenn man mit Möller v. 88—89 als später zur anknüpfung des letzten hauptteiles eingeschoben betrachtet und
v. 90 ff. mit 70—74 verbindet. ergiebt sich vielmehr ganz ausdrücklich dass das reich des Eadgils auch nach Albuins abzuge
nach Italien ruhig weiterbestanden habe. dann hat nemlich der
sänger nicht von Ermenrich. sondern in Italien von Albuin den
kostbaren ring von sechshundert schillingen erhalten, für den ihm
Eadgils das ȭðel seines vaters und Ealhhild einen andern ring
schenkt, und das fröhliche leben am hofe der Myrginge hat ungestört fortgedauert. diese angabe wäre aber ohne jeden historischen wert, selbst wenn wir nicht beweisen könnten dass seit
568 die Elbe die grenze Germaniens war (DA. aao.) es wäre

töricht den sänger Vidsid für eine historische person zu halten.
er ist nach v. 65 ff. auch bei dem 100 jahre früher lebenden Bur-
gundenkönig Günther in Worms gewesen und von ihm beschenkt
worden. die wanderungen, von denen das gedicht berichtet, sind
nur ideale wanderungen durch das ganze gebiet der germanischen
heldensage, soweit sie den sängern bekannt war, und danach sind
die lieder aufzufassen. sie hatten nur den zweck die sagenkunde
der sänger zu verkündigen.

Wie wir aus dem Vidsid, Beovulf und anderen quellen sehen,
beschränkte sich die sagenkunde der damaligen zeit keineswegs
auf die stoffe, die aus der alten heimat mit dem volke ausge-
wandert waren: die Angelsachsen befanden sich im vollen mit-
besitz nicht nur der Nordseesagen sondern auch der übrigen
deutschen heldensagen, der fränkischen Welsungen und Nibelungensage aus dem fünften jh., der gotischen sage von Ermenrich aus
dem vierten, von Dietrich aus dem fünften jh., der fränkischen
Dietrichssage (Haupts zs. 6, 458), auch langobardischer sagen
(s. Vidsid), der sage von Walther und Hildegunde (d. h. der speciell
alemannischen gestalt des alten mythus von Heden und Hilde) usw.
alle diese sagen kennen sie in der gestalt, die sie erweislich erst
in Deutschland erhalten haben. die frage ist nun, auf welchem
wege die übertragung aller dieser sagen stattgefunden hat. dass
die angelsächsischen bekehrer der alten Deutschen sie erst nach
England gebracht haben sollten, ist nicht nur an sich unwahrscheinlich, sondern geradezu unmöglich, weil die Angelsachsen
nach ausweis des Vidsid sie schon im siebenten jh. kennen. unter
allen übrigen möglichen wegen aber ist kein natürlicherer und
näherer als der durch die Friesen.

Die besiedelung Englands durch die Angeln und Sachsen be-
deutete die auflösung des alten ingvaeischen stammes. die Friesen
waren seitdem der einzige reine überrest desselben diesseit der
Nordsee: denn wenn auch ein teil des stammes in die festländischen Sachsen aufgegangen sein sollte und auf diese den Sachsen-
namen übertragen hätte, so fehlte es hier doch nicht an einer
mischung, einer kreuzung mit einem andern stamme. die Friesen
muss man diesseit des meeres als die nächsten directesten anver-
wandten und stammesgenossen der Angeln und Sachsen in England anerkennen die Niederfranken an Rhein und Schelde ab-
gerechnet blieben die Friesen ihnen auch räumlich die nächsten
und die see hinderte nicht, sie förderte vielmehr die stetigkeit der

verbindung, des verkehres zwischen hüben und drüben. für die
Nordsee scheint geradezu der name 'Friesische see' gegolten zu
haben: denn dass das mare Fresicum, wie Nennius angiebt, das
meer zwischen Irland und Schottland gewesen sei, ist unmöglich
richtig. als handelsplätze der Friesen nennt der Cosmographus
Rav. 4, 24 Dorostate am südufer des Leck und nördlicher 4, 23
(exceptis duabus) Bordouchar et Nocdac. die verbindungen zwischen
beiden seiten sind gewis nie ganz unterbrochen gewesen und dazu
kam noch dass die diesseit und jenseit gesprochene sprache
der gegenseitigen verständigung durchaus keine schwierigkeit entgegen setzte, so dass ein friesisches lied leicht ein angel-
sächsisches werden konnte und umgekehrt. dass das friesische
volk ehedem im besitze der reichsten und edelsten poesie in der
form des stabreimes gewesen sein muss, bezeugt noch die sprache
der friesischen rechtsdenkmäler aus dem dreizehnten und vierzehnten jh. (hrsg. von Richthofen 1840) und ein altes bedeu-
tungsvolles zeugnis bestätigt es ausdrücklich. Aldfrid nemlich berichtet in der Vita Lindgeri aus der zweiten hälfte des achten jhs.
(MG. 2, 412) von einem blinden Friesen Bernlef, 'qui a vicinis
suis valde diligebatur eo quod esset affabilis et antiquorum actus
regumque certamina bene noverat psallendo ('zur harfe') promere':
ein jüngerer text einer Casseler hs. (Grimm HS.² s. XII) sagt
noch beweisender: 'vicinis suis admodum carus erat. quia antiquorum actus regumque certamina more gentis suae non inurbane
cantare noverat'.

Sehen wir uns nun die in England verbreiteten sagen näher
an, so werden wir unsere vermutung dass die Friesen sie den
Engländern überliefert hätten zunächst bei der Nordseesage bestätigt finden. selbstverständlich ist die friesische vermittelung
bei der schönen sage von dem friesischen urkönige Finn Folcvalding und seinen kämpfen mit dem geschlechte seiner gattin Hild-
burg, den Hocingen. von welcher seite sollte die sage, die, wie
der Beovulf, Vidsid und ortsnamen beweisen, in England früh sehr
populär war, bei den Angelsachsen verbreitet sein, wenn nicht
durch die Friesen selbst? wenn Nennius (Heinrich von Huntingdon u. a.) den Finn Folcvalding statt des Finn Godvulfing der
angelsächsischen Chronik, Assers und der sich ihnen anschliessenden quellen unter den vorfahren Vodens als nächsten nachkommen
des gottes Geat nennt, so kann man darin wohl nur eine ein-
mischung der heldensage in die reine göttersage erkennen. das

schliesst freilich nicht aus dass Finn Folcvalding seiner herkunft nach
tatsächlich **mehr ein** mythisches **als** ein historisches wesen ist,
ein mythischer repräsentant des friesischen königtums oder des
friesischen volksstammes. ebenso früh wie in England war die
sage auch in Süddeutschland am Bodensee verbreitet, wie daraus
hervorgeht dass der alemannische herzog Gotfrid, der im jahre
708/9 starb (Stälin 1, 179 ff.), seinen sohn Huohhing nannte und
dieser wieder seinen sohn, **der** c. 720 als herzog genannt wird.
Hnabi (Haupts zs. 12, 285, Z. **E. nr.** IX). friesische lieder, die
diese sage behandelten, müssen **sich** damals schon den Rhein hinauf verbreitet haben. **der stoff** muss aber natürlich schon **voll-**
ständig **ausgebildet und in liedern** abgeschlossen gewesen sein,
ehe er nach Alemannien und England gelangte. ebenso wie die
sage **von Finn** Folcvalding **ist von den Friesen** auch die Gudrun-
sage um- und ausgebildet, die wir freilich erst seit dem ende des
elften jhs. in Oberdeutschland (Baiern) mit sicherheit nachweisen
können (vgl. Haupts zs. 12, 315, Z. E nr. XIX). wegen fries.
Gudrun vielleicht auch schon früher (s. s. 315 aao.). die **sage
von Hogni, Hild und** Hedin, dem sohn des Hjarrandi, aus der die
Gudrunsage sich später entwickelte, erhielt sich nur im **norden**
lange in ihrer alten einfachen, rein ursprünglichen gestalt **ohne**
anknüpfung selbst der hauptpersonen an ein bestimmtes **local**
(vgl. WGrimm HS.² 338, **nr. 173), nur** der ewig währende
kampf wird **nach Hacy, einer der Orkaden** verlegt; aber auch mit
diesem **namen war** ursprünglich gar nicht eine bestimmte **insel**
gemeint. sondern es war eine rein mythische **fiction:** *Háey* =
'hochinsel'. im Vidsid v. 21 sind Hagena und Heoden — so **ist**
statt *Heoden* **zu lesen** — innerhalb der Ostsee localisiert; das volk
der Glommas, über das der letztere herscht, kennen wir freilich
nicht und es **kann** gern auch eine mythische fiction sein*. aber
aus der klage des sängers Deor v. 36 ff. (Grein 1, 250) sehen wir
dass die **sage bei den** Angelsachsen schon in einer bedeutend er-
weiternden epischen umbildung **bekannt war:** aus dem vater des
Heden, Hjarrandi, ist schon eine ganz neue gestalt, der wunderbare sänger Heorrenda geworden. dieselbe umbildung setzt auch
die mittelhochdeutsche **Kudrun voraus und von ihr** aus erklärt

---

* altn *guj ok glamia* bedeutet 'waffengklirr', **me.** davon *glam* 'geschrei,
ruf, gebell'; ags *glewm* ('macula'), *headaglemm* ist allerdings, **wie** es scheint,
ganz etwas anderes.

sich die weitere ausbildung und erweiterung, die sie in Deutschland erfahren hat, offenbar mit anlehnung oder in einer gewissen
analogie zu der sage von Finn und Hildeburh, indem an die stelle
der ewig erneuten schlacht des mythus in der eigentlichen Ku-
drunsage eine durch zwei generationen fortgesetzte schwere fehde der
Hegelinge (oder Hedeninge), ähnlich wie in der Finnsage, getreten
ist, nur dass die Gudrunsage zuletzt versöhnend schliesst. der schauplatz des ersten kampfes ist in der Kudrun an die Scheldemündung
verlegt, also an die äusserste grenze des gebietes der Friesen bei
dem kleinen fluss Sincfel bei Sluis, und auch im übrigen spielt die
sage im bereich der Friesen und nur durch die Normannenzüge
ist sie auch in den norden verlegt (vgl. Haupts zs. 6, 64):
von den Friesen stammt auch die um- und ausbildung der sage
und treffen wir die grundlage und voraussetzung dieser friesischen
umbildung auch in der angelsächsischen fassung der sage an, so
muss die sage von den Hedeningen in dieser neuen gestalt auch
von den Friesen zu ihnen gekommen sein, geradeso wie sie später
durch sie nach Oberdeutschland gelangte.

Dass die übrigen sagen auf demselben wege nach England
gelangt seien wie die Nordseeheldensage lässt sich allerdings nicht
beweisen, aber das natürlichste bleibt es doch jedenfalls sich auch
hier die sagenkundigen und seefahrenden Friesen als die vermittler
zu denken. ebenso könnten auch die Friesen sehr wohl die Wel-
sungen- und Nibelungensage von ihren nachbarn, den Franken, zuerst nach dem norden gebracht haben nebst der Ermenrichsage.
die epoche, in der jene nach dem norden verpflanzt wurde, ist,
wie sich wohl beweisen lässt, um das jahr 600 anzusetzen. ein
anderer weg, durch die Altsachsen, ist freilich auch möglich und,
soweit es sich um die Nibelungensage handelt, wird sich schwerlich ein grund mehr für die eine als für die andere ansicht
finden. bei der Ermenrichsage deutete JGrimm (Haupts zs. 3, 156)
auf durchgang durch die Angelsachsen; aber wie dem auch sei,
merkwürdig ist jedenfalls dass die epoche, in der diese deutschen
sagen nach dem norden übertragen wurden, dieselbe ist, in der,
wie wir oben sahen (s. 58), die dänischen und nordischen sagen,
die der Beovulf (und Vidsid) voraussetzen, zu den Angelsachsen
gelangt sein müssen. und auch hier führten uns unsere erwägungen notwendig oder vornehmlich auf die Friesen als vermittler. die Friesen und Franken hatten den stärksten und un-
mittelbarsten eindruck von dem erscheinen des Hygelac an der

Rheinmündung empfangen und sicher zuerst von ihm gesungen
und gesagt: von ihnen erst sind die lieder von Hygelacs fall nach
England gekommen. nur bei der annahme friesischer oder frän-
kischer quellen begreift man die grosse treue der localkenntnis und der
geschichtlichen schilderung im Beovulf, die nur durch die erzählung
von dem durch Beovulf erdrückten oder mit der faust erschlagenen
Dághrefn. ohne zweifel einer erfindung der Angelsachsen zu gunsten
ihres helden, von der historischen überlieferung abweicht. die
Friesen und Franken hatten auch am ersten ursache sich weiter
nach Hygelac, seinem lande und seinen taten zu erkundigen. dies
führte sie auf die fehden mit den Schweden und andererseits auch
auf den Dänenkönig Halfdan und sein geschlecht. der zug und
fall des Hygelac erweckte jedesfalls das interesse für die nordischen sagen, gab den anstoss dazu dass man sich in ihren besitz
setzte und ihre überführung nach England um 600 hatte die folge
dass durch combination des Geaten Beovulf (oder des ungefähr
gleichnamigen helden des Hrodgar) mit dem alten angelsächsischen
mythischen heros Beav noch vor dem ende des siebenten jhs. das
Beovulf-gedicht entstand.

Will man die bedeutung des Beovulf recht würdigen, so muss
man ihn mit dem Vidsid zusammenstellen: beide bilden als cultur-
historische documente ein ganzes, insofern sie zusammen die anschauung eines und desselben zeitalters wiedergeben, der Vidsid,
indem er den gesichtskreis desselben in seiner ganzen weite um-
schreibt, der Beovulf, indem er eine bedeutende fabel von hohem
nationalen interesse daraus heraushebt und für dieselbe in neuer
gestalt neue teilnahme zu gewinnen sucht dass der alte nationale
mythus diese in der neuen fassung, in der historischen umgebung
in hohem grade gefunden hat, beweist die menge der erweiterungen
und zusätze. die die ursprünglichen lieder erfahren haben. beide
gedichte sollten nie getrennt herausgegeben werden, namentlich
nicht der Beovulf ohne den Vidsid: beide sind ein schöner nach-
hall der grossen völkerbewegung, die seit dem zweiten jh. die germanische welt. und speciell die nordgermanische im fünften und
sechsten jh., durchflutete, und sie lenken unsern blick auf die noch
heute sichtbaren grossen ergebnisse derselben: die einheit Schwe-
dens. hervorgegangen aus langen kämpfen, die endlich zu einer
definitiven ausgleichung jedes unterschiedes zwischen Schweden und
Gauten führten: die gründung des reiches Dänemark durch Halfdan
und seine nachkommen; die besiedelung Englands durch die Ger-

mauen und endlich die schweren verluste, die Deutschland damals
betroffen haben, der übergang eines bedeutenden teiles des alten
Germaniens von der Elbe und Saale bis zur Weichsel an ein frem-
des, feindseliges volk und die einbusse des grössten teiles der cimbrischen halbinsel an den nordischen stamm.

Ein anders wichtiges ergebnis derselben bewegung, die
bildung des deutschen stammes der festländischen Sachsen an
Weser und Elbe, habe ich hier übergangen, nicht weil es im Vidsid
nicht berührt würde, sondern weil dies schwierigste aller probleme
unserer alten stammesgeschichte von dieser seite aus nicht zu
lösen ist.

III.

DIE INNERE GESCHICHTE DES BEOVULFS.

(Zeitschrift für deutsches altertum bd. 14 [1869] s. 193—244.)

An ausgaben und übersetzungen des Beovulfs ist nachgerade
kein mangel. aber die frage wegen der entstehung und zusam-
mensetzung des gedichts ist, abgesehen von mehreren athetesen
Ettmüllers, bis jetzt noch kaum berührt. sie hat mich lange beschäftigt. um ihr auf den grund zu kommen, entwarf ich mir
schon vor mehr als zwanzig jahren, nach den damals vorhandenen
hilfsmitteln und vorarbeiten, nach Kemble, Ettmüller, Thorkelin,
einen vollständigen text und habe sie seitdem in siebenmal wieder-
holten vorlesungen immer wieder von neuem in allen einzelheiten
durchgeprüft, so dass ich jetzt an dem ergebnis nichts mehr zu
ändern weiss und es daher vorlege.

Es ist einfach genug. ausser der einleitung 1—193, die von
dem dänischen königsgeschlecht, von Hrodgars bau der halle
Heorot und seinem unglück handelt, zerfällt das gedicht noch in
vier theile oder abschnitte,

    I.   194— 836. Beovulfs kampf mit Grendel;

    II.   837—1628. Beovulfs kampf mit Grendels mutter;

    III. 1629—2199. Beovulfs heimkehr;

    IV. 2200—3183. Beovulfs kampf mit dem drachen und tod.

der erste und letzte teil enthalten zwei alte lieder von verschiedenen verfassern. das erste lied erhielt, wahrscheinlich von
zwei verschiedenen händen, zuerst eine fortsetzung II, dann die
einleitung. ein dritter, den wir mit A bezeichnen, fügte eine
zweite fortsetzung III hinzu, interpolierte aber zugleich, um seine

fortsetzung anzuknüpfen. I und besonders II an mehreren stellen.
ein vierter oder in der reihe der dichter des Beovulfs der sechste,
B, verband endlich das zweite alte lied mit dem von A bis 2199
fortgeführten werk und erweiterte das ganze durch einschaltung
sehr beträchtlicher, zum teil andern sagenkreisen entnommener
episoden und durch zahlreiche andre, anfangs oft theologisierende
und meist recht schlechte zusätze. dieser B ist der eigentliche
interpolator des gedichts und ein andrer ausser A neben ihm nicht
nachweisbar. daraus dass ihre einschaltungen bis auf wenige ge- [194]
ringe ausnahmen den älteren text mit änderungen verschonen.
muss man schliessen dass dieser nicht nur B, sondern auch schon
A in schriftlicher aufzeichnung vorlag. ohne zweifel ward oder
war damit schon der anfang gemacht, als die einleitung zu I und II
hinzukam. die ungeschickte einteilung in fittes. die manchmal
selbst den zusammenhang einer rede und eines satzes unterbricht
559. 791. 1125. 1192. 1740. 2144. 2460. 2946, ist erst sehr spät
eingeführt.

Dass die einleitung weder von dem dichter des ersten alten
liedes noch auch von einem der fortsetzer oder interpolatoren verfasst ist, scheint mir unzweifelhaft. wer von den vorfahren und
geschwistern des Dänenkönigs Hrodgar und von seinem bau und
unglück ausführlich nachricht gab, konnte darauf 194 f. die Geaten
nicht ganz unvorbereitet einführen und wer den grossvater Hrodgars v. 53 Beovulf nannte, später sich nicht eine anknüpfung oder
hindeutung entgehen lassen, als Beovulf der Geate an Hrodgars
hofe erscheint und die frühern beziehungen beider familien 459 ff.
(vgl. 372) zur sprache kommen. nach den versen der einleitung
ist von dem dänischen Beovulf nie wieder die rede, obgleich der
held, der die Dänen von so grossem unheil befreit, denselben
namen führt und von ihnen und ihrem könige hoch geehrt, von
diesem sogar nach 946 ff. 1175 f. 1188—91 adoptiert wird. ähnlich steht es auch mit den 61. 62 genannten geschwistern des
Hrodgar. der ältere bruder Heorogar wird noch ein paarmal 467.
2158 erwähnt, aber Halga nicht wieder und ebenso wenig die an
den Schwedenkönig verheiratete schwester. und doch kennt A,
wie der Vidsid, 1017. 1164. 1181 einen brudersohn Hrodgars
Hrodulf, wahrscheinlich einen sohn des Halga, da Heorogars sohn
2161 Heorovard heisst (vgl. Saxo gramm. p. 83 mit Müllers not.
über.), und B weiss 2931. 2956 von der gemahlin des Schweden

Ongenþeov, der mutter des Onela und Ohthere zu erzählen, lässt aber ihren namen ungenannt, was er doch schwerlich versäumt hätte, hätte er ihn in der einleitung genannt. überdies ist die einleitung an mehr als einer stelle von B interpoliert und daher ein älteres werk. dass auch der verfasser der älteren fortsetzung II, um von dem dichter des zweiten alten liedes IV gar nicht zu reden, nicht der verfasser der einleitung sein kann, schliesse ich gleichfalls aus seinem völligen stillschweigen über den dänischen Beovulf und die geschwister Hrodgars. aus der einleitung aber sind folgende verse als unursprünglich auszuscheiden.

12—25 sind gewis unecht. denn derselbe dichter, der eben in den schön stilisierten versen 1—11 den Scild als mächtigen, guten könig gepriesen, kann nicht füglich fortfahren, gott habe ihm einen sohn geschenkt, dem volke zum troste, weil er die schreckliche not erkannte, die sie ehedem lange erduldeten. gemeint ist wohl die königslose zeit vor Scilds ankunft. aber dann wuste der verfasser der verse auch nicht zu sagen, was er wollte, dass gott ihre wiederkehr durch die geburt des sohnes abgewendet habe. es sollte nur Beovulf schon hier als Scilds sohn und nachfolger genannt werden, was passender 53 ff. geschieht. tō frōfre 14 erinnert an 7 frōfre gebād; in vers 16 ist der dat. sing. him nach dem voraufgehenden hē dragon sehr ungeschickt. der allgemeine satz 20—25, dass ein junger fürst im hause seines vaters die leute durch freigebigkeit für spätere zeiten und den kriegsfall sich geneigt machen und überall jeder durch löbliche taten sich hervortun solle, giebt ausserdem zu manigfachen, selbst politischen bedenken anlass. 12. 18. 19 liessen sich allenfalls dem inhalte nach halten; aber sie sind offenbar hier nicht für sich gedacht gewesen. an 1—11 schliessen sich 26 ff. aufs schönste an.

90—101. der im finstern hausende ellengæst, der die freude in Heorot stören sollte, ist 86—89 angekündigt, aber noch nicht genannt: statt des lauten gesangs von der schöpfung der welt und menschen, womit ein sänger die helden dort erheitert, und der wieder einlenkenden verse 99—101 muste der name Grendel 102 unmittelbar auf 89 folgen.

105—114. alles ungezücht, die riesen, elbe and orcneas (Myth. 454), scylce gigantas, die lange zeit wider gott stritten, sollen von Cain abstammen, den gott nach Abels tode in die einöde verbannte. dasselbe wird 1261 ff. noch einmal wiederholt. die interpolation beginnt wohl mit 105, denn es heisst schon

v. 103 *se þe móras heóld*. es ist also 104 *fifeleynnes card* ursprünglich nur eine apposition zu *fen and fästen*, und dies *fästen* natürlich nicht 'der unterseeische palast Grendels', von dem noch niemand eine ahnung haben kann. sondern nur der geschützte. unzugängliche ort. unbedingt nötig ist die verwerfung von 105 aber nicht.

131—137. schon der erste vers 'er duldete kraftstark, degenkummer er litt' ist herzlich schlecht, und da Grendel dreissig männer geraubt hat, so ist die weitere motivierung des kummers durch den anblick der fussspuren des bösen mindestens seltsam. die halbverse *väs þät gevin tó strang*, *lâð and longsum* können neben den unentbehrlichen und unzweifelhaft echten 192 f. *väs þät* 19(?) *gevin tó sviđ*. *lâð and longsum* nicht bestehen. auch die formel *jæhðe ánd fyrene* 137 kehrt gleich 153 wieder, und wenn die trockne notiz 135 f., dass Grendel in der nächsten nacht noch grösseres unglück anstiftete (also mehr als dreissig degen nahm). richtig wäre, so würde folgen 138 ff. dass erst sein zweites erscheinen in Heorot nötig war um die helden zu bewegen sich anderswo ein nachtlager zu suchen.

147—151. zwölf jahre lang soll Hrodgar Grendels fehde ausgehalten haben. aber eben vorher und gleich nachher heisst es nur unbestimmt 146 *cäs seó hvíl micel* und 153 *fela missera*. dem interpolator war es um eine genauere angabe zu tun. es soll daher den menschenkindern kund geworden sein

<blockquote>þätte Grendel van
hvíle viđ Hróðgâr.</blockquote>

hier ist *van* aus 144 *and viđ rihte van*, *hvíle* aus 146 wiederholt und leicht erkennt man dass, um die eingeschalteten verse anzuknüpfen, der anfang von 152 durch das wiederholte *hvíle* verändert ist. ohne zweifel waren 146 und 152 ehedem so verbunden

<blockquote>väs seó hvíl micel,
þät he viđ Hróðgâir hetenidas väg. usw.</blockquote>

161—169. erst mit 161 beginnt ein ganz zweck- und haltloses hin- und herreden und 159. 160 werden noch nicht anzuzweifeln sein. um so weniger, wenn Thorpe. wie nicht zu bezweifeln, 159 in *atol äglæca* das epitheton richtig ergänzte. da gleich 165 *atol ángengea* folgt. 161 f. *sinnihte heóld mistige móras* wiederholt auch nur 87 *se þe in þýstrum bâd*. 103 *se þe móras heóld*. fallen die verse nicht aus, so steht streng genommen da dass es Hrodgars grosser kummer gewesen dass Grendel nicht vor seinem

thron erschienen sei um sich beschenken **zu lassen**, während, **wenn**
man sie entfernt, **alles im** besten zusammenhange steht und **die**
erzählung stätig fortschreitet.

179—188. diese schon von Ettmüller richtig ausgeschiedenen
verse machen den schluss **einer** fitte. **auch einer der neusten**
herausgeber, der dem gedicht unnötigerweise eine **neue** einteilung gegeben. hat hier **die alte** teilung beibehalten. **so wenig**
schliesen sich jene verse an die folgenden an. aber **auch** 179
hordenra hyht '**der** beiden **hoffnung**' knüpft ungeschickt an 178
svyle väs peáv hyra 'das war **ihre** sitte' und **derselbe** dichter, der
eben erzählt hat dass Hrodgar und seine leute durch opfer und
gebete in heidnischen tempeln abwendung des **unheils suchten**,
konnte nicht darauf, '**in christlichem zorn gegen das heidenthum**'
losfahrend, sie als candidaten der hölle darstellen und noch andres
ungehörige reden. nur **170—178** und 189—193 geben den richtigen zusammenhang: **oft hielten sie** rat und überlegten was zu
tun sei, **oft auch riefen sie ihre götter an um hilfe**; so hegte
197 Hrodgar immerfort **die sorge**, aber konnte das unglück **nicht ab-**
wenden usw. erst die verse **189—193** bilden den natürlichen
schluss der **einleitung und dieser wird schön und kräftig ausge-**
drückt und **deutlich hervorgehoben**. unter den ausgeschiedenen
zusätzen aber **wüste ich keinen unterschied zu machen und nicht**
anzugeben, wonach man sie verschiedenen verfassern zuweisen
könnte. zwischen den ganz theologischen 105—114. 179—188
und den nicht theologischen 131—137. 147—151 stehen 12—25.
161—169 in der mitte. sie werden daher sämtlich B angehören.

Der erste teil, das alte lied von **Beovulfs** kampf mit Grendel
beginnt 194. wie so viele epische **lieder**, setzt es die sage im allgemeinen als bekannt voraus. wer Hygelac und Hygelacs degen,
der gute unter den Geaten sei. wird nicht gesagt, sondern als den
zuhörern bekannt angenommen. der dichter der einleitung, der
eben ausführlich von den Dänen gehandelt, konnte, wie schon bemerkt, so nicht fortfahren. erst 343, nach vollen hundert und
funfzig langzeilen wird der name des helden genannt, den schon
der erste vers des liedes einführt. der dichter sparte ihn absichtlich so lange auf. bei der ankunft im Dänenlande lässt er Beovulf
nur seinen wohl bekannten vater **Ecgþeov** 263, dann erst beim
erscheinen vor Heorot auf befragen sich selbst nennen. **da die**
interpolatoren fast zweihundert **zeilen** unberührt gelassen, so lässt

sich daraus schon eine vorstellung von der vortrefflichkeit des
liedes und dem grossen geschick des dichters gewinnen. eingeschoben sind folgende stellen.

377—385. es ist möglich dass bei den *gifsceattas*, die schiffer
von den Geaten nach Dänemark — auf Dänemark geht doch wohl
þyder? — gebracht haben sollen, nur an '*gaudent praecipue finiti-
marum gentium donis*' Germ. c. 15 zu denken ist. aber seinerseits
verheisst Hroðgar **erst zuletzt beim abschied** Beovulfs 1860 ff.
solche zusendung und hier **spricht er so, als wenn die** Geaten ihm,
wie einst dem Scild die umwohnenden 9 ff., zu regelmässigem tribut
verpflichtet gewesen wären. ist diese auffassung richtig, so stünde
der satz nur in übereinstimmung mit dem übrigen inhalt der verse.
Hroðgars einfall dass der ihm eben angemeldete Beovulf von **gott**
den Dänen zur hilfeleistung gegen Grendel **gesandt sei, und seine**
bereitwilligkeit ihm für sein kühnes vorhaben geschenke **zu bieten**
sind allzu voreilig und ungeschickt angebracht als **dass ein guter**
dichter dem könige **diese worte in den mund** gelegt **haben könnte.**
fiel dem könige dergleichen ein, so wäre es unschicklich gewesen
es auszusprechen. und was er erfahren haben will, dass Beovulf
dreissig männer stärke besitze. ist sonst nicht bekannt. nur wenn
386 unmittelbar auf 372—376 folgt, hat man eine einfache, natürliche, **wohl** zusammenhängende rede, die nichts zu wünschen
übrig lässt. auch Ettmüller hat schon die verse richtig ausge-
schieden.

418—426. der interpolator lässt den Beovulf unnötiger weise
ruhmredig werden und von einem nächtlichen kampf mit riesen
und seeungeheuern erzählen, von dem **sonst nichts** verlautet und
die sage gewis nichts wuste. Beovulf hat schon 408 gesagt: *hæbbe*
ic mærða fela ongunnen on geogoðe: wie kann er also hier noch
einmal speciell darauf zurückkommen, wo **man nur erwartet dass**
er an Hroðgar **die bitte um erlaubnis zum** kampfe richten wird!
seine rede gerät in den halbversen

nearopearfe dreáh.

vræc Vedera nið. (reán áhsodon.)

forgrand gramum

völlig ins stammeln und bevor er sein anliegen bei Hrodgar vor-
gebracht. kann er nicht sagen

and nú við Grendel sceal

við þám aglæcan ána gehegan

þing við þyrse.

ganz erbärmlich und metrisch kaum genügend ist endlich der letzte
halbvers *Ic þe nú þá*. offenbar ist er zum teil aus der folgenden
zeile genommen und 426 mit 415—417 so zu verbinden:

> *þú me þæt gehærdon leóde mine*
> *þá sélestan, snotere ceorlas,*
> *þéoden Hróðgár, þæt ic þe sóhte,*
> *brego Beorhtdena. ic þe biddan wille,*
> *eodor Scildinga, ánre béne* usw.

oder *ic þe nú*. die in den nächsten versen noch sich steigernde
häufung der anrede ist hier im vortrage der bitte ganz angemessen
und entsprach gewis der alten hofsitte. das ergiebt sich schon
aus Vulfgars rede v. 350 ff.; vgl. auch 1474 ff.

433—441. Beovulf kann nicht füglich, ehe er Hrodgars ein-
willigung hat, schon sich darüber erklären, wie er den kampf mit
Grendel ausführen will. überdies sagt er wesentlich nur dasselbe
was nachher 676 ff. beim zu bette gehen. welche stelle von beiden zu verwerfen ist. kann nicht zweifelhaft sein, auch wenn hier
nicht 441² = 447², 452² den interpolator deutlich verriete.

445²—450¹. die ersten halbverse *Nó þú minne þearft hafalan*
hýdan können nicht neben 450² *nó þú ymb mines ne þearft lices*
feorme leng sorgian bestehen, ebenso wenig 447² *gif mec deáð*
nimeð. wie eben 441 schloss *se þe him deáð nimeð*. neben 452²
gif mec hild nime. ausserdem ist der inhalt ganz unsinnig: 'du
brauchst nicht länger für meinen unterhalt zu sorgen, sondern
Grendel will mich haben, wenn mich der tod nimmt, und mich
verzehren', und Beovulf gerät abermals ins stammeln in den versen

> *byrgean þenceð.*
> *eteð angenga unmurnlice,*
> *mearcað mórhopu.*

473—488. was Hrodgar hier von Grendels untaten und den
unglücklichen versuchen seiner helden den kampf mit dem unhold
aufzunehmen sagt, muss er später 655 ff. gänzlich vergessen haben,
wo er aufs bestimmteste erklärt dass er die bewachung Heorots
niemals einem vor dem Beovulf anvertraut habe. überdies steht
der ganze passus mit dem vorhergehenden in keinem zusammenhange. aber 457 ff. leiten nur die letzten worte der rede 489. 490

> *site nú tó symle and onsæl meoto,*
> *sigehréð secgum, svá þín sefa hvette*

ein, die gar keinen sinn haben, wenn nicht die aufforderung frei
seine absichten und seinen siegesmut zu äussern die von Beovulf

erbetene erlaubnis einschlösse oder in aussicht stellte. die aus-
drückliche erlaubnis hält Hrodgar noch zurück bis 607 ff. vgl.
655 ff.

550--577. Beovulf sagt 539--541 dass er und Breca bei
ihrem schwimmwettkampf ein blosses schwert in der hand gehabt
hätten um sich (nötiges falls) gegen die walfische zu verteidigen.
nach 550 ff. ist er auch durch eine ringbrünne geschützt und der
kampf mit den seetieren wird unverhältnismässig weitläufig ausgeführt. Beovulf erschlägt ihrer mehrere und hinterher auch
noch 575 neun nichse. ein solcher kampf war 539 ff. von dem
verfasser des liedes nicht beabsichtigt. dass 549 nicht zu verwerfen
ist, zeigt 578, wo *fāra jeng* sich nicht auf *ȳđa* 548, sondern nur
auf die *merefixas* 549 beziehen lässt. derselbe dichter wird unmittelbar hintereinander zwei ähnliche sätze und langzeilen. wie
574 und 578, auch nicht mit *hväđere* begonnen haben.

587 — 589. die beschuldigung dass Hunferd seine brüder
ermordet habe (vgl. 1157 f.) ist durch nichts motiviert und in
Beovulfs munde unedel; ebenso die verwünschung desselben
in die hölle.

612 — 643. Vealhþeov, Hrodgars gemahlin, erscheint im saale
und nachdem sie Beovulf den metbecher gereicht und dieser gesprochen. setzt sie sich 641 an ihres gemahls seite und ist dann
— verschwunden. Hrodgar erhebt sich gleich danach 645 allein
um die ruhe zu suchen und auch 651 ff. ist beim abschied von
der königin nicht weiter die rede. dass das stück eingeschoben,
ist noch ganz deutlich. 611 lautet
> *þær væs hæleđa hleahtor, hlyn svinsode.*

daran schliesst sich 644 *sigefolca sveg* unmittelbar an, aber nicht
gut an 643 *þeód on sælum.* dass die hübsche interpolation von A
herrührt. ergibt sich sogleich.

664 — 668. wenn nach 641 Vealhþeov im saale ist, als
Hrodgar aufbricht, so kann er nicht die halle verlassen um die
königin als bettgenossin aufzusuchen. dass dies aber nicht etwa
ein stück des echten liedes ist. lehren die nächsten verse, die mit
leeren, schlechten redensarten, ähnlich wie unechte strophen der
Nibelunge, ausgefüllt sind, da der interpolator in den ersten an-
derthalb zeilen gesagt hat, was er zu sagen hatte: 'gott hatte gegen Grendel, wie es die menschen erfuhren, einen saalhüter
(*seleveard*) gesetzt: der versah den sonderdienst um den herrn der
Dänen und leistete (bot dar) die riesenwache (*eotonveard*)': und da

Beovulf hier das subject, schliesst sich 669 mit *háru Ciáta leiad*
nicht gut an. sind 664—668 unecht, so ist doch klar dass die
verse nicht von dem, der zuerst die Vealhþeov eingeführt und 641
bei Hrodgar hatte platz nehmen lassen, eingeschoben sein können.
sie setzen die interpolation von 612—643 voraus und diese muss
von A, jene 664—668 von B herrühren.

700—709. mit ƀ96²—699 schliefst und mit **710 beginnt**
deutlich ein abschnitt. die anknüpfung der verse 700—709 durch
selfes mihtum = þurh ánes cræft 699 verrät schon ihren jüngern
ursprung und zweimal kann doch nicht Grendel kommen, **wie er-**
zählt wird 702 f. *Com on ranre niht sceadugenga* und 710
þá com of móre under misthleoðum Grendel *gongan.*

735—757. die verse enthalten nichts **wesentlich neues und**
hemmen nur den fortschritt der erzählung. das *deófla gedräg* erinnert an 105 ff. (vgl. **1680). schon Ettmüller verwarf diese verse,**
sowie **700—709.**

771—777. wenn es hier heisst, es war ein grosses wunder
dass der saal nicht zusammenbrach, aber er war innen und aussen
wohl mit eisen versehen, nur manche metbank ward von ihrer
schwelle gerückt. so kann nicht noch einmal folgen, **die Dänen**
hätten früher nicht geglaubt dass jemand das haus **je zerbrechen**
könnte. dass 771—777 eingeschoben sind, ist klar. da 779 das
hit nur eine richtige beziehung hat, wenn 770 *reced hlynsode*
unmittelbar voraufgeht.

791—808. auch diese verse sind schon von Ettmüller ver-
worfen. Beovulf sagt 679 f. 'ich will ihn nicht mit dem schwerte
hinstrecken und des lebens berauben, obgleich ich es sehr wohl
könnte', *þeáh ic eal máge.* nur um den waffenlosen Grendel
nicht in ungleichem kampfe zu bestehen, will auch er **nicht der**
waffen gegen ihn sich bedienen. die annahme dieser verse 791—
808. dass gegen Grendel mit waffen nichts auszurichten sei, weil
er sich hiebfest gemacht hatte, ist daher ganz ungehörig. ebenso
lässt die wiederholung desselben verses **806 = 790 (vgl. 196. 197)**
und dass Beovulf 796. 797 *freádryhten* und *þeóden* heisst, wie sonst
nie im ersten liede, den interpolator erkennen; auch *on feónda*
geveald v. 808 ist an dieser stelle eine ganz sinnlose formel. **der**
rechte fortgang der erzählung stellt sich erst **wieder her, wenn 809**
auf 790 folgt. mit 836 schliesst das **erste lied. die handlung ist ab-**
geschlossen, sobald Beovulf das siegeszeichen, das ausgerissene greif-
werk, hand, arm und achsel des unholds **unter Heorots dach hinlegt.**

Als Beovulf das tut, ist alles in Heorot versammelt. *þær væs eal geador* 835. aber nach 837 ff. versammeln sich noch einmal dort am morgen viele helden und ziehen von fern und nahe, von weither herbei um das wunder zu schauen, man meint, die ausgerissene hand, aber nein, der nächste vers belehrt dass diesmal nicht diese, wie nachher 920 mit dem ähnlichen ausdruck *searorundor seón*, gemeint ist. sondern vielmehr die fussspuren des bösen, *liðes lástas*. ihnen folgen die männer nach bis zum nichsmeere, kehren dann auf rossen reitend zurück und preisen auf dem wege Beovulfs trefflichkeit aufs höchste, ohne freilich darum ihren Hrodgar herabzusetzen; denn dies war ein guter könig. damit nicht genug beginnt nun ein wettreiten (*hvílum heaðoróſe hleápan léton, on geſlit faran fealve mearas. þær him foldvegas fägere þúhton* 864 f.) und zur abwechselung fängt darauf ein degen des königs, der lieder und alten sagen kundig, an Beovulfs fahrt (*Beóvulfes síð* 872 — so konnte etwa das erste lied heissen) zu besingen, dann alles zu sagen was er von Sigemund und Fitela wuste und von dem tyrannischen alten Dänenkönig Heremod: die episode, ungeschickt eingeflochten, wird auch ungeschickt, ja schlecht erzählt. 898 ff. ist zu interpungieren:

> *Se væs vreccena ríde mœrost*
> *oſer verþeóde. vígendra hleó*
> 900 *ellendædum, (he þäs ær onþáh,)*
> *siððan Heremódes hild svedrode,*
> *eaſod and ellen. he mid eotenum veard*
> *on ſeónda geveald forð ſorlácen,*
> *snúde ſorsended. hine sorhvylmas*
> 905 *lemedon tó lange, he his leódum veard* usw.

denn gemeint ist, Sigemund sei der gepriesenste held gewesen vor dem zuletzt freilich unrühmlich endenden Heremod. der gegensatz ist schief und wird noch weniger erreicht und unglaublich schlecht in den letzten worten ausgedrückt, wo 902 *he* auf Sigemund, 904 *hine* und 905 *he* auf Heremod bezogen werden muss, weil beide sätze verschiedenes aussagen, das nicht von einem und demselben helden verstanden werden kann. ebenso ungeschickt schliesst die episode 913 ff.

> *he þær eallum veard*
> *mæg Hygeláces manna cynne*
> *freóndum geſägra: hine ſyren onvód.*

wo *he*, wie man aus dem appositionellen *mæg Hygeláces* sieht,

sich auf den seit 872, also seit 41 versen nicht genannten Beovulf
bezieht, 915 *hine* aber auf Heremod. — nachdem der sänger gesungen, reiten die helden wieder in die wette: *hwilum flitende*
fealwe strate mearum meton, heisst es 916, wie ähnlich vorher
864 f. abermals ist es morgen. *þa cās morgenleoht scofen and*
scynded 917 f., wie schon 837 *þa ræs on morgen*, und zum dritten
male versammeln sie sich in Heorot,

                    code sceale monig
          swiðhicgende tō sele þām hēan
          searorundor seón

920, wie es 838 hiess *ymb þa gifhealle gædrine monig* und 841
rundor sceárian (*sceale* = *þegn*, held findet sich auch v. 939,
aber niemals in den älteren teilen). auch der könig und die
königin erscheinen beide mit ihrem gefolge und Hrodgar hält eine
rede. dann Beovulf. endlich wird Grendels hand näher betrachtet
und beschrieben 983 ff. je verworrener diese erzählung ist, je
lehrreicher ist sie für die geschichte des gedichts. denn wer etwa
bei 612—643 und 664—668 noch die concurrenz zweier interpolatoren bezweifelte, wird hier wohl begreifen dass der eine in
das werk des andern hineinarbeitete.

Der zweite teil oder die erste fortsetzung des alten liedes
beginnt 837 - 840. sie setzt den schluss desselben, das hinlegen
der hand Grendels. unmittelbar voraus: aber ihr verfasser übersah
das *þær ræs eal geador* 835. er muss angenommen haben dass die
kunde von Beovulfs sieg und Grendels fall sich rasch in die umgegend verbreitet habe. dass die *folctogan* nicht nur *feorran and*
neán, sondern sogar *geond widwegas* 840 herbei kommen, kann
freilich auffallen. aber keinen grund zum zweifel an dem alter der
zeilen angeben. die erste interpolation, also A, knüpft zu deutlich mit *lāðes lāstas* 841 an. ebenso deutlich aber ist dass B 864
beginnt und 915 endet. dieser interpolator hatte 916 f. vor augen,
womit A nach 863 seine erzählung fortsetzte. B wiederholte aus
A gedankenlos das wettrennen und entlehnte sogar die ausdrücke:
das epitheton *fealwe* ward von der strasse 916 auf die rosse 865
übertragen. A dagegen hat verschuldet dass es 917 f. noch einmal morgen wird und dass 918 f. zum dritten male die helden in
Heorot sich versammeln. seine arbeit aber reicht bis 956. die
beiden reden müssen von verschiedenen verfassern sein, da Beovulf
nicht ein wort auf Hrodgars rede erwidert, obgleich dieser 946 ff.
ihm erklärt ihn von nun an als einen sohn lieben zu wollen und

ihn auffordert hinfort die neue sippe zu halten. Hrodgar lohnt
wie ein prediger mit gotteslohn statt mit gaben (955/56) und wird
deshalb auch gar nicht beachtet. Beovulf redet 957 ff., als wenn
Hrodgar gar nicht gesprochen hat, ja abgesehen von *þú — móste*
961 so, als wenn er gar nicht zugegen ist. keine der üblichen
anreden des königs. die die hofsitte erheischte und die sonst
(vgl. 417. 427. 428. 429. 430 usw.) nicht fehlen, kommt hier vor. ₂₀₁
Beovulf spricht ganz einfach so. wie er nach eben glücklich über-
standenem kampfe zur versammelten menge sprechen muste, und
setzt man nur das *þú — móste* 961 in den plural *ge — mósten*
um, (dass 962 statt des unsinnigen *on frætecum on fetorum* zu
lesen sei (vgl. 963 f.), erkannte Grundtvig richtig). so ist auch
957—979 nichts anderes als die rede, die der fortsetzer den Beovulf nach 840 halten liess. es folgt darauf dann ganz richtig die
nähere Beschreibung der hand, bei der ich nur noch zur ver-
gleichung mit 801 ff. auf das, was über Grendels unverwundbarkeit
gesagt wird, aufmerksam mache. dort heisst es 804, Grendel habe
sich gegen alle waffen durch zauber fest gemacht: *he sigewæpnum
forsvoren hæfde, ecga gehvylere*; hier dagegen. Grendels nägel
waren so hart wie stahl und jedermann sagte. dass kein eisen ihn
würde verwundet haben und im stande gewesen wäre die hand
fortzunehmen: *þæt him heardra nán hrínan volde íren argód. þæt
þæs ahlæcan blódge beadufolme onberan volde*: zum deutlichen beweise dass 791—808 dem fortsetzer des alten liedes noch nicht
bekannt waren.

Aber auch ausserdem hat die fortsetzung noch die ansehn-
lichsten und stärksten erweiterungen von der hand der interpolatoren erfahren.

997—1010. Heorot ist 991—996 festlich geschmückt und
schön mit teppichen behängt worden. wer dies erzählte. kann
nicht daran gedacht und hinterher berichtet haben dass der
schöne bau, obwohl *eal invveard irenbendum fæst* wie 774. so
arg zerbrochen war dass nur das dach allein unverletzt geblieben.
es werden diese verse 997—1000 von dem verfasser von 771 -
777 eingeschoben sein und damit fällt glücklicherweise auch der
darauf folgende. hier ganz ungehörige allgemeine satz. dass niemand dem tode entgehen kann. sondern sterben muss. wie auch
Grendel dem tode nicht entgieng: gleichfalls aber gehören noch zu
dieser interpolation die überleitenden zeilen 1008²—1010. wonach
Hrodgar sich in die halle begiebt um das mahl einzunehmen.

ursprünglich folgte 1011 auf 996. sind aber 1009. 1010 unecht, sind es auch

1014. 1015 mit dem unverständigen, verkehrten *mágas þira*. denn worauf lässt sich dies demonstrativ beziehen? auf die gesinden Hrodgars. obgleich der plur. 1013. 1014 den könig mit einschliesst? und die fürsten Hrodgar und **Hrodulf** heissen die mage der leute und bekommen allein zu trinken (*fägere geþægon medofal manig*)? ich glaube, der interpolator B hatte dabei die erst 1017 genannten Hrodgar und Hrodulf schon vor augen (und er meint nicht *mágas*, sondern *mayas*?), vergass aber durch anknüpfung des folgenden die richtige grammatische beziehung für das *þira* herzustellen. aber auch

1017—1019 sind ohne zweifel zu verwerfen. der fortsetzer erzählte nur kurz:

> *Bugon þá tó bence blædágende,*
> *sríðhigende on sele þám heán.*
> *þorgeaf þá Beórulfe bearn Healfdenes* usw.

dem interpolator war es darum zu tun. noch neben Hrodgar den Hrodulf anzubringen, der auch 1163 f. 1180 f. eine ganz müssige, stumme nebenperson bleibt: 1163 f. 1180 f. aber zeigen dass hier A der interpolator war. die auf die namen folgenden zeilen werden mit unnützen worten vollgemacht: 'Heorot war von freunden erfüllt. die Skildinge verübten während der zeit durchaus keine bosheit'; also wieder wie in den schlechten strophen der Nibelunge.

1046—1049. eine ganz müssige bemerkung, die nur ablenkt und stört.

1056—1062. geistliches, erbauliches gerede, das gänzlich ausser allem zusammenhang steht. diese beiden interpolationen erkannte auch Ettmüller.

1065—1232. von dieser grossen interpolation gehört ein teil A, ein andrer grösserer teil B an. dieser sondert sich leicht ab. B legt zuerst eine grosse episode, ein lied von Hnäfs und Hengests fehde mit dem Friesenkönig Finn ein 1066—1160. die erzählung ist besser, als früher 875 ff., doch keineswegs frei von unklarheiten. die allein das geringe geschick des dichters verschuldete dass die Friesen *eotenas* und Hnäfs und Hengests leute Dänen heissen. ist auch gewis viel weniger durch die überlieferung als durch die confusion und unklarheit des dichters verschuldet. die wenig glückliche anknüpfung von 1066 an 1065 'das lustholz ward geschlagen, sang oft erhoben, als oder wenn Hrodgars sän-

ger die hallfreude auf der metbank künden sollte' bezeichnet den
anfang der interpolation, die teilweise wiederholung von 1065
in 1160 ihren schluss. 1065 aber muss auch wohl darum A angehören. weil damit 1161 sich besser anschliesst und der benesrég
hier sonst noch näher an den srég in 1063 rückte, als es schon
der fall ist. wenn die interpolation von B ausfällt. ganz ohne 206
anstoss ist auch so die anknüpfung von A nicht, man lese nur

1063   1065

> par väs sang and srég samod ätgädere
> jore Healfdenes hildevisan,
> gomenvudu gréted, gid oft vrecen;

und folgte nun 1161

> beorhtode benesrég: byrelas sealdon
> vin of vunderfatum,

so beweist die wiederkehr von druncon vin veras 1233 zugleich
für den anfang und für das ende der interpolation: 1233 folgte
ursprünglich unmittelbar auf 1064. A wollte wieder nur die
Vealhþeov einführen und Hrodgars familie mehr ans licht stellen:
A erwähnt auch später 1836, wie 1189, Hredric als Hrodgars
sohn. auffallend ist 1175

> me man ságde þät þá for sunu colde
> hervrine habban.

da 946 ff., wo Hrodgar dergleichen erklärt. Vealhþeov selber nach
923 zugegen ist. aber wir werden sehen dass A im dritten teile
sich noch stärkere abweichungen von seiner eigenen früheren darstellung erlaubt. er lässt abermals die Vealhþeov ihren rundgang
halten. dann 1232 sich setzen und darauf wieder spurlos ver-
schwinden. auch 1236 begibt sich Hrodgar zur ruhe. ohne dass
noch von der königin die rede ist. unterbrochen wird noch die
erzählung von A durch zwei kleinere, leicht erkennbare zusätze
von B. 1202 schliesst sich richtig nur an 1195. 1196 an.
1197—1201 gehören B. A sagt 1196 þöru þe ic on joldan ge-
jrägen häbbe, B fährt fort Nænigne ic under svegle silvan hyrde.
es ist die bekannte stelle von Hama und dem Brosinga mene. das
er zur glänzenden burg bringt: zu welcher. ist nicht deutlich: er
verfällt darnach der nachstellung und tücke des Eormenric und
findet seinen tod. oder wie der christliche dichter sagt. geceis
ïene rod 'erwählte ewiges heil'. auch hier drückt der interpolator
sich dunkel und ungeschickt aus; wahrscheinlich kannte er nicht
einmal die sage genau. nach 1205 aber konnte die rede der

Vealhþeov nicht bis 1215 hinausgeschoben werden. die eingeschalteten verse 1206—1214 führen die geschichte des von der
königin geschenkten ringes etwas weiter aus als 1202—1205, wo
weder Friesen noch Franken als diejenigen genannt werden, bei
denen Hygelac fiel. ohne doch sonst wesentlich neues hinzuzufügen.
bei der letzten halbzeile 1214 *heal swege onfeng* hört jeder zusammenhang auf. auch fängt 1206 ungeschickt ebenso wie 1204
mit *syððan he* an.

   1251²—1255¹. 'einer und der andre entgalt der abendruhe,
wie es ihnen gar oft begegnete, solange Grendel den goldsaal inne
hatte. unrecht übte, bis dass sein ende kam, er starb seiner schuld
oder seinen sünden gemäss'. man sieht leicht, dem urheber dieser verse. ohne zweifel B, war es darum zu tun den ersten gedanken anzubringen. aber er konnte dann den übergang zum folgenden und den rechten liedstab wieder nicht anders finden als
durch unnötiges und ungehöriges gerede. es ist zu verbinden und
im folgenden zu interpungieren:

   Sigon þá tó slæpe. þæt gesyne wearð.
   rideað werum þætte wreccend þá gyt
   lifde æfter láðum. lange þráge
   æfter gúðceare Grendles módor usw.

die *gúðceare* ist natürlich der tod ihres sohnes. das *lange þráge*
macht im ersten augenblick stutzig. da Grendel erst in der letzten
nacht gefallen ist. aber da es wiederum abend geworden, kann es
doch von der rachedürstenden mutter heissen, sie gedachte lange
schon des leids. weil sie den augenblick der rache mit ungeduld
erwartete.

   1261—1278. wiederum ganz ungehöriges geistliches gerede
von Cain. als dem ahnherrn aller unholde, wie 105 ff., von Beovulfs stärke und gottvertrauen. eines beweises der unechtheit bedarf es weiter nicht. aber fallen diese verse aus, so stösst man
bei 1282 an. da eben fünf verse vorher 1258 *Grendles módor* genannt ist. weil hier das subject mit denselben worten unnötiger
weise wiederholt und hervorgehoben wird. es hätte 1281 das
blosse pronomen *heó* genügt. auch der gedanke 'der schreck (über
Grendels mutter) war. man muss ergänzen im vergleich zu dem
den Grendel ehedem hervorrief. gerade um so viel geringer, als
überhaupt der kriegsschrecken. den ein weib verbreitet, wo männer kämpfen' ist an sich nicht eben glücklich noch auch gut ausgedrückt. man erwartet viel eher die bemerkung dass der

schrecken über das erscheinen der mutter im ersten augenblick
nicht geringer war, als der ehedem über Grendel. trotz der schön
und kräftig ausgeführten schilderung des schwertkampfes 1285—
1287 halte ich auch diese verse 1282—1287 für unecht und für
einen zusatz von B, der sich auch an andern stellen, namentlich
3021—3027, des epischen wortpomps in hohem grade mächtig
zeigt, aber auch sonst nicht selten (s. zu 1700—1703. 2650—
2652. 3074 f.) ein unentbehrliches satzglied fehlen lässt. auch
1302 stösst man an an dem *heó under heolfre genam cúðe jolme*.
da die riesin 1292 in eile ist und 1294 rasch nur einen der edel-
linge ergreift, in dem augenblick *þá heó tó fenne gang*. auf jeden
fall ist der angeführte satz in parenthese zu setzen, da 1302. 1303
hreám rearð in Heorote, cearu wæs geniwod zusammengehören, und
das praeteritum als plusquamperfect zu fassen*. 1319 ist vielleicht
nære statt *ware* zu lesen.

1335—1344. erstlich ist die weitere ausführung über Grendel
hier gar nicht am orte. 1338 *and nú óðer cwom mihtig manscaða.
wolde hyre mæg wrecan* enthält nichts neues; schon 1333 ist gesagt
heó þa fæhðe wræc. 1341 ff. sind dann womöglich noch elender,
ja zum theil sinnlos. Hrodgar sagt 1331—1334, er wisse nicht
wohin der böse geist, der Äschere getötet, sich begeben hat; aber
er weiss dass es ein weib war, die Grendel zu rächen kam. darauf muss 1345 unmittelbar folgen

ic þæt londbúend leóde míne
seleradende secgan hýrde usw.

1432²—1441¹. ein ganz zweckloser, ja alberner einfall dass
Beovulf eins der wassertiere mit dem bogen erlegt und dass dies
dann ans land gezogen und betrachtet wird. streicht man die
verse, wird nicht nur nichts vermisst, sondern nun erst schreitet
die erzählung ungehindert und richtig fort.

1455—1472. Hunferd heisst 1456, wie 1165 bei A. der þyle
Hrodgars, und dies hofamt scheint nach 1166 lediglich aus dem
ehrenplatz, den er im alten liede 500 einnimmt, von A für ihn
gefolgert zu sein. wie dem aber auch sei, es ist mir nicht im
geringsten zweifelhaft dass die verse 1455—1464 ein zusatz von
A sind, denen später noch die übrigen, schlechteren 1465—1472
bis zum schluss der fitte von B angehängt wurden. dass Beovulf.
bevor er sich in die flut stürzt, brünne und helm anlegte, muste
erwähnt werden 1442—1452, aber dass er auch ein schwert mit-

---

* [1314. 1315 zweifelt eine randnotiz als unecht an.]

nahm, konnte dabei als selbstverständlich **übergangen werden**. gerade da wo er das schwert gebraucht 1519—1532 und dies sich als unnütz erweist, so dass er es von sich wirft, kommt nicht nur nicht der name Hrunting vor, sondern es wird so von dem schwerte gesprochen dass, wenn der dichter derselbe wäre, er an der zweiten stelle vergessen haben müste, was er früher von Hrunting gesagt. Hunferd leiht dem Beovulf Hrunting *on þearfe* **1456**,

> *þät räs än foran caldgestreóna* **1458**.
>
> *nefre hit ät hilde ne sväc*
>
> *manna ængum, þára þe hit mid mundum berand* **1460f.**
>
> *näs þät forma sið*.
>
> *þät hit ellenveorc äfnan sceolde* **1463 f.**

von Beovulfs schwerte aber heisst es nachher **1524 ff.**

> *ac seó ecg gesväc*
>
> *þeódne ät þearfe: þolode ær fela*
>
> *handgemóta*
>
> *þá räs forma sið*
>
> *deórum mádme, þät his dóm äläg.*

also dieselben gedanken, ja dieselben formeln kehren wieder und doch nicht die geringste beziehung auf die frühere stelle. A aber, der hier 1524ff. nachbildet, kommt in seiner fortsetzung noch einmal 1659 (über 1807 s. unten) auf Hrunting zurück und lässt den Beovulf sagen dass er damit. obgleich das schwert gut sei, nichts habe ausrichten können: beweises genug dass auch 1455— 1464 A angehören. nicht minder sind auf seine rechnung zu setzen 1488—1491. Beovulf bittet Hrodgar, *gif mec hild nime* **1481**. seinen leuten ein *mundbora* zu sein und, ähnlich wie **450 ff.**, die gaben, die er von ihm empfangen, dem Hygelac **zu übersenden**, damit dieser sehe welchen guten herrn er gefunden. seine rede schliesst er dann mit den worten 'und Hunferd lass du das alte, schön verzierte schwert haben: ich will mir mit Hrunting ruhm erwerben *oððe mec deáð nimeð*'. schon die unwillkürliche wiederholung derselben formel verrät den interpolator, und welches alte schwert meint Beovulf? das von ihm von hause mitgebrachte oder das *mære mäððumsveord*,. das ihm Hrodgar **1023** verliehen hat? das eine oder das andre hätte ein dichter, der ganz in der sache steht, ihn aussprechen lassen: oder warum übergab er nicht gleich für den fall seines todes sein schwert an Hruntings statt an Hunferd selbst? so erweisen sich auch diese der rede **Beovulfs angehängten verse als ein zusatz von fremder hand**, ganz abgesehen von 1455—1472.

1497—1512. nach 1513 ff. befindet Beovulf sich auf dem 210
grunde des gewässers in einer von einem feuer beleuchteten behausung: da erblickt er die riesin (*ongeat þá se góda grundvyr-
genne, merevíf mihtig* 1518 f.) und stürzt nun auf sie los, mit un-
aufhörlichen schwerthieben auf sie einhauend. es kann also nicht
richtig sein dass, als er in die tiefe taucht, 1497 ff. alsbald das
weib ihn packt und in ihre wohnung trägt und so umklammert
hält *svá he ne mihte nó (he þeáh módig vǽs) vápna gevealdan* 1508 f.
wie er wieder loskommt, wird gar nicht einmal erzählt. vielmehr
umgieng es der interpolator, indem er nach den zuletzt angeführten worten, da Beovulf nach 1507 schon in Grendels hofe ist,
zurückgreifend mit einem sonderbaren *ac* fortfährt 'sondern ihm
setzten viele ungeheuer im wasser zu und manches seetier zerbrach ihm mit seinen hauzähnen die brünne, bedrängte den armen'.
die verse 1497—1512 müssen notwendig gestrichen werden. 1512
þá se eorl ongeat lenkt wieder ein, wohin schon 1496 führte. *ær
he þone grundvong ongytan mehte*. und es scheint nicht einmal
nötig 1513 *þæt* in *þá* zu ändern. übrigens kann 1495 unmöglich
mit der *hvíl dǽges* die ganze dauer des tages gemeint sein, wie
die herausgeber auslegen. als 1600 die Dänen das vorgebirge
verlassen, ist es *nón dǽges*, also nachmittags um drei uhr. A, dem
1600 gehört, hat also jedesfalls nicht daran gedacht dass Beovulf
den ganzen tag gebraucht habe um die tiefe zu erreichen. und
darauf deutet auch sonst nichts. dass der mittag, gleichsam das
interstitium diei, *hvíl dǽges* geheissen habe, lässt sich nicht erweisen.
aber *þá vǽs hvíl dǽges* (sc. *ágongen*), *ær he* — kann ohne zweifel
heissen 'es vergieng eine stunde tages, ehe er —'.

1533--1556. die interpolation ist ähnlich wie die vorige. als
Beovulf sieht dass seine hiebe, die er auf die riesin führt, nicht
fruchten, wirft er sein schwert an die erde und versucht es im
handkampf. er drückt das weib zu boden, aber sie lohnt ihm, wirft
ihn nieder, setzt sich auf ihn und versucht mit ihrem sachs ihn
zu töten. doch schützt ihn der panzer —

> *and hálig god*
> *geveóld vígsigor; vitig dryhten,*
> *rodera rǽdend hit on riht gescéd:*
> *ŷðelíce syððan he eft ástód.*

so ist der satz zu interpungieren. gerade also wie in unsern
spielmannsgedichten, wenn der übermut oder die unbesonnenheit
der poeten den helden in eine lage gebracht hat, aus der nach 211

menschlichem ermessen **keine rettung für ihn ist, so hilft zuletzt**
der liebe gott **und 'leicht steht er darnach wieder auf';** wie das
geschieht. **darf man** natürlich nicht fragen. **der** ursprüngliche,
einfache zusammenhang der erzählung ist offenbar der dass Beovulf
es **gar** nicht zum ringkampf kommen lässt, sondern **sein schwert**
als unbrauchbar hinwirft, **weil er 1557 ff. da in** der behausung
ein gewaltiges altes riesenschwert entdeckt, **das er** ergreift und
mit dem er dem weibe den garaus macht. die anknüpfung **der**
interpolation **mit** *stið and stýlecg* 1533 ist zu deutlich, als dass
man daran denken könnte, etwa noch 1533—1540 als echt zu
retten.

1562. *gigantas* kommen nur in versen des zweiten interpolators B vor 113. 1690. ausserdem heisst das schwert schon
1558 *eald sveord eotenisc ecgum þyhtig, vigena veorðmynd: þät väs
rapna cyst.* der vers 1562 *gód and geatolic giganta geveorc* sagt
also nichts neues.

1569—1590. den matten, bedeutungslosen vers 1569 verwerfe
ich mit. obgleich sich die unechtheit nicht gerade beweisen lässt.
aber 1570—1572 wiederholt nur was 1516 f. schon gesagt ist,
und der einfall dass Beovulf, um Grendel die vielen von ihm verübten untaten zu vergelten, der leiche desselben. die er auf einem
bette da liegen sieht, den kopf abhaut und dass darnach ein blut-
strom emporschiesst. der die am strande harrenden genossen das
schlimmste ahnen lässt, ist arg. ihm setzt aber die zweite fortsetzung III voraus und das stück 1569—1590 wird darnach A
zuzuschreiben sein. dass das gewässer sich mit blut färbt, ist
natürlich die unmittelbare folge des hiebes, mit dem Beovulf
1566 f. der mutter Grendels den kopf vom rumpfe trennt.

1600—1611. auch diese verse müssen von A eingeschoben
sein, weil die zweite fortsetzung III voraussetzt dass Hrodgar
und die seinen vor den Geaten nach hause zurückgekehrt sind. die
verse 1600—1605[1] aber sind nicht zu retten. wenn 1605[2]—1611
unecht sind, und dies bleibt nicht zweifelhaft, da nicht zweimal
erzählt sein kann dass das schwert von dem gift des blutes geschmolzen sei. 1615[2]—1617 aber wegen ihres zusammenhangs mit
den vorhergehenden versen als echt anerkannt werden müssen.
nach der darstellung der ältern fortsetzung des ersten liedes (II)
nahm Beovulf aus der behausung Grendels 1614 nur den kopf,
natürlich den kopf der mutter, und den griff des schwertes, dessen
klinge geschmolzen war, mit und taucht damit empor:

væron ȳđgebland eal gefalsod 1620.

(die beiden nächsten verse mit *þis lænan gesceaft* sind wohl ein zusatz von B; vielleicht auch 1617?) er freut sich seiner beute:

sælúce gefeah,

mägenbyrđenne þára þe he him mid häfde 1624 f.

am ufer empfangen ihn die helden

þeódnes gefégon,

þäs þe hi hine gesundne geseón móston.

so heisst es 1627 f. mit deutlichem parallelismus zu 1624 f. und damit, mit der beendigung der zweiten heldentat, schliesst die ältere fortsetzung oder der zweite teil. in den nächsten versen tragen Beovulfs genossen das haupt Grendels, nicht das der mutter fort und werden von Hrodgar in Heorot empfangen. die ältere fortsetzung II nennt Beovulf *þeóden* nicht nur 1627, sondern auch 1525 (vgl. oben zu 791—808). sie nennt zweimal 1044. 1319 den Hrodgar *eodor* oder *freá Ingvina*, welchen namen weder das alte lied I kennt noch auch die einleitung erklärt, während andrerseits die unbekanntschaft mit den in der einleitung angekündigten gliedern des dänischen königshauses ausser Hrodgar, wie schon erwähnt s. 194 f., hinlänglich die annahme rechtfertigt dass beide stücke, einleitung und fortsetzung II. verschiedene verfasser haben.

————

Wie eben gezeigt, so schliesst sich der mit 1629 beginnende dritte teil, die jüngere fortsetzung genau an die gestalt an. die I und II, das alte lied und seine erste fortsetzung durch die hand des interpolators A erhalten hatten. um nur noch eins hervorzuheben, Grendels haupt wird 1647 f. bei den haaren in Hrodgars saal getragen, *egeslic for þeorlum and ære idese mid* 1649. seit 1215. 1232 ist von der Vealhþeov nicht die rede gewesen und es ist eine starke zumutung hier bei *þære idese* an sie zu denken, doch ist eine andre auffassung nicht wohl möglich, aber auch niemand anders als A, der die Vealhþeov in I und II auftreten liess, kann sie so erwähnt haben. weiterhin im gedicht kommen allerdings bemerkenswerte abweichungen von der darstellung des ersten teiles vor doch ehe wir darauf eingehen, wird es richtig sein zuerst die zusätze von B aus der arbeit von A auszuscheiden. 213

1679. 1680. auf *enta ærgeveorc* folgt gleich 1681 *rundorsmiđa geveorc*, auf *hit on æht gehvearf Denigea freán* ebenso 1684 *on geveald gehvearf voroldcyninga þám selestan* usw. so kann sich

nicht derselbe dichter wiederholen. wie hier vom *deófla hryre*,
sprach B auch 756 vom *deófla gedräg*. natürlich ist *and* 1681 zu
streichen.

1688—1693. auf dem **schwert soll der anfang** des alten streites
geschrieben gewesen sein, wie es scheint des streites mit den
riesen: gott habe seitdem durch die sintflut das *giganta cyn* (s. zu
1562) vertilgt. nach den folgenden versen 1694—1698[1] aber stand
in runen auf den flächen des griffes der **name des ersten** besitzers.
Dass beides sich nicht mit einander verträgt und dass die giganten
und die sintflut hier dem theologisch gelehrten B angehören,
leuchtet ein. 1687 ist durch ein kolon zu schliessen und 1698
ebenso oder durch semikolon in der caesur zu trennen.

1700—1768. sieht man etwas genauer zu, so hält Hrodgar
zwei reden, die nicht wohl demselben hirn entsprungen sein können.
die eine, kürzere 1769—1784 ist der situation ganz wohl angemessen. 'fünfzig jahre lang', sagt er zu Beovulf, 'herschte ich
über die Dänen und hatte sie kämpfend beschützt, so dass ich
von keinem gegner auf erden wuste. da kam nun Grendel und
brachte mir endloses herzeleid. daher danke ich gott, weil ich es
noch erlebte dass ich dies blutige haupt hier vor mir sehe. setze
dich nun und schmause mit! morgen werde ich dir lohnen'. die
andre längere rede 1700-1768 ist eine in mehr als einer hinsicht
unpassende predigt, wie sie von dem theologisch gelehrten und
zugleich sagenkundigen B erwartet werden darf. auch an unklaren
unzusammenhängenden sätzen und gedanken ist kein mangel, obgleich der interpolator sich hier frei ergehen konnte. Hrodgar
beginnt: 'wer wahrheit und recht übt und so weit (wie ich) zurück-
denken kann, muss sagen dass dieser held der bessere ist (besser
als —?). dein ruhm, Beovulf, erhebt sich weithin über alle
völker. alles das (was den ruhm gibt?) besitzest du in geduld
(mit mässigung und ohne überhebung?), nemlich stärke und weisheit. (dasselbe rühmt Hrodgar noch einmal passender 1844 an
Beovulf.) wie ich dir früher sagte (gemeint sind die worte, die
A 947 ff. Hrodgar in den mund legt), werde ich dir meine liebe
leisten. du sollst deinen leuten noch lange zum troste werden.
nicht ward Heremod so den Dänen' und nun folgt eine zweite
schilderung des alten tyrannen, den B schon einmal 901 ff. vor-
geführt hat. Beovulf solle sich daraus eine lehre nehmen und
heldentugend, milde und edelsinn ins auge fassen; (das tut er aber
schon nach dem vorhergesagten, da er stärke und weisheit ver-

einigt) es sei viel davon zu sagen — so beginnt 1724 ff. der
zweite teil der rede —, wie gott weisheit, besitz und heldenschaft
auf erden verteile.   1728 f.

> hvilum he on lufan læteð hworfan
> monnes módgeþonc mæran cynnes,

ist ohne sinn, wenn *lufe* nicht wonne, freude bedeutet. gott gibt
dem manne erdenwonne auf seinem erbsitz, macht ihm untertan
teile der welt, ein weites reich, so dass er in seinem unverstande
selbst an sein ende nicht denken kann. er lebt in fülle und ohne
sorgen, alles in der welt geht ihm nach wunsche. das schlimmere
kennt er nicht, bis hochmut in der unbewachten seele anwächst.
so treffen ihn die pfeile des bösen (also kennt der interpolator
Ephes. 6, 16). nun dünkt ihn zu wenig was er bisher besass.
er wird geizig und karg und denkt nicht an sein künftiges schicksal
und achtet nicht der wohltaten die ihm gott ehedem erwiesen.
stirbt er endlich, so greift ein andrer zu und vertut sorglos seine
schätze. Beovulf solle sich vor solcher schlechtigkeit hüten und
das ewige heil sich erwählen, nicht hochmütig werden. jetzt stehe
er noch in der fülle seiner kraft eine weile, bald aber werde er
auf irgend eine weise kraftlos und alt werden und der tod sich
einstellen. wie doch in aller welt kommt Hrodgar dazu dem
Beovulf, dem er zunächst doch seine freude und seinen dank für
den neuen sieg ausdrücken soll, diese predigt zu halten und diese
vorhaltung zu machen? es fehlt jeder grund dafür; das meiste steht
in gar keiner beziehung zur situation. man vergleiche noch Hrodgars
letzte rede 1841 ff. und man wird sich wohl überzeugen dass
dieser poet, der nicht weiss was er will und soll, nicht A, sondern
sein nachfolger war. vgl. zu 2631—2660.

1807—1812. wenn diese verse von A herrührten, so müste
er angenommen haben dass Beovulf das von ihm 1531 f. als unbrauchbar hingeworfene schwert, ehe er die behausung Grendels
verliess, wieder aufgenommen und mit heraufgebracht habe, was
aus Beovulfs rede 1659 ff. nicht erhellt. doch liesse sich denken
dass A bei dem interesse, das er an Hunferd und seinem schwert
Hrunting nahm (s. zu 1455 ff. 1488 ff.), sein verhältnis zu Beovulf
zuletzt noch beim abschied zu einem freundlichen abschluss brachte.
aber die verse 1807—1812, die man ohne dass man etwas vermisst
herausnehmen kann, die sogar den einfachen fortschritt der erzählung unterbrechen, enthalten doch zu viel anstössiges als dass
man A für ihren verfasser halten könnte. der unbefangene leser

9*

muss dem zusammenhange nach 1807 *se hearda* von Beovulf verstehen und dann freilich 1808 *sunu Ecglafes* nicht als apposition,
sondern als accusativ fassen. Beovulf muss auch 1809²—1812¹
notwendig subject sein, da nichts einen wechsel andeutet, es müste
denn nach 1809 ein vers ausgefallen sein. es ist 1809 statt *þæs
hlænes* gewis *þæs lænes* zu schreiben und der ganze inhalt der verse
ist dann der, dass Beovulf zu guter letzt dem Hunferd sein schwert
zurückgibt, ihm für das darlehn dankt und ihm noch obendrein
eine art ehrenerklärung gibt: der letzte halbvers *þæt wæs módig
secg*, den man ohne zweifel auf Hunferd beziehen soll, hinkt erbärmlich nach. alles das kann aber nicht A erst hier, sondern
nur einem interpolator eingefallen sein.

1866—1869. schon 1380—1382 hat Hrodgar dem Beovulf
eine neue, zweite belohnung, *swá ic ær dyde*, versprochen, *gyf þú
on weg cymest*. er schliesst 1783 f. mit den worten

> *unc sceal worn fela*
> *máðma gemænra, siððan morgen bið*.

und beim abschied erklärt er dann mit ähnlichem ausdruck 1855 ff.

> *sceal*
>
> *Geáta leodum and Gárdenum*
> *sib gemænum and sacu restan,*
> *inwit, þenden ic wealde widan ríces,*
> *máðmas gemæne usw.*

doch eine neue beschenkung wird hier nicht angekündigt, sondern
nur die zusendung von liebesgaben (vgl. zu 377—385) versprochen,
und A muss die zweite beschenkung hier übergangen haben, wenn
1866—1869 eingeschoben sind. die verse, die in der geschwindig-
keit berichten dass Hrodgar dem Beovulf zwölf *máðmas* gegeben
und den wunsch ausgesprochen habe damit gesund zu den seinigen
zurückzukehren und bald wieder zu kommen, sind doch zu schlecht,
dass man sie für echt halten könnte. es fehlt alle und jede ausführung, man erfährt nicht einmal welcher art die *máðmas* waren
und der wunsch des wiedersehens wird gleich 1875 f. besser ausgedrückt. auch unterbrechen die verse den natürlichen zusammenhang. unmittelbar nach dem schluss seiner rede 1865 muss
Hrodgar 1870 ff. den Beovulf umarmen und seiner zärtlichkeit und
rührung freien lauf lassen. dazwischen haben 1866—1869 keinen
platz. vgl. jedoch noch unten über 2142. 2143.

1931—1962. herausgeber des Beovulfs sollten mit deutschen
eigennamen einigermassen bescheid wissen und nicht 454 *Hrædlan*

statt *Hreðlan* (zs. 12, 200). 1929. 1981 *Hæredes* statt *Hæredes*
(zs. 9, 246. 11, 290), 2921 *Mereioinga* statt *Mereci-Merereoinga*
(zs. 6, 431. 9, 247, vgl. 10, 160) schreiben und ebenso wenig
1931 ein compositum *Móðþryðo* bilden. es müste wenigstens
Móðþryð heissen, wie bei Kemble cod. diplom. nr. 33 a. 691
Osþryð, nr. 39. 84 a. 696. 738 *Mildryð*, nr. 78 a. 734 *Sæþryð*,
nr. 118. 119. 122. 138. 151 a. 770—787 *Cyneðryð* usw. aber
das simplex *Þryð* oder *Þryðo*, ein appellativ wie *Hygd* (ahd.
hugida) *Veleda* (= *Vilitha*) *Minnu Triuwa Wunna* usw. (zur
runenl. s. 55), kann auch unverkürzt als name verwandt werden,
während das compositum adjectivische form erheischt. dass in
dem vers 1931

móðmgestreóna. mód Þryðo wæg,

der name nicht der hauptstab ist, kann nicht für das compositum
beweisen. *mód*, zorn oder hochmut, wird vielmehr als die cha-
racteristische eigenschaft der Þrydo im gegensatz zu der milde der
Hygd hervorgehoben und der satz erhält erst sein richtiges epi-
sches gepräge, wenn *mód* das object und *firen ondrysne* im nächsten verse die apposition oder nähere bestimmung dazu abgibt.
das simplex wird auch noch durch die überlieferung des dreizehnten jahrhunderts, durch die vita Offae I et II bestätigt, die, wie
schon Kemble bemerkte, nur die sagen von dem alten anglischen Offa
auf den mercischen könig Offa, der 795 starb, überträgt 's. schleswig
holst. sagen s. 4—7 [und oben s. 76]) und von der gemahlin desselben, der eben urkundlich nachgewiesenen Cyneþryd, die ursprünglich *Drida*, dann *Quendrida* d. i. *Þryd* und *Ceinþryd* oder *cein Þryd*,
königin Þryd (Myth. 394 f.) geheissen haben soll, ähnliches berichtet, wie unsre stelle von des alten Offas gemahlin. dass in
1931 derselbe name steckt, hat zuerst Grundtvig ausgesprochen.
es wird die Þrydo zuerst der Hygd als eine arge unholdin entgegengesetzt, dann aber 1945 ff. noch eine andre abweichende sage
mitgeteilt, *ealodrincende* — beim trunke wurden ja alte lieder und
sagen vorgetragen — *óðer* (anderes) *sædan*, wonach sie seit ihrer
verheiratung mit Offa sich keineswegs so schlimm gezeigt hätte.
notwendig ist 1944 mit einem vollen punkt zu schliessen. man
könnte nun auf den gedanken kommen, bloss diesen letzten abschnitt 1945—1962 als später von B angehängt abzutrennen.
aber es fehlt überhaupt an jedem erdenklichen grunde den gegensatz der Þrydo und Hygd hervorzuheben und nur ein interpolator,
der überall gelegenheit sucht seine sagenweisheit anzubringen,

konnte auf diesen einfall kommen. über 1931 zurück aber ist
dann auch der zweifel nicht auszudehnen und die verse 1925—
1930 werden von A herrühren, der damit seine leser oder hörer
auf die folgende erzählung vorbereiten wollte; sie müssen schon
von B vorgefunden sein.

2032—2066. gleich hier hat B wieder die gelegenheit benutzt ausführlicher über die fehde der Dänen und Headobearden
nachricht zu geben, ohne zu bedenken dass Beovulf die tochter
Hrodgars nur als verlobte des sohnes Frodas im hause ihres vaters
gesehen hat 2024 f. völlig unbekümmert darum erzählt er weiter
von dem wiederausbruch der feindschaft nach der vermählung.
dass A auch diese begebenheiten kannte, leidet keinen zweifel,
da er Beovulf erst 2029—2031 die bemerkung dass fehden selten
auf diese weise beigelegt würden, *peáh seó brýd duge*, dann 2067 ff.
geradezu die ansicht aussprechen lässt dass die freundschaft der
beiden völker nicht von langer dauer sein werde. dass 2067 ff.
þý ic Heaðobeardna hyldo ne talige usw. auf 2031 ursprünglich
folgten, ist klar. B lässt wieder wie gewöhnlich manches im unklaren. wer ist 2035 das *dryhtbearn Dena*, der *fæmnan þegn*, der
sohn wie es scheint 2059. 2036 ff. 2047 ff. desjenigen, der den
Froda erschlug? wer 2051 Vidergild? hier werden doch zu starke
voraussetzungen gemacht; es bleibt eine hauptperson ungenannt,
eine nebenperson aber wird genannt und zwar so, als wäre sie die
sagenberühmteste. auch 2039. 2040. 2050—2052. 2061 f. könnten
besser ausgedrückt sein.

2107—2110. dass der alte Hrodgar mitunter (*hvílum*) selbst
die harfe geschlagen habe, fällt doch auf, wenn auch die kunst
eine hof- und heldenmässige war. aber wenn dies mehr als ein
einfall des interpolators wäre, dann müssten die nächsten beiden
hvílum doch einige abwechslung in Hrodgars vorträge bringen;
mit ʻbald trug er vor ein lied wahr und traurig, bald erzählte er
wahrheit gemäss eine wunderbare geschichte' ist auch wohl dergleichen beabsichtigt. im grunde aber sind das doch nur leere
redensarten, die einer, der seinen haupteinfall ausgespielt, in der
not herausbringt um noch ein paar verse voll zu machen, dabei
übersehend dass sein vorgänger eben im letzten satz 2106 dasselbe verbum *rehte* gebrauchte. 2105 f, ʻder alte Scilding, der so
viel erfahren, erzählte aus alten tagen' und 2111—2114 ʻmitunter
auch fieng der alte krieger an um die kampfkraft seiner jugend
zu klagen; es schwoll ihm das herz, wenn er das alles bedachte'

sind eng zusammenhängende sätze und gedanken, die 2107—2110
nur auseinander reissen,

[2142. 2143. die erste beschenkung erwähnt Beovulf 2101
—2104 und die geschenke, die er 2152 ff. dem Hygelac übergibt,
sind nur dieselben, die er damals 1020 ff. 1030 ff. erhalten hat. er
erwähnt aber auch 2134, in übereinstimmung mit 1370—1382,
des ihm von Hrodgar gegebenen versprechens einer zweiten belohnung für den sieg über Grendels mutter, wenn nun auch 1866
—1869 unecht sind und A dort die beschreibung der zweiten
begabung übergieng, so konnte er doch hier immerhin kurz davon
berichten lassen, weil er auch sonst gerade in der erzählung Beovulfs mehrfach von der früheren darstellung abwich. freilich auf
2138—2141 'ich erschlug Grendels mutter mit einem grossen
schwerte und kam nicht eben leicht mit dem leben davon: noch
nicht war ich dem tode bestimmt' folgen 2142. 2143 ganz unvermittelt:

> ac me eorla hleó eft gesealde
> máđma menigeo, maga Healfdenes;

auch kann auffallen dass gleich 2146 f. wiederholt wird

> ac he me máđmas geaf,
> sunu Healfdenes.

aber das letzte bedenken gegen 2142. 2143 ist leicht zu be-
seitigen. man muss sie jedenfalls durch die stärkste interpunction
von den vorhergehenden versen absondern und den letzten abschnitt der rede damit und nicht mit 2144 beginnen, womit in der
hs. eine neue fitte anfängt.]

2177—2189. bedenken erregt schon der allgemeinere satz
2166—2171, besonders spricht der vers 2168 dyrnum cræfte deáđ
rénian einen gedanken aus, für den jede veranlassung fehlt. 2167
kann man schon eher hingehen lassen, als negativen ausdruck für
'ein mag soll dem andern treue beweisen'. unzweifelhaft unecht[219]
scheint mir dagegen 2177—2189. Beovulf hat den Hygelac, dann
die Hygd 2172—2176 beschenkt und Hygelac vergilt 2190—2196
nach alter regel die gabe mit gegengabe. wie passt aber dazwischen jenes allgemeine lob, dass Beovulf sich immer gut be-
tragen, nie die trunkenen genossen erschlagen und nie sich wild
und rauh gezeigt habe, obgleich ihm gott die gröste körperkraft
verliehen hatte? und was soll ausserdem noch die erzählung dass
er lange zeit von den Geaten misachtet und für träge, un-
kriegerisch und untüchtig gehalten sei, bis ihm endlich für allen

verdruss ein ersatz geworden? **offenbar ist hier, was** sonst **von**
Offa und **manchen** andern helden erzählt **wurde,** nur auf Beovulf
übertragen, aber sehr unpassend und im stärksten widerspruch
mit der ganzen darstellung des ersten liedes, besonders mit Beo-
vulfs eignen worten 408 f. *hæbbe ie mærða fela ongunnen an geó-*
goðe und der episode von seinem jugendabenteuer 535 ff. was A
zu dieser abschweifung und übertragung bewogen haben könnte,
ist nicht abzusehen, bei B dagegen kommt es auf keinen grund,
sondern nur auf die gelegenheit an, wo er seine weisheit und einfälle anbringen kann. den vers 2182 hat er schon einmal gebraucht 1270, und **zwar** ebenso von Beovulfs körperstärke. sind
aber 2177—2189 eingeschoben, so kann die echtheit von 2172—
2176 nicht in frage kommen.

Mit 2199 ist das dritte viertel des gedichts zu ende. die
erste abweichung, durch die sich A·von der darstellung der ältern
teile entfernt, ist kaum nennenswert. nach 1557 erblickt Beovulf
das alte grosse schwert in Grendels wohnung *on searvum,* unter
andern waffenstücken; nach 1662 aber sieht er es an der wand
hängen, *on vage hangian.* es ist möglich, aber doch nicht gewis,
dass der verfasser von II es sich ebenso gedacht hat. die ver-
heissung 1836 dass Hredric, wenn er einmal ein bündnis suchend
sich an die Geaten wendete, dort viele freunde finden werde, setzt
1189 voraus, wo A die söhne des Hrodgar genannt hat, 1890 ff.
aber das erste alte lied 229 ff., ja die beschreibung der seefahrt
1906 ff. erinnert **sogar in einzelnen ausdrücken an I:** 1909 *fleát*
fámigheals an 218 *flota fámigheals,* 1910 *bundenstefna* an 216 *rudu*
bundenne, 220 *rundenstefna.* 1911 f. *þæt hie Geáta* **clifu** *ongitan*
meahton an 221 ff. *þæt þá liðende lond gesávon, brimclifu blican,*
beorgas steápe, síde sænässas, aber Hygelacs worte 1994 ff.

220   *ic þe lange bäd,*
                þæt þú þone välgäst rihte ne grétte,
                lēte Súðdene sylfe geveordan
                gúðe vid Grendel

stimmen nicht mit 202 ff.

                þone siðfät him snotere ceorlas
                lythvon lōgon, þeáh he him leóf väre;
                hretton hygerófne, häl sceávedon

und 415—418. **man** muss also annehmen **dass** A sich diese abweichung erlaubt hat. **weil sie** ihm für seinen augenblicklichen
zweck die schilderung der stimmung Hygelacs während Beovulfs

abwesenheit **günstig schien. noch stärker weicht** die erzählung
Beovulfs **von seinen** abenteuern **vom alten liede** und der **ersten
fortsetzung ab, aber offenbar weil A nicht bloss** einfach das einmal gesagte wiederholen wollte. nach 2013 soll Hrodgar **dem**
Beovulf gleich **nach dem empfange einen platz neben seinem sohne**
angewiesen **haben, während** er nach A 1190 f. nur am zweiten
tage den platz **bei Hredric** und Hrodmund **inne hat. ferner nicht**
nur Hrodgars gemahlin 2016—2019 soll im **saale erschienen sein,**
sondern auch 2020 ff. **eine bisher ganz unbekannte tochter, Frea-**
vare. **es wird der von Grendel verschlungene Geate** 2076 Hond-
scio **genannt; sein ende wird** übereinstimmend **mit 740 ff.** beschrieben, **auch 2092 stimmt** genau mit 759 f. usw. aber nach
2085 ff. **soll Grendel eine** *glóf*, **eine tasche** wie es scheint, da engl.
glore altn. *glófi* **handschuh hier keinen** sinn hat, mitgebracht **haben**
um Beovulf und **noch andre mehr 2091 hineinzustecken;** den handschuh des Skrymir **wird er sich zu dem** behufe doch nicht ge-
liehen haben. **am andern tage nach der beschenkung soll dann**
Hrodgar mancherlei aus frühern **zeiten erzählt haben (s. zu 2107**
—2110). **wiederum heisst der von Grendels mutter** getötete
Äschere 2123 **ein** *fród fyrnvita* **gerade wie 1325 (vgl. 1296 ff.)**
Hrodgars *rúnvita* **und** *rædbora*, **und der** *jirgenstreám* **2128 deutet**
unzweifelhaft **auf 1359. 1414. dass aber Hrodgar 2131 Beovulf**
bei Hygelacs **leben beschworen habe den kampf mit der riesin in**
der **tiefe zu versuchen, ist wieder neu (vgl. 1376 ff.), wenn auch.**
wie schon erwähnt, **2134** *he me míde gehit* **mit 1380—1382 in**
übereinstimmung **sich befindet. dann** weist 2137 *þær une hvile*
rás hand gemæne **auf den, wie man jetzt** sicht, **von** A 1533—1556
eingeschobenen **ringkampf mit Grendels** mutter zurück. *holm*
heolfre *veóll* **2138[1]** erinnert **an 1422 f. 1593 f. und 2138[2]** *ic heáfde* [221]
becearf **wiederholt** geradezu **1590[2]** *hine þi heáfde* *becearf.* **aber**
während A 1590 **die formel von der** enthauptung **der** leiche
Grendels gebraucht, **ist hier von der** enthauptung der mutter die
rede und dass Beovulf **auch** der leiche den **kopf abgehauen,** über-
geht A **diesmal auffallender weise ganz mit stillschweigen. die**
frage, **ob eine zweite beschenkung stattgefunden. ist** schon zu
2142. 2143 **erörtert** und **ebenda auch bemerkt dass die** geschenke,
die 2152 ff. **Beovulf** dem Hygelac übergibt. dieselben **sind** die er
in der **ersten fortsetzung** des alten liedes **von Hrodgar** empfängt.
er **schenkt 2163** dem Hygelac **vier rosse,** 2174 der Hygd drei.
und da er **selbst 1035** acht **von** Hrodgar erhalten **hat. so ist an-**

zunehmen dass er das eine bestgeschmückte, mit dem kriegssattel
Hrodgars versehene 1037 ff. für sich behielt. aber dass Hrodgar
bei der übergabe der rüstung dem Beovulf aufgetragen habe dem
Hygelac zu sagen, sie habe ehedem dem Heorogar, seinem ältern
bruder, gehört, der sie nicht einmal seinem sohne, dem tapfern,
sonst nicht wieder genannten Heoroveard überlassen wollte, davon
weiss das ältere lied nichts. um endlich A 1202, wo Hygelac den
von der Vealhþeov dem Beovulf geschenkten halsbaug auf seiner
letzten fahrt trägt, mit 2172 f. zu vereinigen, wo Beovulf ihn der
Hygd verehrt, muss man schon schliessen dass der baug von Hygd
später an Hygelac übergieng. um aber diese verschiedenheiten
der darstellung zu erklären, sucht man vergebens nach dem anfang.
eines neuen liedes oder abschnittes, wo vielleicht ein andrer die
arbeit von A aufgenommen und weitergeführt hätte. ein solcher
findet sich nirgend, man müste denn schon ganz willkürlich, etwa
1963, einen abschnitt ansetzen. vielmehr wenn man erwägt dass
neben den abweichungen die genauesten übereinstimmungen mit
den ältern teilen hergehen, so kommt man zu dem resultat dass
der verfasser der zweiten fortsetzung, um nicht bloss schon einmal
gesagtes zu wiederholen, absichtlich und mit bedacht auf eine
gewisse variation der darstellung ausgegangen ist und dass er kein
andrer war als A, der erste interpolator der ältern teile.

————————

Im anschluss an die letzten verse des dritten teils berichtet
der vierte zuerst kurz 2200—2210 dass nach Hygelacs und seines
sohnes Heardreds fall das reich der Geaten an Beovulf gekommen
und von ihm fünfzig jahre lang (2209 *fiftig vintru* wie 2733) beherscht worden sei; dann 2210—2349 in anfangs rückwärts
schreitender erzählung weitläufig, aber ohne nennung irgend eines
namens von der herkunft des horts, dem drachen und den verwüstungen, die er erzürnt über die entwendung eines gefässes an-
richtete und die Beovulf endlich zwangen sich zum kampfe mit
ihm zu rüsten. nach einer vollständigeren, wenn auch immer noch
gedrängten übersicht 2350—2396 über die hauptbegebenheiten
aus Beovulfs leben seit dem siege über Grendel und seine mutter
(*Grendeles magas* 2353) folgt dann bis zu ende des gedichts 2397
—3183, also durch beinahe achthundert langzeilen die beschreibung
des letzten kampfes, des todes und der bestattung des helden.

wie viel davon auch noch die kritik abziehen muss, die unverhältnismässig ausführliche behandlung dieses letzten, in sich ab-
geschlossenen teiles der sage spricht für ein selbständiges lied als
grundlage dieses teiles des gedichts und eine leichte vertauschung
des 2397 anknüpfenden *Svā* mit dem so manche angelsächsische
rede beginnenden *Hvät* ergiebt 2397—2402 den vortrefflichsten
liedanfang:

> *Hvät, he niða gehvane genesen häfde*
> *sliðra geslyhta, sunn Ecgþīoves,*
> *ellengeveorca oð þonne ānne dǣg,*
> *þe he við þām vyrme gevegan sceolde.*
>   *Gevāt þā tvelfa sum torne gebolgen*
> *dryhten Geāta dracan sceácian usw.*

dem hier ausgesprochenen gedanken entsprechen später durchaus
die reden Beovulfs 2511 ff. (vgl. 2426 f. 2497 ff.) und Viglafs 2663 ff.,
und als endlich der kampf beendet ist, deuten 2709—2711 offenbar
darauf zurück:

> *þät þām þeódne väs*
> *síðast sigehvíla sylfes dǣdum*
> *vorlde geveorces;*

so dass die verse 2397—2400 als eingangsverse sehr schön den
hintergrund angeben, auf dem sich die ganze übrige handlung be-
wegt. und sie müssen der anfang eines besondern liedes sein,
wenn sich beweisen lässt dass 2200—2349 von späterem ursprunge sind.

Dies kann nun zunächst von den versen 2200—2349 nicht
zweifelhaft sein. schon vor jahren ward in dieser zs. 7, 427 f.
bemerkt dass Beovulf nicht aus notwehr, um sich und seine leute
von einer landplage befreien, wie jene verse es darstellen, sondern
nur aus heldensinn und verlangen nach dem horte den kampf mit
dem drachen unternahm. von rache oder abwehr ist gar nicht die
rede, weder wo er seinen entschluss ankündigt, 2512 ff. 'er will
die fehde suchen, *mærðum fremman gif mec se mānsceaða of eorðsele
ūt geséceð;* und wo er zu seinen gesinden sagt 2532 ff.

> *nis þät eóver síð*
> *ne gemet mannes nefne mín ānes,*
> *þät he við aglaecean eofoðo dǣle,*
> *eorlscipe efne. ic mid elne sceal*
> *gold gegangan, oððe gūð nimeð*
> *feorhbealu frécne fréan ēóverne;*

noch auch in seinen letzten reden 2729 ff. 2749 ff. aufs deutlichste
spricht sich endlich Viglaf, auf frühere, der handlung voraufge-
gangene verhandlungen bezug nehmend, 3079 ff. aus:

> *ne meahton re gelæran leófne þeóden*
> *rices hyrde ræd ænigne,*
> *þæt he ne grétte goldweard þone,*
> *léte hyne licgean þær he longe wäs,*
> *eicum ranian óð woruldende,*
> *heoldan heáhgesceap. hord is gesceáwod,*
> *grimme gegongen: wäs þät gifede tó swíð*
> *þe þone [þeódcyning] þider ontyhte.*

in den als liedanfang bezeichneten versen weist 2400 *þät he rið*
þám eyrme geeegan sceolde nur auf das geschick und *torne gebolgen*
konnte der dichter 2401 den zum kampf mit dem argen, gold-
hütenden drachen ausziehenden helden immer nennen, ohne die
2200—2349 gegebene darstellung gerade vorauszusetzen (vgl. 2550).
nur verse von entschieden jüngerem ursprunge (s. unten zu 2403
—2409. 2760—2766. 2780—2782. 2826—2843. 3038—3075) beziehen sich später auf 2200—2349 zurück; dass der ältere dichter
sie nicht kannte, lehren auch 2410—2416. denn wer 2212 f.
2241 f. schon die lage der drachenhöle und 2231 ff. ihren reichtum
beschrieben hat, kann später doch nicht noch einmal dasselbe so
wiederholen, als wenn nichts vorhergegangen, und am wenigsten
seine zweite beschreibung beginnen 'er gieng dahin, wo er einen
erdsaal wuste'. auch von dem eisernen schild, den Beovulf
2337—2341 sich für den kampf machen lässt, weiss später das
gedicht nichts, obgleich Beovulfs schild dem feuer des drachen
stand hält, während der Viglafs verbrennt 2672—2677. der schild
aber heisst 2566 nur *sceáp*.

Nach dem allgemeinen character der darstellung und erfindung
(denn was von dem horte und drachen erzählt wird, stützt sich
wohl auf vielfältige analogien und den allgemeinen volksglauben,
aber augenscheinlich nicht auf specielle epische sage) wird man
gerne B als den verfasser des stücks 2200—2349 anerkennen.
gleich der erste satz ist ungeschickt. denn in *Eft þät geeode ufaran*
dógrum 2200 hat das *þät* keine beziehung im vorhergehenden, auch
wenn man, was gewis nicht richtig, 2199 *þám þer séðra wäs* von
Beovulf versteht. der satz ist unvollständig, wie in der ersten
strophe von Otfrids praefatio. der verfasser wagte nicht nach
dem langen mit *siðdan* beginnenden satze 2202—2206 noch einen

subjektssatz mit *þæt* folgen zu lassen, sondern brach lieber ab und
fuhr mit einem neuen satze mit *siððan* fort. man fasse ausserdem
noch den inhalt oder die ordnung und den zusammenhang der gedanken an folgenden stellen ins auge, 2239—2241 (der einzige
überlebende eines edlen geschlechts verbirgt die schätze, um sich
ihren gebrauch noch eine kleine weile lang zu fristen, als wenn
er durch das verbergen sein leben verlängerte). 2280—2286.
2290—2293. 2298 ff. 2310 f. 2327—2332 (als der drache das
königshaus der Geaten verbrannt hat, glaubt Beovulf dass er gott
den herrn erzürnt habe, und es wallt ihm das herz von düstern
gedanken wie er es nicht gewohnt war). dass die klage des vereinsamten helden 2247—2266 ganz wohl gelungen ist, ist nicht
zu läugnen; aber es ist nur dasselbe thema und derselbe ton, die
in der angelsächsischen poesie oft variiert wurden, wie in den
stücken des Exeter codex vom Wanderer, Seefahrer, von der zer-
störten burg ua. 2280 heisst es

> *oð þæt hine án ábealh*
> *mon on móde: mandryhtne bær*
> *fæted wæge, frioðowære bæd*
> *hláford sinne.* usw.

das unbestimmte *án* ('ein einzelner' ist gemeint) lässt nicht gleich
ahnen dass schon früher 2214—2231 erzählt ward dass einer in
die höle gekommen und dem schlafenden drachen ein gefäss ent-
wendet habe, und dann noch einmal, dass er nicht aus freien
stücken, sondern flüchtig vor einem verfolger dahin gekommen
sei und einen grossen schrecken davon gehabt, aber doch ein [225]
gefäss mitgenommen habe. die erzählung würde hier besser,
wenn 2232

> *in þám eorðscræfe ærgestreóna [fela]*

auf 2212 folgte. aber mit athetesen ist in diesem stück nichts
auszurichten. 2285. 2295 setzen 2219 voraus und 2281—2286
auch 2224—2227[1]. nur muss der *mandryhten*, dem der entdecker
des hortes das trinkgefäss bringt und der ihm dafür auf seine
bitte schutz und huld gewährt, ein andrer sein als der *náthwyle
hæleða bearna*, dessen *hetesweuyeas* 2225 der arme flicht. dass der
mandryhten und *freá*, der 2285 das *fira forngercore* zum ersten
male zu gesicht bekam, Beovulf ist, erfährt man 2404 f.: hier
auch erklärt sich warum 2223 der mann, der die drachenhöle
betrat, sich sehr schadete, weil er nach 2406 f. als anstifter all
des unheils, das die folge seines raubes war, bestraft wurde. daher

wird auch wohl 2220 dem sinne nach richtig *þæt siððan þeóden
onfand* ergänzt. aber so wie 2213—2231 und 2280 ff. kann im
Beovulf nur B erzählt haben. dass aber B der urheber von
2200—2349, wird sich doch noch entschiedner beweisen lassen.

Die geschichtliche übersicht 2350—2396 ist bisher noch nicht
in betracht gezogen und aufgespart worden, weil hier die letzten,
für die geschichte des gedichts wichtigen fragen sich entscheiden
müssen. wäre der verfasser von 2200—2349 von anderer art als
wir ihn kennen gelernt haben, würde man wohl annehmen dass
2350—2396 ein älteres stück ist, das er schon vorgefunden und
mit dem seinigen verbunden habe, indem er es im anfange um
einen oder zwei verse verkürzte, die den jetzt unvollständigen satz

> *nearo niðende niða gedigde,*
>
> *hildehlemma*

einleiteten. man würde dies schliessen schon aus der verknüpfung
beider stücke. Beovulf, heisst es 2345 ff., verschmähte es den
drachen mit zahlreicher mannschaft oder einem heere aufzusuchen;
er fürchtete den streit mit ihm nicht und achtete nicht des wurmes
stärke und kriegsmut, weil er ehedem viele kämpfe glücklich überstanden hatte, seitdem (*siððan*) er Hrodgars halle gesäubert und
Grendels geschlecht vernichtet. schon dies *siððan* ist höchst auffallend, da wenn etwas, gerade der sieg über Grendel und seine
mutter Beovulf für den kampf mit dem drachen mit zuversicht er-
füllen muste. ausserdem aber sind die weiterhin aufgezählten
2350 *hildehlemmas*, der zug Hygelacs zu den Friesen und Franken, die
fehden der Geaten mit den Schweden gerade solche, die mit
heeresmacht ausgeführt wurden, so dass also 2345 ff. mit 2350—
2396 zusammengenommen den widersinn ergeben, Beovulf verschmähte es den wurm mit einem heere anzugreifen, weil er viele
heerzüge glücklich beendet hatte. und wer wird endlich zweimal,
erst 2201—2210 kurz, dann 2355—2390 ausführlicher erzählen
wie Hygelac und Heardred umkamen und Beovulf könig ward?
hier müssen, wie es scheint, zwei verschiedene hände gearbeitet
haben und 2200—2349 der jüngern angehören*. dies angenommen

---

* neu und sonst im Beovulf unbekannt ist dass Heardred 2206 *nefa
Hererices* heisst. dies muss ein bruder seiner mutter Hygd, ein sohn Häreds
sein, da seine oheime und sein grossvater von vaterseite, Hæðcyn, Herebeald
und Hredel bekannt sind und streng genommen Heardred auch nicht einmal
der *nefa* von Hygelacs brüdern heissen kann. in solchen dingen zeigt B nur
seine sagenkenntnis.

aber würde das zweite stück 2350—2396, im anfang um einen
oder zwei verse ergänzt, gerade die lücke zwischen 2199, dem
schluss des dritten teils, und 2397, dem anfang der erzählung des
drachenkampfes, ausfüllen und es entstünde die frage ob es von
A oder dem verfasser des letzten teils herstammt.

Von A gewis nicht. es hat wenigstens nicht die geringste
wahrscheinlichkeit dass A, der eine ihrer epischen bedeutung nach
höchst untergeordnete handlung, den letzten aufenthalt Beovulfs
an Hrodgars hofe, dann seine rückkehr zu Hygelac eben in aller
breite, in beinahe vierhundert versen (s. unten), vorgetragen hat,
darnach eine reihe der bedeutendsten begebenheiten, die die
schönste epische ausführung zuliessen, in eine dürftige übersicht
von nicht einmal fünfzig versen zusammendrängte. und wenn
man beachtet dass A es nie unterlässt über seine personen entweder
gleich bei ihrer einführung oder bald nachher auskunft zu geben
612 f. 1017. 1164. 1165. 1188 f. 1926 ff. 2020 ff. 2160 f. und nur
auf sagen und personen ausserhalb und im umkreis der fabel und
handlung hindeutet 620. 1202 ff. 1968. 2025. 2067, so kann A
2350—2396 nicht verfasst haben, weil hier in ganz unverantwort-
licher, irreführender weise 2381 als bekannt angenommen wird,
welcher helm Scylfinga gemeint sei, den drittehalb verse noch
preisen als

2027

> þone sélestan sæcyninga,
> þára þe in Sviórice sine brytnade,
> mærne þeóden,

der aber nicht mit namen genannt wird. dass Onela, Ongenþeovs
sohn, mit den söhnen seines bruders Ohthere in fehde lebte und
gemeint sein muss, ergiebt sich zwar wenn man nachrechnet, und
auch aus den versen 2611—2619 des letzten liedes; aber A und
jeder andere verständige erzähler hätte nach 2381 einen vers wie

> Ongenþeóves sunu, Onelan hira faderan

folgen lassen. auch hätte A schwerlich 2380 von den söhnen
Ohtheres gesprochen, aber dann hinterher 2392 nur einen, den
Eadgils genannt.

Aber das stück 2350—2396 beginnt mit demselben gedanken,
den die verse 2397—2400 aussprechen, in denen wir den anfang
des letzten liedes vermuteten. es wäre also denkbar dass das lied
mit einer kurzen übersicht über Beovulfs leben vom sieg über
Grendeles mægas óð þone ânne dæg, þe he vid þâm vyrme geveган
sceolde, eingeleitet wurde und dass 2397—2400, ganz so wie sie

überliefert sind mit dem anknüpfenden *srá*, die einleitung ab-
schlossen. die nur den aasgesprochenen gedanken weiter ausführte.
allein es ist undenkbar und unmöglich dass ein einigermassen guter
dichter. der sein lied ungefähr so begann

> [*Heát. we secgan hŷrdon þät he srîðe fela,*
> *Beóvulf Geáta. bearn Ecgþeóves*]
> *ncaro nêðende niða gediyde,*
> *hildehlemma* usw.   2351,

dass der später mitten in der erzählung, wo gar kein grund zu
einer rückdeutung vorhanden ist, auch eine solche offenbar nicht
im entferntesten beabsichtigt ist, von Beovulf sprechend die an-
fangsworte seines liedes beinahe vollständig wiederholt hätte; 2542 ff.
aber lesen wir an der unverdächtigsten stelle

> *geseah þá be realle, se þe corna fela*
> *gumcystum gód giða gedigde,*
> *hildehlemma, þonne hnitan jêðan,*
> *stondan stânbogan.* usw.

genau besehen erhält aber auch der satz dass Beovulf nach dem
siege über Grendel viele kämpfe und schlachten glücklich überstanden habe, eine gar wunderliche ausführung. allerdings an
dem zuge nach dem Friesen- und Frankenlande, auf dem Hygelac
fiel, hatte Beovulf einen hervorragenden anteil. es wird ihm 2361 f.
sogar eine unglaubliche, innerlich unwahrscheinliche heldentat
nachgerühmt, dass er mit dreissig erbeuteten kriegsrüstungen beladen sich ins meer gestürzt habe und zu den seinigen geschwommen sei. etwas seltsam ist auch 2363—2366 dass die Hatuarier
sich nicht des kampfes rühmen durften, weil nur wenige von
ihnen davon gekommen seien, da doch von den Geaten nicht nur
Hygelac gefallen war, sondern von allen Beovulf allein sich durch
schwimmen rettete. dass dann Hygd ihm hort und reich übergeben will, er sich aber begnügt den Heardred zu beraten, bis er
heranwächst, sind durchaus friedliche dinge, die nur des historischen zusammenhangs wegen nicht übergangen werden konnten.
aber dann wird Beovulf, als Heardred von Onela überfallen und
erschlagen wird, gar nicht erwähnt und man kann sich ihn nicht
wohl dabei gegenwärtig denken, ebenso wenig auch wenn 2391 ff.
es heisst dass er später des verlustes gedenkend den Eadgils mit
kriegsvolk und waffen über die see hin gegen seinen oheim unterstützt habe und dass Eadgils rache für seine verbannung (*cearsîð*
2396 == *cræsîð*) genommen und Onela des lebens beraubt habe.

wie können nun diese fehden, die Beovulf selbst nach dieser darstellung nicht mit ausgefochten hat, als belege und ausführung des
aufgestellten satzes, dass er viele kämpfe glücklich überstanden,
gelten? dazu kommt noch ein ungeschick in der erzählung, wie
wir es sonst nur bei B gefunden (s. oben zu 904 f. 913 ff. usw.),
nicht aber dem dichter des letzten liedes beimessen dürfen: dass
mit *him* 2384 Heardred gemeint ist, wird erst 2386 deutlich. auch
2395 kann man der beziehung des *he* unsicher sein und wie von
einem stammelnden wird endlich der letzte halbvers *cyning ealdre*
bineát herausgestossen.

Wenn aber weder A noch der dichter des letzten liedes das
stück 2350—2396 verfasst haben, so bleibt nur B als verfasser
dafür übrig. freilich könnte man noch daran denken dass irgend
jemand, um eine art verbindung zwischen der fortsetzung des
ersten II und dem letzten liede herzustellen, es eingefügt und dass
dann A und darauf B oder der verfasser von 2200—2349 es vor- ²²⁹
gefunden hätten. aber abgesehen davon dass es, wie man sich
auch den unvollständigen satz 2350 ergänze, doch nie sich hinlänglich an 1628, den schluss der fortsetzung II, anschliessen
würde, was berechtigt überhaupt dazu 2350—2396 von 2200—2349
abzutrennen? die manier und geschicklichkeit des dichters bleibt
sich in beiden stücken gleich und stimmt auch in 2350—2396
mit der von B. wer aber den dritten teil, die fortsetzung von
A, mit dem vierten oder dem letzten alten liede verbinden und
dabei die geschichte des hortes und das treiben des drachen
nach eignem ermessen weiter ausmalen wollte, muste beinahe
zweimal von Hygelacs und Heardreds tod und Beovulf als ihrem
nachfolger reden, einmal um vom schluss des dritten teiles auf
den drachen und hort zu kommen und zum zweiten male um den
anschluss an den anfang des letzten liedes zu gewinnen. als ergebnis dieser erörterungen können wir daher mit voller sicherheit
hinstellen 1) dass A im Beovulf nicht über 2199 hinaus tätig gewesen ist; 2) dass B den dritten teil oder das von A bis 2199
fortgeführte gedicht mit dem letzten alten liede verbunden hat;
3) endlich dass 2397—2400 notwendig der anfang des letzten
liedes sein muss.

Das letzte lied unterscheidet sich von den ersten teilen hauptsächlich an zwei punkten. Beovulf will im ersten alten liede
679 f. sich keines schwertes gegen Grendel bedienen, obgleich er
es sehr wohl könnte; in der ersten fortsetzung 1525 ff. führt er

eins. das *þolode ær fela handgemota*, *helm oft gescær* usw. und A
lässt ihn mit Hrunting kämpfen, s zu 1455. 1488. im letzten
teile erfahren wir dann 2680 den namen seines schwertes *Nægling*,
aber nach 2574 f. (s. unten) hat ihm das schicksal es nicht verliehen mit einem schwerte zu siegen, und schwerter konnten ihm
nach 2682—2687 überhaupt nicht helfen im kampfe, weil er viel
zu stark war und jedes unter seiner hand zersplitterte. ferner
erfahren wir in den ersten teilen nur dass Beovulfs vater Ecgþeov
hiess und seine mutter Hredels tochter 374, Hygelacs schwester
war; im letzten liede aber 2600 f. 2607. 2813 f. dass er mit Viglaf,
Veohstans sohn dem geschlecht der Vægmundinge angehörte. ich
nehme darnach an dass weder der verfasser des ersten liedes noch
der ältesten fortsetzung das letzte gedichtet hat; denn dass beide
ihre auffassung verändern, ihre sagenkenntnis erweitern konnten,
ist wohl als möglich zuzugeben, aber nicht wahrscheinlich und
nicht ohne grund anzunehmen. bei A, der in seinem dritten teil
so oft von der frühern, selbst seiner eignen darstellung abwich,
würden diese unterschiede von keinem belange sein und der an-
210 nahme dass er der urheber des letzten liedes würde kaum etwas
entgegenstehen, wenn nicht in diesem falle die lücke zwischen
2199 und 2397 unbegreiflich wäre. es kommt hinzu dass z. b.
die formelhafte berufung auf die sage mit *þi ic gefrægn*, wie 2694.
2752. 2773 dreimal kurz hintereinander, früher nur einmal in der
einleitung 74 und einmal bei B 2484 begegnet; denn 575. 1011.
1027. 1196 sind anders. es ist das lied also für ein selbständiges,
unabhängig von den ersten teilen entstandenes gedicht zu halten,
und es bleibt nun nur noch übrig dasselbe von den zusätzen des
interpolators zu reinigen und in seinem ursprünglichen umfange
wieder herzustellen.

2403—2409. die verse müssen weichen, wenn 2200 ff. unecht
sind. es ward schon s. 141 bemerkt dass 2404 f. auf 2281—86
und umgekehrt 2223 im voraus auf 2406 sich bezieht; dagegen
aber s. 140 dass gleich die nächstfolgenden verse 2410—2415
entschieden das grosse zwischenstück von B nicht kennen. dass
2403—2409 eingeschoben sind, ist auch noch sonst ersichtlich.
Beovulf ist 2401 *tealja sum* ausgezogen; nun hinkt 2406 noch
der dreizehnte mann als wegweiser wunderlich hinterdrein. die
ganze erfindung, dass der mann, dem Beovulf eben gegen das aus
der drachenhöhle mitgebrachte trinkgefäss seine huld und seinen
schutz gewährt hat, nun ihm gefesselt als wegweiser dienen muss,

ist überhaupt des interpolators würdig. ward dem armen nur die dienstleistung als strafe auferlegt? oder erwartete ihn noch schlimmeres?

2425—2509. gegen die zunächst vorhergehenden verse 2417—2424 kann niemand etwas einwenden, der nicht unglücklicherweise 2419 *him* auf Beovulf statt auf die *heordgeneátas* bezieht. denn nur in jenem fall widerspricht *him vás geómor sefa, váfre and válfús* dem *torne gebolgen* 2401, *þá he gebolgen vás* 2550. wie 2420 *Vyrd ungemete neáh* gemeint ist, erhellt sogleich aus *svá þone gomelan grétan sceolde* usw., und dass 2728 *deáđ ungemete neáh* wiederkehrt, kann nicht gegen diese stelle geltend gemacht werden. der erste vers 2417 *gesát þá on næsse nídheard cyning* wird jedesfalls von 2538 *árás þá bi ronde róf oretta* vorausgesetzt, und man kann die übrigen verse nicht streichen, weil es stilistisch unmöglich ist dass 2510 *Beóvulf maðelode* usw. unmittelbar auf 2417 folgte. auch von 2418 *þenden halo übeáđ heordgeneátum* ist 2516 *gegrétte þá gumena gehvylcne* nur eine weitere ausführung; umgekehrt deuten 2511 *níehstan síđe*, 2517 *hindeman síđe* zurück auf den gedanken, den 2421—2424 ausgeführt haben. erst 2425 ff. setzt ganz deutlich die interpolation ein. das stück beginnt

> Beóvulf maðelade. bearn Ecgþeóves
> 'Fela ic on giógoðe gúđrǽsa genǽs,
> orleghvíla: ic þát eall geman.

aber kaum hat Beovulf seine lange erzählung beendet, so folgt 2510 ff. abermals

> Beóvulf maðelode, beótvordum sprǽc
> níehstan síđe 'Ic genéđde fela
> gúđa on geóyoðe. usw.

diesmal aber beschränkt er sich auf die einfache, der lage angemessene erklärung, dass er, wie er in der jugend kühn manchen streit gewagt, so auch noch jetzt in seinem alter als *fród folces veard* den kampf mit dem drachen aufnehmen wolle. derselbe gedanke blickt auch in der vorhergehenden grösseren rede durch, wenn man den anfang 2426 f. mit 2498 ff.

> and svá tó aldre (für immer) sceal
> sǽcce fremman, þenden þis sveord þolađ,
> þát mec ǽr and síđ oft geláste,

zusammennimmt; aber er wird durch die zwischenliegenden erzählungen gänzlich verdunkelt. offenbar hat B dem gedanken, der er 2511 f. vorfand, durch 2425—2509 eine neue, weitere aus-

führung geben wollen. sie geriet aber unglücklicherweise gerade
so wie 2349—2396. denn statt der 2426 angekündigten *gūðræsa*
und *orleghvila*, die Beovulf in seiner jugend glücklich bestanden
hat, erzählt er zuerst dass er sieben jahr alt an Hredels hof gekommen und von ihm wie einer seiner söhne gehalten sei; dann
wie der älteste sohn Herebeald durch einen unglücklichen pfeil-
schuss von seinem bruder Hædcyn getötet und der vater, da der
mord rache heischte, die er doch an dem eignen sohn nicht vollziehen konnte, aus gram gestorben, endlich Hædcyn in der fehde
der Geaten und Schweden gefallen sei, die auch dem Ongenþeov
das leben kostete. an dieser fehde aber hatte der damals gewis
noch sehr junge Beovulf, der enkel Hredels, entweder gar keinen
oder doch keinen hervorragenden anteil (wäre er damals ein
zwanzigjähriger gewesen, würde er jetzt zur zeit des drachenkampf
ein achtzigjähriger sein, vgl. zu 2922—2998), und noch weniger
232 kann das unglück, das er in Hredels familie erlebte, zu den
gūðræsas gezählt werden. zu welchem zweck ist überhaupt davon
die rede? dann aber nehme ich zu gunsten des interpolators an
dass vor 2490 ein vers ausgefallen ist, worin Hygelac als Hædcyns
nachfolger bezeichnet wurde. denn wenn auch 2490 *ic him þá
miðmas, þe he me sealde, geald æt gūðe* nach der weise des interpolators sich auf den 2482 genannten Hædcyn beziehen lässt, obgleich zuletzt nur von Ongenþeov und Eofor die rede gewesen ist,
so kann man doch 2492 *he me lond forgeaf, eard éðelryn* nur von
Hygelac, nicht von Hædcyn, der ja im kampfe gefallen ist, verstehen. auch stimmt 2492 mit 2195 ff., selbst im ausdruck, 2198
eard éðelriht. überdies diente Beovulf erst seinem Hygelac, so wie
er 2493—2498 sich rühmt, und der handkampf, in dem er dem
Hugenkämpfen Däghrefn in Friesland das gebein zerbrach 2501—
2508, ist nur eine episode aus der kriegsfahrt, auf der Hygelac,
der dritte sohn Hredels, seinen tod fand. das stück ist offenbar
viel mehr auf eine erzählung vom ende Hredels und seiner söhne
angelegt, als eine ausführung des eingangs 2426 angekündigten
themas. an dem letzten zuge Hygelacs hat freilich Beovulf den
grössten anteil; aber auf den tod des Däghrefn kommt der interpolator doch nur, weil er in seinen gedanken bei Hygelacs tode
ist. auch hier, wo der kampf mit dem drachen unmittelbar bevorstand, wäre eine hinweisung auf Grendel und seine mutter der
situation angemessener gewesen. die erzählung ist genau besehen
auch nicht besser als man es sonst von B gewohnt ist, obgleich

man denken sollte dass auch der mittelmässigste poet bei einem
gegenstande, wie Hredels tod, die darstellung nicht ganz ver-
fehlen konnte. aber seltsamer weise heisst 2438 der ältere
bruder der *freävine* des jüngern, und 2444—2461 hört die erzählung eigentlich auf, und es wird dafür die lage des unglücklichen vaters viel mehr in der weise der angelsächsischen elegien
(s. 141) in zum teil recht unpassenden, nicht hieher gehörigen
phrasen ausgemalt. denn wenn man 2446 ff. auch der ausmalung
zu gute hält und dem elenden vers 2454 etwa durch umstellung
aufhilft, —

> *þonne se án hafað*
> *þurh dada nýd deídes gefandod,*

statt *deídes nýd dada gefandod,* — so schweifen doch 2455—2459
gänzlich ab, weil man darnach die vorstellung gewinnen muss dass
der junge, noch nicht dem knabenalter entwachsene Herebeald, der
sich noch mit seinem bruder im bogenschiessen übte, schon in
einem eignen hanse hof gehalten habe. ganz schlecht ist auch
die anknüpfung 2475 'da brach fehde aus zwischen Schweden und
Geaten, seit Hredel starb oder Ongenþeovs söhne waren wackere
kriegshelden', wenn hier nicht, wo man mindestens ein 'weil' erwartet, das *oððe* verderbt ist, wofür ich freilich keine besserung
finde. ungeschickt wird auch 2498—2500 (s. oben s. 147) der
gedanke dass Beovulf immer so lange er kann einen kampf aufnehmen wird, eingeflickt und dann 2501 mit *siððan* fortgefahren.
stünde B der ausgebildete stil und die reiche phraseologie der
allitterationspoesie nicht zu gebote, er würde als ein poet wie
Otfried dastehen. — lässt man nun 2510 ff. unmittelbar auf 2410
—2424 folgen, so tritt der schluss der rede 2514 ff.

> *gif mec se mánsceaða*
> *of eorðsele út gesíceð,*

erst wieder ins rechte licht und man sieht wie genau er der augenblicklichen lage entspricht, wo Beovulf eben vor der drachenhöle
angekommen ist, während das verständnis dafür durch die einschaltung von 2425—2509 verloren geht.

2582—2593. auf Beovulfs ruf ist der drache schnaubend und
feuerspeiend aus der höhle hervorgekommen: Beovulf kehrt ihm
seinen schild entgegen; auch der andre fühlt sich zum kampf getrieben. der könig hat sein schwert gezogen, und ein grausen
erfasst die beiden gegner, den einen vor dem andern. festes sinnes
steht der fürst unter seinem hohen schilde, als der wurm sich

schnell zusammenbiegt, und erwartet ihn in seinen waffen. flammend,
zusammengekrümmt schreitet der drache vor — das unverständ-
liche oder verderbte *tó gescipe* 2570 durch 'seinem geschicke entgegen' zu erklären ist albern —, aber der schild schützt den
helden nicht solange, als sein wunsch war, 'da wo er in dieser
frist zum ersten male (*forman dógore*, es war der erste tag dass
er —) so verfahren oder fertig werden (*realdan*) muste, wie ihm
das geschick den sieg nicht bestimmt hatte', nemlich zu siegen mit
dem schwerte (s. oben s. 145 f.). ich habe die stelle 2573 ff. wörtlich
übersetzt, weil man sie in unglaublicher weise misverstanden hat
Beovulf schwingt sein schwert und haut damit auf den drachen
ein, aber die schneide gleitet ab und dringt nicht so ein, wie er
es in der not bedurfte: 'da war der berges hüter von dem schlage
in wildem zorn'. bis hieher ist alles in bester ordnung; aber
vearp válfýre 2583 bringt gerade nichts neues und in *vide sprungon
hildeleóman* ist wenigstens der ausdruck, der sonst das schwert
bezeichnet 1143. 1523, auffallend. dann dass *hréðsigora ne gealp
goldvine Geáta* 2583 f., wissen wir schon, da es 2574 f. hiess *svá
him Vyrd ne geserif hréð æt hilde*, und unerträglich ist 2584 f.
guðbill gesvác nacod at niðe neben 2577 f. *sið ceg geráð brún on
báne*. im gegensatz dazu sagt der dichter später von Viglafs
schwerte 2629 *ne gevác æt vige*, aber des andern stärkern ausdrucks
bedient er sich erst im entscheidenden augenblick, 2680 f. *Nägling
forbärst, gesvác æt sæcce*. ganz schlecht sind endlich 2586[2]—2592
,es gieng nicht so leicht dass Ecgþeovs sohn diese erde aufgeben
wollte, freiwillig (oder wenn man *vyrmes* ergänzt, nach des wurmes
willen) eine wohnung anderswo einnehmen sollte, wie jedermann
soll diese kurze lebenszeit verlassen. nicht dauerte es lange dass
die streitenden wieder einander begegneten', — als wenn sie inzwischen aus einander gekommen wären. dies gerede und 2584
die wiederholung lässt nicht zweifeln dass der interpolator hier
tätig war, und es ist anzunehmen dass er 2593 zuletzt noch hin-
zufügte um auf den punkt, von dem seine einschaltung, die nur ausmalen sollte, ausgieng, wieder zurückzukommen *hyrte hyne hord-
veard, hreðer æðme veóll* ist schwächer als 2581 f. *þá væs beorges veard
æfter heaðusvenge on hreðum múde*, und nach *hreðer æðme veóll* fällt
2599 *heora ánum veóll* am schluss der langzeile unangenehm auf. —
[ich lasse diese auseinandersetzung unverändert stehn, obgleich
ich jetzt, indem ich die oft bedachte stelle nach längerer zeit wieder
ansehe, doch lieber zu meiner ersten meinung zurückkehre, die

dahin gieng dass die interpolation 2580 mit *bysigum gebaded* ein-
setzt und mit 2592 schliesst. ihr anfang und schluss sind so, wie
mir scheint, deutlicher markiert. ich verbinde aber 2594 *nivan
stefne* mit *hredter wdme reóll.* mögen andre entscheiden.]

2631—2660. Viglaf hat den schild ergriffen und das schwert
gezogen 2609 f., um dem Beovulf zu hilfe zu kommen. das schwert
als *yrfeláf* gibt dem dichter gelegenheit noch näheres über Viglafs
herkunft und besonders seinen vater mitzuteilen, als schon bei
der ersten nennung des jungen helden 2602—2608. 'es war das 235
erste mal dass der junge krieger neben seinem fürsten kämpfen
sollte. nicht verzagte sein sinn, noch auch versagte das schwert,
des vaters nachlass, im kampfe; das erfuhr der wurm, als sie einander begegneten' 2625—2630. man erwartet nun aber dass
Viglaf endlich sein vorhaben ausführt, da Bevulf in höchster be-
drängnis steht. aber er tut es erst 2661, doch sieht man hier
dass er eile hat, da er mit wenigen ermutigenden worten (*féá
vorda cvädt* 2662) Beovulf seinen entschluss ankündigt. allein vorher von 2631—2660 hält er noch eine lange rede (*madelode rord-
rihta fela* 2631) und zwar an die gefährten, die schon 2598 ins
gehölz geflohen sind und ihn verlassen haben. die rede ist wieder
einmal recht schlecht stilisiert. man sehe nur den ersten, unge-
heuerlichen satz 2633—2646: 'ich gedenke daran wie wir unserm
herrn im biersaale versprachen, der uns diese bauge gab (*þe ús þis
beágas geaf* 2635), dass wir ihm die kriegsrüstung vergelten wollten,
wenn ihn dieser art bedürfnis träfe, helme und schwert, der uns
(*þe he úsic* 2638) aus der menge zu dieser fahrt erkor, uns mahnte
rühmlicher taten und mir diese kleinode gab (*me þis mádmas geaf*
2640), der (oder weil er) uns (*þe he úsic* 2641) für gute krieger
hielt, obgleich er allein das heldenwerk vollführen wollte'. recht
schön ist auch 2649 'lasst uns hinzutreten und helfen dem helden,
þenden hit sý, solange die hitze währt'. 2651 fehlt wieder. wie
1703, bei einer comparation das zweite glied: 'gott weiss an mir'
sagt Viglaf 'dass mir viel lieber ist dass die glut meinen leich-
nam mit meinem herrn verschlinge', er vergisst aber hinzuzufügen
'als mit schimpf länger zu leben'. ausserdem steht die ganze rede
zu einer späteren 2864 ff. in einem noch näheren verhältnisse. als
die von B eingeschaltete predigt 1700—1768 zu der letzten rede
Hrodgars 1841 ff. die beiden reden Viglafs berühren sich so
nahe in gedanken und ausdrücken wie 2865 *se cir þi mádmas
geaf* usw., dass der verfasser der ersten die zweite vor augen

gehabt haben **muss**, **wenn** man nicht etwa annimmt dass **Viglaf**
jene später **sich selbst abgeborgt** und doch inzwischen viel besser
sprechen **gelernt** habe. wie gut **und vortrefflich** drückt er 2890 f.
den 2651 verfehlten gedanken **aus 'tod ist besser der** männer jeg-
lichem als ehrlos leben'.

2760—2766. B lässt den vereinsamten **mann**, **der** den hort
verbirgt, 2255 f. sagen *sceal se hwarta helm hyrsted golde fetum
befeallen* und 2258. 2260 *sylce seó herepád—brosnað æfter beorne*,
überhaupt **legt er in der rede den** meisten nachdruck **auf** die
damals versenkten waffenstücke. **in übereinstimmung damit stellt**
er nun auch die gefässe **in der drachenhöhle als** *hyrstum behrorene*,
die helme als alt und rostig dar, **und fügt dann** wieder, **wie die**
interpolatoren in den Nibelungen, **wenn es gilt eine** strophe voll-
zumachen, die überflüssige bemerkung hinzu, **der schatz möge**
(*mæg* 2764, also praesens!) **leicht jeden andern übertreffen, es**
besitze ihn wer da wolle. der ältere dichter weiss kaum worte
genug zu finden um die pracht des hortes zu schildern und dachte
sich ihn nicht im entferntesten als altes gerümpel. die eingeschalte-
ten verse unterbrechen auch den zusammenhang der anschauung.
2758 f. sieht Viglaf, als er in die bergeshöhle tritt,

> *mið ðum sigla fela*
> *gold glitinian grunde getenge,*
> *wundur on wealle and þæs wyrmes denn.*

dann 2767 ff.

> *sylce he siomian geseah segn eallgylden*
> *heáh ofer horde,*
>   *of þám leóma stód,*
> *þæt he þone grundwong ongitan meahte.*

2780—2782. **dass der drache in mitternächten feuer gespien,**
sagt der interpolator auch 2833 (vgl. 3044) **und stimmt mit** 2211.
2273 **und** 2306—2320. auch **hat er** ihn eben 2760 *eald úhtfloga*
genannt, wie 2271 *eald úhtsceaða*. **der zusatz bringt etwas ganz**
widersinniges hinein. **der ältere dichter meint** 2778 f. **mit dem**
ealdhláford, þe (*þám* die hs.) *þára máðma mundbora* **ræs natürlich**
nicht den drachen, **sondern den früheren** besitzer des hortes. **denn**
wie hätte es ihm einfallen **können jenen als den ehemaligen in-**
haber des kostbaren **schwertes auszuzeichnen?** einen früheren besitzer des schwertes **und hortes** aber muste **und** durfte er annehmen,
auch wenn 2233 ff. von B interpolirt **sind.**

2826—2843. an 2825 schliesst sich nur 2844 richtig an.
Beovulf ist tot,

> *bona svylce läg*
> *egeslic corðdraca caldre bereáfod:*
> *häfde wghvæðre ende geféred*
> *lænan lifes.*

bis zum überdruss variieren 2826—2835 nur das eine thema dass
der drache tod sei und 2836—2843 führen aus dass es keinem
gut bekommen sei ihn anzugreifen: auch Beovulf habe den tod
davon gehabt. die verse gehören durchaus nicht dahin.

2877—2883. abgesehen von diesen zeilen, kann Viglafs rede
an die treulosen gesinden nicht angemessener sein. 'man kann
in wahrheit sagen dass der fürst die waffen, womit er euch be-
schenkte, übel verschleuderte. im kampfe liesset ihr ihn ohne
beistand, wenn ihm auch gott verlieh dass er allein mit eigner
hand sich rächte. nun aber wird für euch und euer geschlecht
alle gabe und wonne aufhören. aus der gemeinschaft der volks-
genossen ausgeschlossen werdet ihr umhergehn, sobald eure ruhm-
lose flucht kund wird: tod ist für jeden besser als schimpfliches
leben'. der dichter vermied nach einem ganz richtigen gefühl dass
Viglaf den andern gegenüber sich selbst lobte und seines dem
Beovulf geleisteten beistandes erwähnte. der interpolator aber
vermisste dies und lässt ihn ausserdem noch 2880 ff. etwas sagen
was gar nicht einmal wahr ist, dass der drache bei jedem hiebe,
den er ihm versetzte, schwächer geworden sei. in wahrheit bringt
es Viglaf 2701 f. durch einen einzigen hieb in den bauch des
drachen dahin 'dass das feuer begann sich zu legen', *þät þät fýr*
ongan sveðrian siððan. aufs kläglichste werden zuletzt wieder die
verse vollgemacht 2882 f.: 'der wehrenden zu wenige drängten sich
um den fürsten im augenblick der not'.

2899—3029. Viglaf lässt 2892 f. den ausfall des kampfes *up*
ofer egclif nach dem hofe entbieten, wo des königs mannschaft den
morgen über in schmerzlicher erwartung beisammen sitzt.

> *lyt svigode*
> *nivra spella se þe næs geráid.*

'sondern er sprach der wahrheit gemäss über alle', *ne he sóðlíce*
sägde ofer ealle. heisst es 2899. der bote meldet auch zuerst kurz
den tod Beovulfs und des drachen und die lage Viglafs. bei der
kürze des berichts fällt doch auf dass erwähnt wird, der drache liege
da *seaxbennum seóc*, weil Beovulf mit dem schwerte nichts gegen

ihn habe ausrichten können. die meldung, die er zu überbringen
hat, aber scheint dem boten nebensache zu sein. er hat viel von
der fehde mit Franken und Friesen, die Hygelac den tod brachte,
noch mehr von dem kriege der Geaten und Schweden, der Hædcyn,
Hygelacs älterm bruder, und dem Schwedenkönig Ongenþeov das
leben kostete, zu erzählen und fürchtet dass die fehden wieder
aufleben würden, sobald der tod Beovulfs ruchbar geworden. aber
vor den fernen Franken und Friesen konnten die Geaten doch
ziemlich sicher sein   jene konnten sich auch hinlänglich gerächt
glauben (s. oben s. 144 über 2363—2366). überdies waren seitdem mehr als fünfzig jahre verflossen. denn so lange hatte allein
nach 2733. B 2209 Beovulf als könig geherscht. die fehde mit
den Schweden aber war noch länger her. Heardred, Beovulfs vorgänger im reich, bei Hygelacs tode ein kind, war herangewachsen,
(he yldra wearð 2378), als er durch Ongenþeovs sohn und nachfolger Onela fiel, B 2202—2205, 2381 ff. (s. oben s. 143). Hygelac
aber war noch jung 1831. 1969, als Beovulf von Heorot zurück-
kehrte. sein leben und seine herschaft kann nach den andeutungen
des gedichts nicht von so langer dauer gewesen sein; aber von
Beovulfs bis zu Hædcyns und Ongenþeovs tode muss man doch
mindestens eine zeit von sechszig jahren rechnen, in die dann jener
zug des Onela ins Geatenland und die vergeltung fiel, die Beovulf
dafür als könig nahm, indem er den Eadgils mit heeresmacht
unterstützte, der Onela des lebens beraubte 2391—2396 und wahrscheinlich doch auch als Ongenþeovs enkel Onelas nachfolger und
könig der Schweden wurde. lebte nun Eadgils noch, als Beovulf
starb, oder herschte sein sohn damals über die Schweden, hatten die
Geaten gewis auch von dieser seite nichts zu befürchten. auf jeden
fall war es ganz verkehrt von dem boten über die ältern begebenheiten, den fall des Ongenþeov, die jüngern, den sturz des Onela,
woran Beovulf wesentlich mitbeteiligt war, ganz zu vergessen und
nur jene ins auge zu fassen, und nur ein ungeschickter interpolator,
der überall seine weisheit anzubringen suchte, konnte jene zweimal,
zuerst kürzer 2475—2489, dann ausführlicher vortragen. die erzählung ist aber diesmal wohl besser gelungen, als sonst gewöhnlich.
sie bleibt diesmal fast frei von unklarheiten. freilich der satz 2959 f.

> *freoðovong þone forð ofereodon,*
> *siððan Hreðlingas tó hagan þrungon*

ist nicht zu loben, da die Hreðlingas des nebensatzes schon das
subject des hauptsatzes sein müssen und da der *freoðovong* nur

die umgebung der erdwallfeste Ongenþeovs 2950. 2957 und des
haga von 2960 (vgl. 2892) sein kann; das feld heisst *freoðovong*
nur in demselben sinne wie eine burg 522 *freoðoburh*. auch ahnt
man nicht dass Eofor 2964 der bruder des Vulf Vonreding 2965, 239
des *suna Vonrédes* 2971 ist, bis es 2977 f. heisst

> *lét se hearda Hygeláces þegn*
> *brádne méce. þá his bróðor læg,*
> *eald sveord eotonisc entiscne helm*
> *brecan ofer bordveal.*

nun muss man allerdings schliessen, obgleich Vulf 2976 nach dem
schlage von Ongenþeovs hand sich wieder aufrafft, dass der *hearda*
Hygeláces þegn Eofor und dass jener sein bruder ist. dass das
wiederauffraffen 2976 nur ein versuch blieb, muss man wiederum
annehmen, da 2983 mehrere den verwundeten aufheben oder auf-
richten. ebensowenig als dies genau genommen zusammenstimmt,
begreift man wie Vulf 2967 den Ongenþeov *under feaxe* verwunden
kann, wenn Eofor erst 2979 ihm den helm zerbricht. man errät
bald dass 2982 *his mæg* Vulf, Eofors bruder ist, obgleich Ongenþeov
im letzten satz vorher subject; 2985 soll der *rine*, der dem andern
den raub abzieht, wiederum Eofor sein, der auch in den nächsten
sätzen das subject bleibt; nach 2984 steht besser ein punktum.
dass Eofor und Vulf von Hygelac 2994 f. *hund þúsenda landes and*
locenra beága erhalten (vgl. 2195 und dazu Ettmüller), ist eine
übertreibung nach spielmannsart und der verständigeren epik nicht
gemäss. auch dass 2997 Eofor Hygelacs einzige tochter zur frau
bekommt, scheint nur eine erfindung des interpolators, da nicht
allein Hygelac, sondern auch Hygd, als Beovulf heimkehrt, noch
svíðe geóng ist und beide erst kurze zeit vermählt sind 1926—1928,
Hygelac also früher, als er könig wird, nicht wohl schon eine
heiratsfähige tochter gehabt haben kann. es ist dies ganz unmöglich, wenn Hygelac ungefähr ein altersgenosse Beovulfs war, s. 148.
den vers 3005, der wie er überliefert ist den Geaten Beovulf zu
einem könige der Dänen macht, halte ich für eine gedankenlose
wiederholung von 2052; *Scyldingas* in *Scylfingas* zu verändern ist
jedesfalls vom übel, da der vers, wie man auch aus den folgenden
sieht, nur eine apposition zu dem vorhergehenden enthalten kann,
also *hvate Scylfingas* accusativ wie *hord and rice* sein müste, die
feinde aber, gegen die Beovulf hort und reich beschirmte 3004, hier
gerade die Schweden oder Scylfingas sind. mit 3007², nach ungefähr hundert versen, die nicht eben für die augenblickliche lage

berechnet sind und auf die stimmung und ungeduld des gesindes
Beovulfs beim empfang der todesnachricht keine rücksicht nehmen,
kommt der bote endlich auf einen, wie man annehmen muss, ihm
von Viglaf erteilten auftrag. er erklärt sogar, nach so langen
reden, 3007? dass eile nötig sei. aber die ankündigung 3010—
3017, dass niemand etwas für die bestattung herzugeben brauche,
dass vielmehr der erbeutete hort mit verbrannt werden und weder
ein mann noch ein mädchen damit sich schmücken solle, steht
nicht nur mit den worten Beovulfs, der 2797—2801 sich freut
einen solchen schatz seinen leuten erworben zu haben, sondern
auch mit der späteren erzählung in widerspruch. es wird 3139.
3140 der scheiterhaufen der allgemeinen sitte gemäss mit schilden,
helmen und brünnen behangen, dann werden 3164—3169 'bauge
und schmückstücke, lauter solche zierden, wie die kampfmutigen
männer sie vorher von dem horte (on horde) genommen hatten',
mit in den grabhügel getan, 'wo das gold noch jetzt bleibt den
menschen so unnütz wie es ehedem war', d. h. doch nur die mit
begrabenen schatzstücke, nicht aber der ganze reiche hort, mit
dem man 3134 einen wagen beladen hatte. bei dem gedanken
aber, dass der hort vernichtet werden soll, dass 'nicht ein held
ein kleinod zum andenken tragen, noch ein schönes mädchen einen
ringschmuck am halse haben soll', scheint der bote die besinnung
zu verlieren, indem er 3018 fortfährt 'sondern er oder sie soll
bekümmertes herzens des goldes beraubt oft, nicht einmal in die
fremde ziehen (elland tredan); nun der kriegsherr das lachen oder
den jubel aufgab, lust und spiel'; und völlig gerät er ins irrereden
und in den seltsamsten schluss 3021—3027, indem er plötzlich,
wie es scheint, sich einbildet dass die Schweden und die Franken
und Friesen schon vor tür stehn: 'deswegen (forþon) soll
mancher ger morgenkalt mit händen ergriffen und erhoben werden,
nicht harfenklang die krieger wecken, sondern der schwarze rabe
gierig über feigen vieles reden, dem adler sagen wie ihm der frass
gelang, als er mit dem wolf das leichenfeld plünderte'. diese hoch-
tönenden verse mögen in einem andern liede ganz wohl am platze
gewesen sein und B mag sie entlehnt haben, hier sind sie völlig
sinnlos. in den nächsten versen 3028—3032 aber ist dann die naht
leicht ersichtlich, wo unechtes und echtes zusammenstossen. mit
bidtra spella 3029 und dem elenden *he ne leág jela* 'er log nicht viel'
lenkt der interpolator wieder in die verlassene spur von 2898 f. ein
und der nächste halbvers 3030 *eyrda ne corða* schliesst sich so nahe an

lyt svigode
nivra spella se þe næs geråd,

dass es nicht einmal nötig sein wird die negation zu verdoppeln und dem ersten worte voraufzuschicken.

3038—3075. dies stück gehört gewis zu den elendesten im ganzen gedicht. wer 3033 f. erzählt hat 'sie fanden am strande ihren fürsten entseelt da liegen', konnte vernünftiger weise 3038 nicht fortfahren 'vorher sahen sie dort auf dem felde ein seltsameres wesen, den wurm liegen'. dass dieser fünfzig fuss lang gewesen 3042, ist neu; aber 3043²—3046 wiederholen nur von früher her (vgl. 2319 f.) bekanntes oder eben erst gesagtes. dass neben dem toten drachen becher, gefässe, schüsseln und kostbare, von rost, wie 2763 die helme, zerfressene schwerter umher lagen, steht mit der übrigen darstellung nicht im einklang, da der kampf ausserhalb der höhle geführt wurde und Viglaf später nur einige prachtstücke herausholte, um sie dem sterbenden Beovulf zu zeigen. dass der schatz nach 3050 tausend jahre in der erde gelegen, während nach 2278 der drache ihn dreihundert jahre behütet haben soll, beweist nur wie willkürlich und sorglos der interpolator seinen eignen erfindungen gegenüber sich verhielt. ebensowenig steht auch mit 2233 ff. in übereinstimmung dass eine verwünschung jedem den zutritt zum hort verwehrt habe, dem nicht gott es gestattete, oder wie es 3069—3073 heisst, dass berühmte fürsten, die den schatz dahin brachten, jeden verflucht hätten, der den ort betrete. die meinung scheint 3058 ff. die zu sein dass dieser fluch dem drachen ebenso wie dem Beovulf verderblich geworden sei. es gelingt dem interpolator nicht sich klar und einfach auszudrücken. in der irre gerät er 3062 ff. auf eine frage, die prosaisch ausgedrückt nur aussagt, ob es denn zu verwundern sei dass jemand sterbe, wenn er nicht länger leben könne. und nicht besser ist der schlusssatz 3074 f. 'er hatte die goldkühne gunst des eigners durchaus nicht früher geschaut' kann nur bedeuten sollen 'Beovulf habe den schatz nicht früher als kurz vor seinem tode zu gesicht bekommen'. aber das unentbehrliche zweite glied der comparation 'als kurz vor seinem tode' muss man wieder erst ergänzen, etwa aus 3068, auch wieder erraten dass *he* Beovulf ist, und endlich kann ja von einer *goldhvät ágendes íst* wohl bei einem fürsten, nicht aber bei dem drachen und einem mit dem tode erkauften horte die rede sein.

3148—3156. diese verse sind in der hs. grösstenteils zerstört und unleserlich geworden, aber man sieht aus 3150. 3153

dass eine *geomeowle*, eine alte, mit Beovulfs **helden** die klage erhebt.
der **interpolator** hatte **zu** guter letzt noch den sinnreichen **einfall**
Beovulf eine frau zu geben und sie an der bestattung auf dem vorgebirge teilnehmen zu lassen. anfang und ende der interpolation
ist deutlich angezeigt, da 3148 *hit on hreðre* schlecht an das vorhergehende anknüpft und 3156 *heofon rece swealg* ungefähr ebenso
nachhinkt wie 1214 *heal swege onfeng*. übrigens sind 3145. 3146
noch nicht in ordnung, da bei einer grossen flamme der wind sich
erhebt, es **also** nicht heissen kann *windblond geläg*.

Hiemit ist nun die reihe der athetesen erschöpft und die zu-
sammensetzung des ganzen gedichts lässt sich übersehen. es bleiben

von der einleitung (193, —67 B) 126,
von   I (643, —32 A, —121 B) 490,
von II (792, —194 A, —265 B) 333,
von III (571, —172 B) 399,
von IV (984, —544 B) 440 langzeilen.

dabei sind auch die verse 1621 f. 2168 (und noch 2593 statt 2580.
2581) als unecht mitgezählt und 1497—1512 A zugezählt. **nach
wiederholter** prüfung, bei der die untersuchung immer wieder von
vorne aufgenommen wurde, finde ich jetzt in dem ganzen gedicht
nicht einen einzigen vers mehr, der mit ausreichendem grunde an-
gefochten werden könnte. fortgesetzte beobachtung wird nun vielleicht **noch nach und** nach **allerlei** sprachliche unterschiede, im
wortgebrauch und in **der redeweise, zwischen** den einzelnen teilen
entdecken; aber dass diese der zeit nach irgendwie merklich auseinander **lägen, darf** nicht **erwartet werden.** das letzte lied, an
tiefe **der poetischen** auffassung und motivierung dem ersten über-
legen, in stil und ton aber wohl weniger kräftig, auch wenn es
dies und selbst die fortsetzung desselben voraussetzte — erwähnt
wird nur 2521 der kampf mit Grendel, — kann doch nicht viel
später entstanden sein und B, der es mit den ersten teilen des
gedichts zu verbinden hatte, kann auch nicht viel später als A gearbeitet haben. in die zeit des heidentums reicht kein teil des
243 Beovulfs mehr zurück, das bischen theologische gelehrsamkeit aber
und die ungeschicklichkeit, durch die B sich auszeichnet, machen
ihn nicht notwendig **jünger,** als die andern, ihm vorarbeitenden,
dem epischen stil getreueren und geschickteren dichter. wohl
mehr als ein angelsächsischer könig hätte wenigstens in der zweiten
hälfte des siebenten jahrhunderts unter seinen hofgeistlichen einen

gefunden, der sich des erhaltenen auftrags ebenso gut oder übel
als B entledigte. der verfasser der einleitung ist nach 175—178
sich noch vollkommen bewusst dass die einführung des christen-
tums zwischen seine und die zeit der begebenheiten der sage fällt.
später als Cädmon darf man den Beovulf jedesfalls nicht setzen,
eher früher. für die bestimmung der heimat des gedichts ist nicht
ausser acht zu lassen dass der mythus von Beova und Grendel
bei den Westsachsen verbreitet war und von ihnen selbst in England localisiert wurde (zs. 12, 282 doch vgl. Kemble zum j. 640
der Sachsen-Chronik), und es wäre wohl denkbar dass das volksepos im südwesten der insel blühte, während die geistliche dichtung
hauptsächlich im norden zuerst durch Cädmon, dann durch Cyne-
vulf gepflegt wurde, so dass sich das verhältnis von Aldhelm und
Beda innerhalb der nationalen dichtung gewissermassen umkehrte.
aber es ist auch nicht zu übersehen dass B 1931—1962 den alten
anglischen Offa, den ahnherrn der mercischen könige, mit seiner
umgebung einführt, ohne dass er auch nur eine andeutung über
sein volk und den stamm, dem er angehörte, zu geben für nötig
hält. er setzt die Þryðo ohne weiteres der Hygd entgegen und
spricht von *Hemminges mæg* ehe er Offa nennt, so dass diese personen in dem kreise, in dem er lebte, sehr bekannt gewesen sein
müssen. weil auch Eomær, Offas sohn, *Hemminges mæg* heisst,
können wir nun mutmassen dass Hemming der bruder oder vater
der Þryðo war. da es an beziehungen der angelsächsischen reiche
zum fränkischen reich und hofe nicht fehlte, so ist auch noch
zu beachten dass B der Merovinge erwähnt und 2920 f. den boten
sagen lässt

> *ûs wäs â siððan*
> *Merevioinga milts ungijeðe.*

an einem angelsächsischen königshofe müssen wir uns doch den
Beovulf entstanden denken, und diese äusserung hatte ihre bedeutung gewis auch über den zusammenhang hinaus, in dem sie
vorkommt. vielleicht aber wird auf die fragen, die hier berührt
sind, nie eine ganz genügende antwort gefunden werden, obgleich zu
ein genaueres philologisches studium der angelsächsischen poesie
und sprache, das in ihre geschichte tiefer einzudringen strebt, erst
beginnen soll. das erste, notwendige verständnis ist gewonnen,
so dass der Beovulf fast schon gegenstand der litterarischen in-
dustrie geworden ist. aber auch die beste neuere ausgabe, mit
ernst und tüchtiger kenntnis der sprache unternommen, lässt die

kunstmässig gebildete hand, die der philologe sich nur in der schule
der alten sprachen und innerhalb des deutschen am mittelhoch-
deutschen erwirbt, noch sehr vermissen. oder bewiese nicht schon
dieser aufsatz, wie weit der Beovulf bisher eine philologische behandlung erfahren hat? und manches bleibt noch im einzelnen
zu tun, zu untersuchen und festzustellen, auch die schreibung
einzelner wörter, wobei man mit dem angelsächsischen allein oder
einigen wörterbüchern ausserdem nicht auskommt.

In den vierziger Jahren, als bald nach der beendigung der
schleswigholsteinischen sagensammlung ich mit dem Beovulf mich
näher zu beschäftigen anfieng und zu gleicher zeit den lange ent-
behrten Exeter codex kennen lernte, schien mir ein angelsächsi-
sches heldenbuch, eine sammlung, die alle überreste des volksepos,
der historischen dichtung und der volksmässigen gnomik der Angelsachsen (das runenlied und die segen, nicht aber die unvolks-
mässigen rätsel eingeschlossen) mit den äussern zeugnissen für die
heldensage, den genealogien, der vita Offae, den altanglischen sagen
bei Sven Ågesen und Saxo usw. vereinigte und zugleich dabei
den wahren wert und die innere beschaffenheit jedes einzelnen
stückes darlegte, die nächste aufgabe die sich die wissenschaft auf
diesem gebiet stellen sollte. ihre erfüllung scheint mir auch jetzt
noch wünschenswert. ohnehin bedarf die handschrift des Beovulfs,
wie wenig ihr kläglicher zustand auch hoffen lässt, den abweichenden angaben Thorkelins und Grundtvigs, Kembles und Thorpes
gegenüber einer erneuten prüfung. die aufgabe aber erheischt
gleiche sicherheit und erfahrung in der niedern und höhern, in
der quellen- und sagenkritik. ich will wünschen dass sie keinem
fabrikanten in die hände falle.

20. 6. 8. 9. 68.

REGISTER.